U0471459

- 顾　　　问｜吴颖民
- 主　　　编｜王红
- 执 行 副 主 编｜姚铁懿
- 副　主　编｜全汉炎、叶丽琳

山长说

——岭南教育名家讲演录

SPM 南方出版传媒

全国优秀出版社　全国百佳图书出版单位　广东教育出版社

·广州·

图书在版编目（CIP）数据

山长说：岭南教育名家讲演录/王红主编. —广州：广东教育出版社，2020.9

ISBN 978-7-5548-0725-5

Ⅰ.①山… Ⅱ.①王… Ⅲ.①中小学教育—教育研究—文集 Ⅳ.①G632.0-53

中国版本图书馆CIP数据核字（2020）第085269号

项目策划：靳淑敏
责任编辑：谢慧瑜
责任技编：姚健燕
装帧设计：邓君豪

山长说——岭南教育名家讲演录
SHANZHANG SHUO——LINGNAN JIAOYU MINGJIA JIANGYAN LU
广东教育出版社出版发行
（广州市环市东路472号12-15楼）
邮政编码：510075
网址：http://www.gjs.cn
广东新华发行集团股份有限公司经销
广州市岭美文化科技有限公司印刷
（广州市荔湾区花地大道南海南工商贸易区A幢）
720毫米×1000毫米　16开本　22.5印张　450 000字
2020年9月第1版　2020年9月第1次印刷
ISBN 978-7-5548-0725-5
定价：75.00元

质量监督电话：020-87613102　邮箱：gjs-quality@nfcb.com.cn
购书咨询电话：020-87615809

编委会

顾　问

吴颖民

主　编

王　红

执行副主编

姚轶懿

副主编

全汉炎　叶丽琳

编　委（按姓氏笔画为序）

王玉玺	王建平	王建辉	王海林	卢春梅
刘仕森	刘良华	刘静波	李顺松	杨耀明
何　勇	张　卫	张怀志	张淑华	张雄记
张锦庭	陈　晓	陈　峰	陈祥春	陈淑玲
林加良	林惜平	郑炽钦	孟纯初	荀万祥
胡中锋	钟　东	黄灿明	彭建平	韩延辉
蔡晓冰	谭小华	谭根林		

山長論壇

题字人顾明远，系北京师范大学资深教授、国家教育咨询委员会委员、中国教育学会名誉会长、北京明远教育书院名誉院长。

山長講壇

黃永光

题字人黄永光，系广东广雅中学原校长，享受国务院政府特殊津贴专家，广东省南粤杰出教师，广东省中学语文特级教师。

山長讲坛

黄永先

廣東省中小學校長聯合會

先生之風

山高水長

吳頴民會長命題

羅易 奉書

题字人罗易，系广东实验中学正高级、特级教师，其书法作品被广州艺术博物院收藏。

序 一

让旗手亮出自己的旗帜
——写在《山长说》出版之际

获悉《山长说——岭南教育名家讲演录》即将出版，我甚感欣慰！这本文集汇集了广东乃至全国教育界（主要是基础教育界）几十位专家、学者、校长近三年来的精彩讲演，这是广东教育人与出版人献给奋战在抗击新冠疫情、坚守教育岗位一线的校长、教师们的一份礼物。感谢广东教育出版社的鼎力相助和精心编辑，感谢各位作者的无私分享和倾力奉献！

作为一名曾在华南师范大学附中担任过十七年校长的教育工作者，我强烈地体会到校长对于学校的意义。尽管现阶段，我国中小学办学自主权十分有限，但是校长对学校发展而言，仍然具有决定性的作用。人们常说，一位好校长就是一所好学校。而好校长的核心品格和能力，我认为首屈一指的是教育领导力，尤其是领导力中的教育理想、信念和价值取向。校长对学校的领导首先是教育思想的领导，其次才是组织层级的领导。校长有没有教育理想和教育信念？校长对好教育是怎么理解的？校长心目中的好学校是什么模样？校长的教师观、学生观、质量观是什么？校长会以什么样的行动去追求自己的办学目标和教育理想？……所有这些，都是优秀校长必须念念不忘、明确回答的重大问题。

另外，作为华南师范大学曾经分管中小学校长、教师培训工作多年的副校长，站在一个更高的平台上，我更加关注校长素质的提升和专业的成长。我更深刻地体会到，校长虽然"位高权重"，却高处不胜寒！他们也需要"温暖"，需要被关心，需要有团体，需要有"家"和平台，并通过这个"家"和平台在社会舆论中发出权威的声音。于是"山长讲坛"应运而生，响应者如云。

还记得2013年，华南师范大学、华南师范大学附属中学、广东实验中学、广东广雅中学、朝天路小学等学校联合发起创立广东省中小学校长联合会，期冀通过建立广东省中小学校长的行业组织，更好地发挥这一专业社会团体的智库功能、平台功能，更好地促进中小学校长的发展和中小学学校的发展。为了落实办会初衷，推动校长办学思想、教育主张的提炼和传播，我们创办了"山长讲坛"。讲坛以"启迪教育智慧、分享教育之道"为宗旨，致力于打造中国教育智慧分享的传播平台。"山长"来源于中国古代对历代讲学者的称谓，"山长讲坛"是以"山长"开论坛的形式传承中国古代的书院精神：崇圣尚礼，人格养成；践履践行，经世致用；崇尚学术，兼容并蓄。我们用有历史感的校长称谓"山长"做讲坛名，希望能表达继承优良传统文化的意愿，同时也给公众一种新鲜感。

讲坛效仿TED演讲模式，每人讲演限时18分钟，要求校长讲短话、讲实话、讲真话，"倒逼"校长提炼思想、精准表达。"山长讲坛"每次安排5至6位嘉宾，除教育界人士外，通常还有跨界专业人士。讲演全程录像，网络直播，一时间成为关注基础教育人士的热门话题，有着广泛的社会影响。几年来，广东省内的知名校长纷纷走上这个讲坛，阐述自己的办学主张，分享独有的教育智慧，北京、上海等地的专家学者和校长也应邀来到广东参与分享，成为广东教育界校长们的一大盛事。据不完全统计，"山长讲坛"的视频点击率达数百万次之多。此次结集出版的，便是近三年来在"山长讲坛"亮相的众多名家的思想精华荟萃。

教育是一个宏大的话题，更是一个浩大的系统工程，其历程之漫长，工艺之复杂，变量之繁多，涉及面之宽广，无以比拟。正因为教育的复杂性、迟效性，教育界人士一般不敢以"教育家"自称。我以为，教育界人士也不必过谦，只要在教育的一个领域的一个局部，或一个分支，比如基础教育、学前教育、职业教育、高等教育，甚至更小的领域，如基础教育的学科教学中，有自己独特的、成体系的教育主张，或有长期的教育教学（办学）实践且卓有成效，或在一定区域（专业）内有相当的知名度、美誉度和影响力，他们就是教育家。唯愿他们既成就事业，又成名成家。这也是我们搭建"山长讲坛"传播平台的发心和初心。

令人欣喜的是，"山长讲坛"举办以来，有个性追求的校长和有办学特色的学校越来越多，也有不少校长进入了"正高级教师"的专家行列。在这个过程中不少校长提炼了自己的办学思想，传播了自己的教育主张，亮出了自己的旗帜，擦亮了学校的文化品牌。

一枝独秀不是春，万紫千红才是春。我衷心希望在祖国大地深化改革、扩大开放的春风沐浴下，广东有更多的教育家型校长茁壮成长！

吴颖民
2020年4月30日

（吴颖民，系中国教育学会副会长、广东省中小学校长联合会首任会长、广州中学校长）

序　二

启迪教育智慧，分享教育之道
——从"人人论坛"到"山长讲坛"

我一直坚信，作为一名优秀的校长，不仅要有科学的办学思想和卓有成效的办学实践，还要善于把自己的教育思想"晒"出来，一方面为教育同行提供更多的借鉴，另一方面可以更好地宣传和传播自己的办学智慧。"山长讲坛"正是这样一个可以让校长们"晒"思想的平台。

"山长讲坛"的原型是"人人论坛"。2013年，我在由华南师范大学承担的"广东省新一轮百千万人才培养工程"培养项目的课程设计中策划了一个特别环节叫"人人论坛"。"人人论坛"要求每一位培养对象都需要对自己的办学思想、办学理念或教学思想、教学理念等进行分享，希望每个教育家（专家）、校长、名师培养对象都有自己的思考，并且人人都要定期"晒一晒"自己的教育思想，所有培训参与者一起谈问题、提建议，大家在思想碰撞中不断进步。

创设"山长讲坛"源于"人人论坛"的触发，也可以说是"人人论坛"的升级版，参与对象也由高端项目的培训对象升级为更广泛的"公众"，包括广大的校长、教育专家、名教师、跨界嘉宾等；并且"山长讲坛"又借鉴了TED演讲模式，限定18分钟的演讲时间，对演讲嘉宾的要求更高、难度更大！"山长讲坛"不仅立足于教育思想的传播与分享，更为注重思想观点的呈现，每一个演讲嘉宾不仅仅只是分享经验，更重要的是提出自己的教育主张。参加"山长讲坛"对每一个演讲者都是一次挑战，要在短短的18分钟内把最核心的思想观点以既鲜活生动又有思想和理论高度的形式呈现出来，实属不易。回忆我自己登上"山长讲坛"的那一集，作为一个常年站在讲坛的高校教授，洋洋洒洒讲上3个小时绝对不在话下，而要在18分钟内把自己最想传递的思想观点提炼出来，并以最有效的形式讲出来，绝对是一个挑战。为了那18分钟，我不仅字斟句酌地写了讲稿，而且还掐着计时器练了好几遍！一场演讲下来，顿觉思想高度和演讲水平都提高了不少！参与演讲的校长们也有同样的感受，尽管上讲台之前大家都紧张得不得了，然而成功演讲之后的收获却让他们久久回味！而对每一次演讲遗憾的反思，恰恰也是推动思想进一步深化的动力。因此，我们希望借助于这样更高水平、更有影响力的讲坛，让广大校长、教师高度提炼自己的思想和主张，以便更广泛地传播、分享他们的教育思想和学术风采。

2017年6月24日，"山长讲坛"第一季第一场在广东广雅中学开坛，2019年11月21日，"山长讲坛"第三季第三场在珠海教博会圆满落幕，三年多来，"山长讲坛"举办了三季共15场，有122位省内外教育名家、名校长、名师、跨界嘉宾、学生代表等先后登上"山长讲坛"的演讲台，精彩呈现各自的教育智慧。《山长说——岭南教育名家讲演录》是前三季精彩内容的结集，收录了59位以岭南名校长、学者、名师为主，兼具省外名校长、学者的演讲实录。为了给读者更好的阅读体验，现场讲演的内容经过了一定的删减和修改。这本书汇集了"校长应成为师生精神领袖""为教师的成长助力""教育·家""让科技为教育赋能""大湾区教育的国际化发展""百年名校的传承与创新"等教育热点话题，正如吴颖民校长所说，"这是近三年来，'山长讲坛'亮相的众多名家的思想精华荟萃"。

作为"山长讲坛"的顶层策划专家之一，我见证了她快速成长的三年。作为一个纯公益的教育思想传播平台，

"山长讲坛"迅速得到了广东各地教育同行的高度认可并深入人心。"山长讲坛"在开办的第二年，即在2018年，开始衍生出子论坛"凤城山长讲坛"，给更多基层的校长也提供了登上"山长讲坛"传播教育智慧的机会。"独行速，共行远"，我期待更多的教育同行和关心教育的社会人士一起加入到"山长讲坛"来，相信在社会各界的关注和支持下，"山长讲坛"会一直走下去，还会有更多的三年，期待将来可以出版"山长说讲演实录"系列，收录更多嘉宾的精彩思想，把他们的教育智慧记录下来，传播开去。

王 红

2020年5月15日

（王红，系华南师范大学教师教育学部常务副部长、华南师范大学省级中小学教师发展中心执行主任、广东省中小学教师培训中心常务副主任、广东省中小学校长联合会常务副会长）

目　录

第一章　校长应当成为师生的精神领袖

001　校长应当成为师生的精神领袖/吴颖民

002　山长的现代意蕴：校长应当成为师生的精神领袖/吴颖民

007　文化濡染人心/叶丽琳

013　做『有料』的教育/全汉炎

019　师者，行者/韩延辉

024　学校文化是校长构建的共同价值/简期颐

第二章　让课堂成为学生核心素养生根的地方

030　

031　核心素养背景下课堂的三个维度/徐洪

036　让课程栖息于温厚的人文土壤里/陈志斌

042　和美课堂培育和美人/赵晓芸

047　聚焦核心素养的课程变革/唐晓勇

001

第三章 聚焦学生思维能力的培养

052
053 小组合作学习：最美课堂进行时/林中坚
059 思维成就课堂，关于心灵、角色、对话的三场革命/肖荣华
064 思维能力：未来人才核心竞争力/曾祥明
071 夯实核心基础，打造思维课堂/童宏保
080 构建利于创新人才培养的课堂文化/罗朝宣
089 让上好每堂课成为教师自己的追求/陈丽霞

第四章 为教师的成长助力

095
096 教师强则学校强/何勇
102 独行速，共行远——做教师远行的陪伴者/王红
109 教师发展，学校的『第一工程』/彭建平
115 从管控到赋能/陈泽芳
120 让教师站在学校的中央/欧阳琪
124 教育呼唤守正而有远见的教师/王海林

002

第五章 教育·家

131 尊重孩子的独立『江湖』/陈钱林
132 别逗我,寒门和贵子可不是仇敌/黄瑞萍
137 父子蓬窗共一灯/柯中明
143 你的人生你做主/高广方
147 勇于犯错/李成蹊
154

第六章 让科技为教育赋能

159
160 智慧教室,让学习真正发生/万飞
166 创新者课程体系建构的思考与实践/李红霞
170 技术+课程的融合与创新/吴琼
176 智慧管理的迭代与更新/刘宇平
181 信息技术赋能下的教与学/李贤锡
185 创慧世纪,为成长插上翅膀/孟宪萍
190 智慧学习生态系统的构建/毛展煜
196 为学习而变::『AI+』时代的学习空间重构/彭娅
201 人工智能陪伴成长/简建锋
205 智能时代与智慧教育/吴希福
212 基于智慧校园的教育教学改革/林君芬

003

第七章 尊重学生的个性化发展

218
219 学校教育当下的需求/陈晓
224 在学校，遇见未来/陈秋兰
229 守候差异，适性发展/黄丽芳
233 「善正教育」激扬学生生命张力/吕超
238 最美课堂在懂得/韩宜奋

第八章 百年名校的传承与创新

244
245 坚守教育的信、望、爱/刘晓玲
251 小学校，大格局/姚丹
256 从同文走向未来/孔虹
260 寻根与变革/黄灿明

第九章 大湾区教育的国际化发展

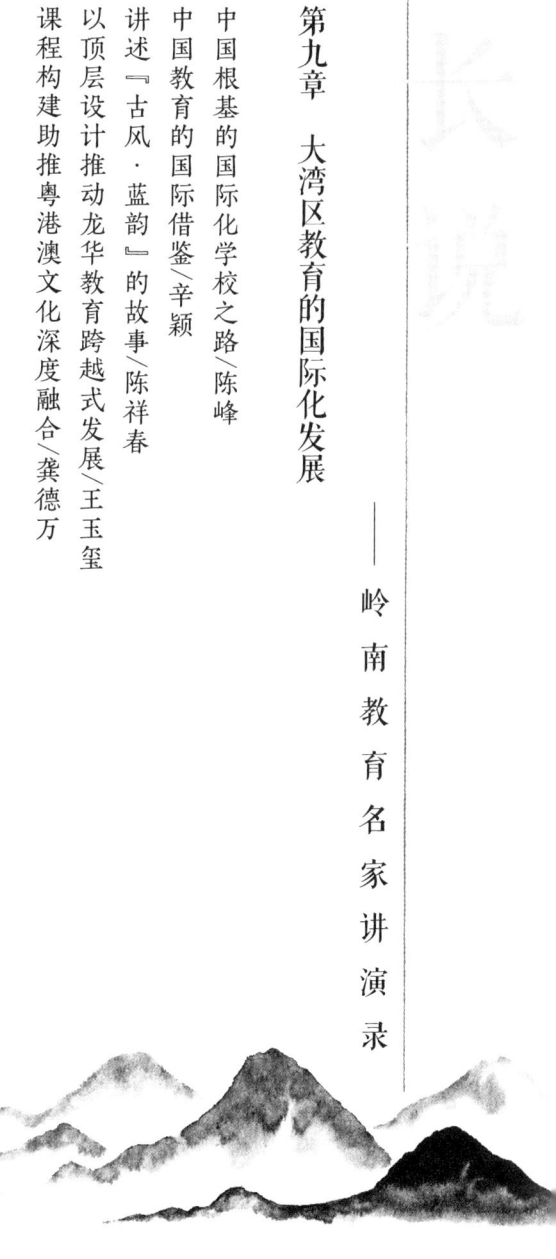

265　中国根基的国际化学校之路/陈峰
266　中国教育的国际借鉴/辛颖
272　讲述『古风·蓝韵』的故事/陈祥春
277　以顶层设计推动龙华教育跨越式发展/王玉玺
282　课程构建助推粤港澳文化深度融合/龚德万

第十章 他山之石

289　成就未来教师/罗滨
295　与校长一起成长/刘莉莉
296　培训如何助力校长远行/毛亚庆
301　百年老校的活力与重生/余强
306　想象与实践——国际化教育背后的引领之志/沈丽琳
311　面向世界，教育应有怎样的追求/唐江澎
316　何谓高素质、专业化、创新型的教师/刘良华
321　把丢掉的东西捡回来/张基广

后记　337

第一章 校长应当成为师生的精神领袖

山长的现代意蕴：校长应当成为师生的精神领袖／吴颖民

文化濡染人心／叶丽琳

做『有料』的教育／全汉炎

师者，行者／韩延辉

学校文化是校长构建的共同价值／简期颐

山长的现代意蕴：校长应当成为师生的精神领袖

广州中学首任校长　吴颖民

今天我讲的主题是"校长应当成为师生的精神领袖——兼论山长的现代意蕴"。大家在很多影视作品中常常可以听到这样一句话："山人自有妙计。"所谓山人，指的是过去那些怀才不遇，或是不愿意与坏人同流合污的勇士、知士。其中一些品学兼优的山人受到世人仰慕，就有人投奔到他们门下，他们就开始收徒和讲学，这些人后来就被称为"山长"。两千多年前的中国，教育的普及程度很低，官学（公办教育）很不发达，教育大多是民间教育，而这些民间的教育为了躲避战火，通常会在山林里面讲学。

到了唐朝，教育得到很大的发展，书院慢慢地发展起来。到了宋朝，已经有了很著名的、很大规模的书院，如大家所熟悉的四大书院——应天书院、白鹿洞学院、岳麓书院和嵩阳书院等。这些书院的首席讲学者被称为山长。后来书院扩大了，管理事务更加繁重，这些首席讲学者也就有了一定的管理任务，他们从单纯作为学术的权威，慢慢地增加了作为行政管理权威的职能。到了清末，书院改为学校，"山长"就改称为"校长"，这就是从山长到校长的整个转变过程。

今天来看，虽然山长和校长都是学校的最高管理者，但是他们还是有明显的差异。古代的山长首先是饱学之士，他执掌教习，教书、讲学，后来才有了一部分管理职能，而现代学校的校长被赋予了更多的职责，校长们忙得更多的不是讲学，不是学术研究，而是管理的事务。所以今天常常可以看到校长们游走于会场和餐厅之间，有大量的会议要参加，有大量的应酬要出席，实际上很难有清静的时间来做学问和研究学校发展的问题。

从现在的角度来讲，校长更多的是行政长官，这样的角色削弱了校长的学术影响，强化了学校管理的行政化倾向。但就学生的教育、学校的发展而言，校长作为学术权威，他的影响、他的作用要远远大于他作为行政长官的影响，而行政长官的影响却可能会侵蚀学校作为人才培养机构的纯洁性，甚至会影响学生的品性发展。作为学术权威和作为行政权威，这两种职能的此消彼长，正在改变校长们的行为方式和价值追求。如果校长们有成为一个学术权威角色的清晰定位，那么他们在学术上的不懈追求就能净化他们的心灵，能强化他们求真、求善、求美的价值追求；促进校长以自身的学术修养来赢得学生的尊重、信仰和信任，涵养学生的心灵，促进学生的发展。如果校长成

吴颖民

为过强的行政长官角色，则会助长学校管理中对行政权威的依赖，也可能助长行政管理的粗暴性，会破坏"随风潜入夜，润物细无声"的温润性、愉悦性的氛围。

今天，由于历史和现实的原因，校长的职能和角色出现了许多异化。在一些校长的身上，多了一些官气、商气、酒气，少了文化人应有的书卷气、书生气，少了作为一个学术专家应该有的专业精神和专业的坚持。我觉得这是令人痛心的。

当然，现在的教育已经全面融入了整个社会，学校虽然有围墙，但是网络和发达的通讯已经把学校的围墙打破，让它失去了原有的跟喧嚣世界隔绝的功能，想回到过去清静的环境已经不可能。面对学校与社会几乎融为一体的现实，面对来自社会各方的世俗影响，面对各种浮躁和喧嚣对校长们的思想、行为可能带来的干扰和冲击，确实有一些校长不能很好地把持自己，甚至还出现了愤世、媚俗的不良现象。现在我们不可能借助外部的环境远离烦躁喧嚣的现实社会，但我们可以借鉴古代山长的那种心理环境，来一个主观的救助。我想这是非常重要的。既然空间上不能隔绝，那就需要在心灵上更好地去追求，如陶渊明在著名的《饮酒》中所言："结庐在人境，而无车马喧。问君何能尔？心远地自偏。"你有更好的思想追求，你就能够远离这种世俗、喧嚣对你的侵蚀。

所以，以学术的沉思来抵御世俗的污垢，在真善美的境界中求得宁静，说起来好像休闲一般，但这样的精神修养对现在的校长来讲是不可或缺的。既然要担当起传道授业解惑的重任，我们就必须在精神层面上引领师生的发展，成为学校的精神领袖。

无论是山长也好，校长也罢，他们更重要的角色应该是精神领袖。在学校中，校长处于权力的中心，以自己的影响力调动各种资源来实施学校的教育。但校长的作用是通过多个方面、多个维度表现出来的，比如我们经常讲校长要规划学校的发展，要营造育人文化，要领导课程教学，要引领教师成长，要优化内部管理，要调试内部环境，等等，这些都是校长十分重要的职责。但在众多的学校事务当中，最核心的就是要建设育人文化，因为学校育人的本质就是文化育人，描述校长的职能，我认为可以有两句话：第一句是"建设育人文化"，第二句是"实施文化育人"。我认为这两句话可以高度地概括校长最重要的职责。学校的学生管理有学生文化，教师管理有教师文化，班级管理有班级文化，学科管理有学科文化，教学管理有教学文化，课程管理有课程文化，学校的各项工作有校园各方面的文化。所有这些，可以用三个层面来概括，也就是通常讲的学校建设的物质文化、制度文化、精神文化。这三个层面当中，最根本、最本质的就是精神文化，最困难、最复杂的就是精神文化的建设。课程、制度、环境、行为都可从精神文化里的价值取向中引发出来。有什么样的价值取向，就有什么样的文化形态，就有什么样的课程，什么样的评价，所以不难理解，校长的角色最重要的就是在精神层面上发挥其引领作用。校园文化的建设，要求校长在其中扮演精神领袖的角色。"精神领袖"是什么？就是给人以精神鼓舞的人，引领人的精神往某一个精神方面发展的人。对于学校而言，校长就是主心骨，就是灵魂人物，就是核心价值的引领者，校长应该以自己的精神力量去影响师生，影响学校的精神文化建设。

　　精神领袖是校长在学校这样一个领导岗位上众多角色中最核心、最重要的角色，因为我们有自己的价值观。学校的教学改革，学校评价体系的完善，学校的管理，学校各种各样的软环境和硬环境的建设，都需要校长的价值观、理想追求来引领，所以学校的精神领袖是校长最重要的角色。怎样成为学校的精神领袖？我想最重要的就是三个层面：提炼、传播、践行。

　　首先，校长要提炼自己的教学思想。多数校长是从优秀教师中选拔上来的，擅长的领域是学科讲学，从优秀的教师到校长的岗位上要面临许多的挑战，要从一个学科专家变成学校办学育人的设计师、领路人、精神导师，校长需要不断地学习、提炼，要从教学、管理等各个方面提炼自己的教学思想，形成自己的思想主张、教学体系。其次，要善于传播。要经常讲，反复地讲，并且在传播的过程中不断地完善、提升自己的教育主张，形成自己的思想体系。最后，更重要的是践行，要把说的跟做的统一起来。你怎么说，你就应该怎么做，一定不可以说一套，做一套。你不可以说的是以人为本，以学生为本，做的却是影响学生长远发展、伤害学生利益的事情。

校长要清醒地认识到自己在学校中的角色，要不断地提炼，不断地传播，不断地践行自己的教学思想。校长们要自说自话，自圆其说，自成体系，要有自己的语言，自己的逻辑，要拿出自己的办学成果。每位校长都不可能在一所学校永远做下去，你可能调任，可能退休。当你退下来的时候，你给学校留下什么？我们回首过去，历史上许多的大学者，许多的山长，都给他们的学校留下了丰富的精神财产。孔子的学生将孔子及其弟子的言行整理成一部《论语》；宋朝的大学者朱熹在白鹿洞书院做山长，留下了《白鹿洞书院教规》，这是世界思想史上非常经典的一部作品，至今还在影响着当今的教育；明朝东林书院的山长们留下了"风声雨声读书声，声声入耳；家事国事天下事，事事关心"的不朽名联；陶行知抱着教育救国的理想，创办了育才学校，留下了"千教万教，教人求真；千学万学，学做真人"的经典话语；苏联教育家苏霍姆林斯基以他所在的帕夫雷什中学为研究素材，给我们留下了《给教师的一百条建议》《把整个心灵献给孩子》等著名的教学著作。所有的校长总有离任的一天，总有退休的一天，我们能够给学校留下什么？

我提出这么一个思考，并不是要求每一位校长都在他在任的时候或是退休的时候拿出一部鸿篇巨著，而是希望每位校长在主持学校工作的时候，都能不断地去提炼自己的教育思想，让自己的教育主张形成体系，能够成为今后学校持续发展和提升的精神财富。

古代的山长们为我们留下了宝贵的精神财产，以此为鉴，现代的校长们在漫长的人生征途中，是不是也应该为你的学校留下一点精神财产？今天我们特别拿山长和校长做一个比较，并不是为了否定我们的校长，而是想提醒校长，在众多的角色当中，你应该更重视你作为精神领袖和学术权威的角色，而不断去淡化作为行政长官的角色。

文化濡染人心

广东广雅中学校长　叶丽琳

大家好！

开讲之前，我想请各位先看一段视频（略）。

刚才这段视频由广雅毕业生制作并发布于广雅官方微信公众号。这段视频让我想起了一些学生和老师跟我说的话：

一位考入浙江大学的学生说："是广雅让我在浙大高手如林的校园中信心倍增。"

一位中山大学的教授说："我能一眼看出哪些学生来自广雅。"

一位重回母校的学生说："重回广雅，内心总是充盈的。"

可见，文化濡染人心！这些话让我备感欣慰，也引发了我的一些思考：

在学生生命成长的关键时期，学校应如何给予学生美好的内心体验，让他们不断回望并获得人生绵绵不绝的精神动力？

值得回望的动力，不是知识技能，不是楼

扫一扫，
观看现场演讲

宇建筑，更不是让人引以为豪的分数，而是学校的文化基因。无论走到哪里，这种文化都会给曾经在此求学的学生长久的滋养与润泽。因为，学校育人的所有影响都可归结为文化，学校教育的本质是文化育人。

文化内涵非常丰富，令人惋惜的是，不少学校对书本文化之外的人文空间构建往往呈现出"有载体，无品位"的状况。两年前，我和几位校长前去参观一所学校，校长在介绍学校文化时，特别强调校内建筑的名称都是请某位大书法家写的。我们一直对这位书法家充满敬意，很想欣赏他留在这里的墨宝，结果一看题字，竟然是"教学楼""实验楼""学生宿舍""饭堂"，令人哑然失笑。

一起参观的另一位校长在失望之余，却又得意地说："我的学校请书法家写的就不是这些！"我赶紧问："写了什么？"他说："为了激励学生，我们学校每座楼都以名牌大学命名，分别叫做北大楼、清华楼、中大楼、浙大楼、厦大楼。"霎时间，我很无语：有多少校长，为了追求有文化、有品位的校园环境，却偏偏做了没文化、没品位的事情！

这正是我们多数校长的最大困扰——行动很有力，方向欠清晰，设计大不足。这里所说的"设计"，指的是校

叶丽琳

长将对办学的思考转变为实践行动的能力。

今天，大家到广雅做客，我想与大家分享的是，早在一百多年前，广雅的创办者和历任山长为构建学校人文空间所做的各种努力，尤其是其中所蕴含的寓意和期待，这对我们思考这个问题时或许有所启发。

广雅创办于1888年，从学校的选址到校舍的布局，无不体现出办学者的人文底蕴和教育情怀。

广雅书院集讲学、藏书、祭祀先贤三大功能于一身，注重山、水、园林文化的传承，人文空间设计和谐有序，校园整体布局宛如人之脸谱，方正饱满。在中国传统文化中，国字脸常被认为具有忠义、耿直、坚毅、果敢的性格，这种校园布局与张之洞取名广雅，取义"广者大也，雅者正也"形意相通，一脉相承。中轴线上的山长楼、含英楼、无邪堂、冠冕楼，恰如人的口、鼻、额；东西斋设计在脸颊处，使整体造型更加传神逼真；横贯东西的莲花池，就像人的眼睛，是广雅之眼，炯炯有神，透视古今；悠悠莲池旁，东有濂溪祠，为纪念宋代理学宗师周敦颐而修建；西有莲韬馆，是山长起居及接待学生的地方，绿树成荫，生意盎然，构造出一个清幽和谐的书香庭院。

书院依据中轴线分为东西两部分，间隔东斋、西斋，即两广学子自习和生活的居舍，从唐代诗人张说的诗"东璧图书府，西园翰墨林。诵诗闻国政，讲易见天心"中各摘一字来命名，每字一斋，每斋十间。广雅的主要建筑，也可用一副对联串起来："山长木桃未雨含英生冠冕，清佳兰玉无邪琼华运昭明。"

书院命名讲究，而且富含蕴意和期待，如原作为广雅图书馆的冠冕楼，是广雅第一楼，也是广州市名楼。杜甫有诗云："冠冕通南极，文章落上台。"图书馆命名为"冠冕楼"，是为了鼓励广雅学子以品重、以学成，冠冕群伦。创设书院的环境，就是希望创设这样的文化氛围，引导学生成为有书卷气的人。

每一座楼宇除了有楼名以外，还有大气的对联。学校东侧昭明楼就有张之洞联语:"尊其所闻,行其所知,合岭南东道、岭南西道人才,互为师友;博我以文,约我以礼,会汉儒经学、宋儒理学宗旨,同造圣贤。"当学子每天浸润在气势磅礴的楹联中,就会明晰读书人"为天地立心,为万民立命,为往圣继绝学,为万世开太平"的使命担当。

书院场馆的使用功能也很讲究。大多数书院都重视作为传统教学内容的"展礼"教育。祭拜先师、朔望祭祀等成为书院不可或缺的常规课程,体现尊师重道、崇贤尚圣的精神。濂溪祠是广雅中学创办之初的主要建筑,旧时每逢广雅开学行礼,首拜孔子,次拜濂溪,为的是提升学生的品行;主要是传承《爱莲说》中"出淤泥而不染、濯清涟而不妖"的荷花的高洁精神品格。现在重修的濂溪祠基本保留当年原貌。濂溪祠重开之后,每逢开学和毕业典礼,学生都要参拜濂溪先生。

莲池旁,西有莲韬馆。对莲韬馆,张之洞专门写了注释。大家对"莲"字都熟悉,原有张之洞手书"莲韬馆"木匾的左下方有数行小字跋语解释"韬"字的含义:"韬"就像一个袋子包着莲子,施以营养,让莲子得以成长。良好的学习环境和优秀师资,正如"莲子"之"韬",滋养学生的生命,成就学生的成长。"士君子有实而善韬",寄寓着张之洞对书院师生的期望与要求,这不仅是张之洞与师生共勉之辞,更体现出张之洞在创办广雅时,就已经深刻意识到书院的人文空间对于学生成长的深远意义。

广雅创办之初,课程就有一种与时俱进、开放包容的格局与气度,不仅有中国典籍课程,还有西方课程,古今中西熔为一炉,开国际视野,与世界接轨,为当时的中国教育带来一股清新之气。其教育方法更是开岭南先河,从广雅山长朱一新的《无邪堂答问》的记载来看,当时的师生已能平等、开放、自由地进行讨论,老师在这里传道、授业、解惑,学生在这里审问、慎思、明辨,师生默契配合,教学相长,士君子"有实而善韬",学子"广博而雅正"。

所谓"一切景语皆情语",当看到荷花池的香莲出泥不染时,学生会明白做人要品格纯正,行为端雅;当看到山长楼的榕树根深叶茂时,学生会明白成长必须扎实根基,吸收养分;当看到湖心亭的金竹迎风挺拔时,学生会明白遇挫要不屈不挠,坚忍不拔;当看到昭明楼旁的玉兰争妍斗艳时,学生会明白竞争要芬芳自强,不断向上。

环境之优美,不只在于有景,更应有情、有心。校园人文空间并非仅仅是其中的亭台楼阁、花草树木,更是由多种社会力量精心熔铸的一种人文精神的力量。在学校的场域之中,人与环境、人与人的积极互动所形成的人文空间是校园之"魅",也是学校之"魂"。这就是我们常说的令人向往的校风、氛围、气场。在这当中,师生、生生的交互环境往往是充满智慧和温情的。

最近,有两件事情让我非常有感触:

第一件事情,是有一位家长写了一封信交给我,让我一定要在全校表扬他孩子的班主任。这位班主任带学生军训,关爱着这些孩子,引领着这些孩子,鼓励着这些孩子,让孩子产生了很大的变化。家长们非常感动,这位家长在信中写道:我们本想收获一缕清风,但他却给了我们整个春天,为这些孩子的心注入了温暖,不仅柔软了孩子的心,还柔软了家长的心。柔软的心是最有力量的!很多时候,我们会疑惑为什么孩子的心是那么冷,我们给了孩子这么多,他还是觉得无所谓。那是因为他的心门没有打开,阳光照不进来。只有当他的心注入了这种柔软,他才会充满热情的力量。

第二件事情,是《广州日报》《羊城晚报》在头版刊登了一位刚刚从广雅毕业的学生写给父亲的一封信。这个学生成长于一个离异的家庭,她为什么能够对父亲怀着一种感恩之情?一定是在她成长的时候,无论是家庭、学校,还是老师、同学,都在她的心田里面注入了温情,让她有这种温度,充满感恩之情和前行的力量。

我们要坚守创设文化的信念。其实广雅也不是一开始就有这样的文化,而是历任山长和历任校长对自己的文化有自信，能坚守自己的理念的结果。当你坚守时，文化就会慢慢积淀下来。

文化是应该养气的，养"宁静之气""浩然之气""通达之气"。正所谓"有境界，则自有高格"，志存高远，自会产生绵绵动力。

文化是应该养心的。面对学生的成长，创设优雅的空间和积极的交互氛围，能把学生的心养活，养出丰盛、从容、豁达的内心，以心力运行万物，以心力济世。把心养活了，就可让我们的心柔软起来，无论今后处于人生顺境或逆境，都能心存感恩，用一颗柔软的心包容世界。因为，柔软的心最有力量。

我们坚信，所有的文化，当它能够实现物境、情境和心境的和谐时，这种文化是一定能够滋养生命，能够濡染人心的。

谢谢大家！

做"有料"的教育

广东实验中学校长　全汉炎

首先感谢主持人，也感谢"山长讲坛"给我这样一个机会，让我得以和各位分享我对教育的一点体会和心得。

广东省中小学校长联合会公众号曾推送了一篇文章，文章对我的评价很高，归纳为两个词——"低调"和"有料"。我经常提醒自己，不能太低调，因为我是校长，是学校的一张名片，你太低调了，这个学校就没有人去关注。但是过了两年以后，我回头看我当校长这两年，其实还是很低调的，可能这是一种性格，也许也是一种能力。但是说到"有料"，我还是很高兴的，因为我知道"有料"千万不能从自己口里说出来，应该由别人说出来。"有料"更多的是一种积淀和后期的努力，这是要经过时间去验证的，时间长了，你自然就能看得出来。因为"低调"和"有料"非常符合我个人对教育的理解，所以我今天演讲的题目就是"做'有料'的教育"。我们谈起教育，会想起很多的词，如"春风化雨""润物细无声"……这其实就告诉我们，我们的教育需要低调、宁静和高尚。但是在目前的社会环境中，在人们普遍追求短期的效益和功利时，我

扫一扫，
观看现场演讲

们的学校还能不能做到这种低调？我认为很难。

举个例子，大概几年前，安徽的某所学校在校园里打出了这样的一则广告——"热烈祝贺我校女婿某某某获得了2014年诺贝尔奖"。他们高兴的是什么？是自己的学生获奖，还是培养出一个能够嫁给诺贝尔奖获得者的女儿？我觉得学校在宣传方面确实做得很高调，人无我有。但是我觉得高调也好，低调也罢，其实并不重要，关键是学校要有料。如果你的宣传有真材实料，那才是真正的有料；如果你的宣传无真材实料，那就是瞎叫。

宣传很重要，我们生一个孩子，都希望起一个很响亮的名字，让大家记得住。我们开一瓶酒的时候，也能够知道酒香，知道这个酒很好。

所以今天我和大家分享的是"有料"的教育。什么是"有料"的教育？我的认识有两点：

第一，最关键的一点就是我们要认识教育的意义和本质是什么。20世纪80年代，大学生的口号是"为中华民族崛起而读书"，这极大地激励了我们这一代人努力学习，报效祖国，也成就了我们这一代人。但是在80年代之后，我们开始关注人，提出了"以人为本"，为学生的终生幸福奠基。

全汉炎

第二，我们必须认识到学生是什么。学生是我们教育的主体，而不是我们教育的工具。学生是人，是发展中的人，也是一个有差异的人，我们要把学生当作人来看待。

我很欣赏同行的两句话，第一句是"教育就是要保护人的天性、个性和发展他的社会性"，第二句是"我们的教育一定要有三个底——底线、底色和底蕴"。我们懂得遵循做人做事的基本底线，对社会要有亮丽温暖的底色，我们要获得走进文明世界的工具，我们要学会学习、探索和实践。对国家来讲，我们的教育要培养学生的核心素养。

如何做有料的教育？我们要做好两件事情：我们要保证学生有充分选择的权利；我们要为学生的自我发展提供平台。

省实高一一位的学生给父母写了一封信，我摘录其中一段："关于人生，你们对我说的话以及提出的问题当中，全部表现出一个共同点，那就是好工作。什么是好工作？你们的答案就是薪水高，我相信这也是你们大多数人在追求的。然而，薪水高的工作就是好的工作吗？为了追求利益，为了活而活，这样有意义吗？其次，关于我们的学习是不是迫不得已的选择。这个观点非常危险，我这里所说的'学习'不仅仅是指学生阶段的学习，而是指普遍意义上的所有学习。学习是什么？学习就是让你成为你想成为的那个人的方式，只有你从正面承认它的意义，只有你主动地想去学习，你才能学好。那么这就涉及另一个问题，你想成为什么样的人？也就是学习的本质是什么？当你认识到你想成为什么样的人的时候，你才能去学习。"

这是孩子写给父母的一封信，这封信透露出的信息告诉我们，我们一定要相信孩子的思考能力，一定要保护他们这种思考的能力和选择的权利，一定要帮助他们发展思考和选择的能力，帮助他们保持对未来的好奇、希望和对未来幸福生活的追求。

我们这个时代是一个充满着挑战和能量的时代，是一个好的时代。好在哪里？随着社会的进步，经济的发展和"互联网+"教育的学习，我们离世界越来越近。我们的政府部门对教育特别重视，比如天河区政府一次性投入50亿建了几所学校。今天是周六，大家依然牺牲休息的时间在这里探讨教育，家长们提问的水平也非常高，说明我们对教育的理解也非常深入，所以我想这是一个好的时代。但是，打个不恰当的比方，我们的教育有时候就像中国足球，它背负了老百姓太多的希望，但是它又没办法承受。所以每个人都可能会指责和批评它，每个人都可以成为它的"教练"。

对于我们学校来讲，学校有生存的压力，有竞争的压力，有发展的压力。这关系到老百姓的切身利益，我们不得不重视。

教育是为了什么？我们是为中华民族的崛起而读书吗？我们是为学校的发展而读书吗？这样的过程无论是对学校还是对校长来说都很困难。在这种生态之下，需要校长们能够平衡各种关系，但是我想最重要的是作为教育人、作为校长，一定要有自己的理想和想法。

在校长的诸多角色中，最重要的不是管理者，而是思考者、思想者，更是引领者。我们的校长不需要有教育家的头衔，但是我们必须要有教育家的情怀。我觉得只有这样，我们才能扮演好引领的角色，才能真正协调好现实与理想的关系，才能真正摆脱功利对我们的束缚。

我谈谈广东实验中学。我告诉我的学生和家长，省实有80%是学霸，20%不是学霸。那么这20%是什么？是歌神、是舞王、是大名家。不一样的孩子一样有光辉的前程。这几年我们的素质教育能坚持下来，关键就是做好两件事情：我们为学生的自我发展提供平台；我们要想尽一切办法把选择权交给学生，促使他们自我发展。

省实有学生毕业以后给学校写了一段留言，我觉得这代表了他们对学校的一种认可，我跟大家分享一下："任何特点，任何兴趣，省实总能提供一个在广州市、广东省、国内，乃至国际上都有名气、有实力的平台帮助你的发展。省实把学生作为人来尊重，省实最伟大的地方是它给了学生选择的权利，正因为如此，我们才会生活在学术大牛、运动天才、文艺青年和种种奇葩之间，才会过上和中国其他中学生有所不同的生活，才会对我们的绿校裤如此地热爱。不管你在省实是多么平凡，那都只是因为省实优秀的人太多，大家都散发着耀眼的光芒，而你分不清哪些是你的，哪些是他人的罢了。但，走出省实后，你就是众人眼中那一个绽放出万丈光芒耀眼夺目的人。"

省实今天的发展离不开政府的关心，也离不开各位家长和社会各界的支持，更重要的是省实有得天独厚的办学资源和办学条件。但是这并不意味着我们就一帆风顺。我们一路走过来，经历了很多困惑，我们也很艰难。我们选择的就是这么一条路，这条路我称之为现实的理想主义。什么是现实的理想主义？

现实的理想主义就是，我们的教育不能脱离现状，不能忽略当下。我们要关注我们现实的条件，但是我们的教育不能没有理想，我们要着眼于长远的发展，这点是非常重要的。在这个过程中，我们也有焦虑。没有分数，就没有今天；只有分数，就没有明天。没有升学的学校，可能真的不是一个有料的学校，所以我们一样很关注我们的升学率。

我们也做了一些作为教育工作者来说不得不做的事情，但是有一点是很重要的，就是我们不能触及教育本质的底线。比如说每年初三毕业生当中，近两年的第一名都去了华附，我就和我们的老师说你要做两个事情：

第一，挽留他，但是绝不能强留。如果学生要走，你让他高高兴兴地走，学生可以选择，说明我们的教育是成功的，我们送他走。他如果获得了优秀毕业生，我们一样颁给他，让他觉得他是三年省实人，有一世省实情。

第二，在每年的招生工作当中，作为校长，我也要出场。我觉得我一点都不低调，曝光率非常高，为什么？为学校。但是不管怎么样，在宣传的角度上，我始终要坚守一点，我要看到我的校园，我要看到我的学生，我希望我们的校园是干净的、充满书香的校园，我希望我们的校园不会成为一个争名夺利的地方，这是对学生最好的教育。

我认为教育的意义在于让生命有温度，唤醒自我，发展自我，真正的教育能够激发孩子的自我发展，成为最好的自己。我觉得一所有料的学校一定要为全体学生的发展创造条件，为学生全面的发展提供机会，为学生个体的发展提供选择，为拔尖创新人才的发展提供跑道，为学生的终身学习夯实基础，为学生一生的幸福播下种子。

其实教育有没有料，最后做评价的还是我们的学生、我们的孩子。他们走出这个校门以后，可能很多东西都会丢失、会忘掉，剩下来的才是他们真正学到的东西，而这些剩下的东西将陪伴他们一生，那它能不能帮助他们在未来的人生当中继续成长？这才是我们的教育应有之义。

教育是什么？培养人、发展人，一定是以人为本。教育需要时间，需要耐心，讲求的是发展，而不是加工；讲求的是个性，而不是整齐划一。

我一直有这么一个教育理想和愿景，我和我们的老师讲，我希望我们的学校一定是一个和谐的、人性化的校园，我们每个孩子都能够享受到教育给他们带来的快乐，学校设置多元的、立体化的精品课程，让每个孩子的个性都可以得到发展。在这里，我们的孩子应该有良好的品格、出众的能力和健康的体魄，为未来的发展和终生幸福打下基础。在这里，我们作为一名老师，作为一名教育工作者，我们一定要体会到幸福，一定要将教育者的终极目的真正实现。

师者，行者

珠海市第一中学校长　韩延辉

尊敬的各位领导，各位嘉宾，大家好！

我想大家肯定喜欢去旅行，我也跟大家一样，在闲暇的时间经常到外面去走一走。随着时间的推移，我到过很多地方，但过后再把当时的照片或者记录拿出来的时候，却感觉好像很陌生，甚至好像没有到过这个地方一样。然而十年前的一次旅行，有一个场景却让我终生难忘。

2009年，我随珠海教育团到西藏去慰问援藏的工作队。在高原公路上，我发现路边有一些人背着行囊，有的推着车子，有的开着手扶拖拉机，有的是一个人，有的是几个人，有的是拖家带口。他们在路上行走，这就是所谓的"行者"。

我们下车跟他们聊天的时候，看到他们满脸的风尘，脸上被风吹日晒得黑亮黑亮，而且沾满灰尘，但他们的神情却是坚毅的，特别刚强。他们的眼睛被风沙吹成一条缝，但是透出的目光是那么执着。我想这些行者一定怀揣着沉甸甸的使命。

看到这些行者，我想，从事教育工作的

扫一扫，
观看现场演讲

人，不也是怀揣着沉甸甸的使命在不断地行走吗？所以，我今天演讲的题目就叫"师者，行者"。

在我看来，校长作为行者，一要做共行者，二要做先行者，三要做独行者，四要做让行者，五要做慢行者，六要做有品行者，七要做能行者。

第一，共行。首先，我们要做与时代共行的行者，与团队共行的行者，与社会、家长共行的行者。首先，与时代共行。我们做教育一定要做与时代共行的教育，要紧跟时代。大家都知道，有一种学校叫现代私塾，对现行的教育制度不满意，学生老师都穿着什么长袍大褂，读着《四书》《五经》，或者是朝暮劳作。其实这种教育完全跟时代的发展脱节。还有一些学校，为了所谓的高考升学率，拼命地加班加点，只顾学生的成绩，不顾其他，完全忽视青少年的身心健康发展，这种教育也是与时代相悖的，无论从教育的理想价值还是现实价值来看都不适合，所以我们不能办这种教育。邓小平同志当年讲得非常好，教育要面向现代化，面向世界，面向未来。我们应该培养乐于求知，勤于实践，善于交流，勇于担当，具有科学精神和民族素养，具有国家情怀和国际视野，具有强健体魄和健全人格的社会主义建设者和接班人。校长一定要不断更新观念，要紧跟时代的步伐，与时代同行。

韩延辉

其次，同行。在一个学校，团队有两方面：第一个是管理团队，第二个是整个教职员工的团队。我们不管是在管理团队，还是做教师队伍建设，都要注重与他们同行，只有同行，团队才有凝聚力，才有战斗力，才能促进学校可持续发展，使学校成为高质量、有品位的学校。团队建设一定要注意同步，把握节奏和步伐，校长一定要跟学校领导班子一起，与大家打成一片，同甘共苦、同舟共济、以心相对、将心比心、以诚相待，只有这样，老师才会觉得校长是跟他们一起的，而不是高高在上的，他们才会认同你，我们整个团队才会形成一种很好的合力。

鲁迅说过一句话，无尽的远方，无数的人们，都与我有关。其实我们做教育的行者，在整个职业生涯过程当中，有无数的远方，无数的人们，无数的学生家长，他们都跟我们有关。因此，我们学校实施任何一个教育方略、教育步骤、措施和方案，都要得到家长和社会的认同，否则我们将寸步难行。

第二，先行。我们要做先行者。在办学的过程中，校长一定要办学理念先行，一定要贴近时代的发展和学校的实际。另外，我们的意识一定要先行。在办学过程当中出现的任何一个前进的步骤，我们都需要意识到它对学校发展的影响。我们要不断发掘师生的闪光点，要不断挖掘发展过程当中存在的缺点和毛病，只有这样，我们才能做到携手共进。另外，策划要先行。对于未来的发展，一定要策划在先，否则我们就会做工作上的后手。我们要做先行者，要具有预见和前瞻性，我们要预测未来，同时要创造未来。

第三，独行。我们要做一个独行的行者。我讲的独行是特立独行，校长要造就学校的特色和风格。有人说，一流的学校是一流的设备、一流的师资、一流的学生、一流的评价。其实还有一点，一定要有一个有个性的校长。有个性的校长应该有自己特色的办学思想，有良好的个人品质和理论修养，还有正确的办学目标和独特的办学风格，这样才能办出有质量、有特色、有品位的学校。

第四，让行。我们要做一个让行的行者。我们在学校，跟教职员工在一起工作、学习、生活，需要彼此"通畅"。特别是在目前，我们国家在校长的专业发展方面没有一个单独的专业技术职称，但是校长也要评职称，评职称就需要有资料、有材料、有业绩、有荣誉。而目前，评荣誉的时候都是有名额比例的，在这种情况下，校长一定要心胸坦荡，包容他人，高风亮节，把一些重要的奖励和评审机会让给教师，将重心放在学校发展大局上。校长要发挥示范作用，带好头，做好表率，带动整个教师队伍的发展。

我在这里建议，在校长的专业发展上，要建立一个学校管理专业技术职称系列，这样校长在自己的专业发展方面就不会再跟老师们争车道。比如说校长是教数学的，他要评数学职称了，这就容易跟老师发生冲突。但是，如果我们有学校管理方面的技术职称，就可以解决这个问题，同时也会为校长队伍的建设和发展创造长效的机制。

第五，慢行，做一个慢行的校长。什么叫做慢行的校长呢？学校的发展是不可逆的，校长在制定学校发展规划和具体办学思路时，一定要稳中求进，条件不成熟的一定要慢下来，条件成熟时也要慢慢动。我们经常听说这样的事情，一个新校长到一个学校，要求全体中层干部重新竞聘，过不了几天，这个学校可能就乱套了，这样做是不能实现持续性发展的。条件不成熟，我们不能快走，一定要慢行。校长应该具有慢的思维，在反思中不断地总结，要做到静如处子，动如脱兔。

第六，品行，做一个有品行的行者。品行太重要了，大家都说"师者，人之模范也"，这个定位很高。教师是人类灵魂的工程师，学生眼里的我们"吐辞为经，举足为法"，所以做教师，特别是做校长，一定要不断地加强自我修养，不断地提升自己的品行，做一个有品行的行者，育有品质的学生，办有品位的学校。

第七，能行。中华人民共和国70年来基础教育的发展，我觉得足以证明，作为中国基础教育的行者，我们的教师，我们的校长能行。在新时代下，我们这个教育的行者一定会把党和人民赋予的历史使命和责任担当，怀揣在身上，肩负在肩上，不断地向前行进，为中国特色的社会主义事业，为中华民族的伟大复兴履行好我们的职责，完成好我们的使命，相信我们自己一定能行！

谢谢大家！

学校文化是校长构建的共同价值

东莞市东华高级中学校长　简期颐

各位尊敬的领导、各位专家、各位同仁，大家好！

刚才主持人提到东华高级中学尖子生多、学霸多。大家的聚焦点都在高考，但是我今天不说高考，我要说的主题是"学校文化是校长构建的共同价值"。我认为，要办好一所学校，设备设施是基础，教师队伍是关键，办学理念是灵魂，教育教学质量是实力。但是，有实力不等于有魅力。那么，一所学校的魅力在哪里呢？就在这所学校的文化里。

那么学校文化是怎样构建的呢？文化其实是校长的愿景、教育信念、价值观。以色列作家尤瓦尔·赫拉利在《人类简史》中写道，为何人类能登上食物链的顶端，最终成为地球的主宰？秘诀在于人类能创造并且相信某些"虚构的故事"，故事构建的秩序提升了人与人的合作效率，打造出了各种组织和经济形态，强大的虚构故事往往具备了普世特征和推广特质，无论是个人还是学校和企业的发展都要具备讲好虚构故事的能力。

面对着多元文化、经济全球化、信息时

扫一扫，
观看现场演讲

代、学习化社会等一系列时代发展的全球挑战，中小学教育的人才培养模式乃至整个教育文化都面临着挑战。一场以学校文化变革为核心的静悄悄的革命，正在大湾区蓬勃展开。

现在，凭经验治校，凭指令治校，用旧方式治校的还大有人在。学校的某些经验在改革当中反而成为负累，阻碍着改革的发展和优秀文化的形成。优秀的学校文化不是自动形成的，它需要校长带领学校的所有人有意识、多层次地建构。我认为学校的文化建构应该从理念的引领、课程的改革、活动的开展和校友的成长等方面来构建和提升。

一、理念创新为引领

校长的理念是学校发展的核心和灵魂。有人说学校文化即是校长文化，因为从根本上说学校文化总是反映了校长本人的价值观念和领导风格。校长理念的创新与否及能否一以贯之，对学校文化建设影响很大，起着学校文化符号的辐射作用。

我们学校的办学宗旨是：立足教育，奉献社会。办学思路是：德育为先，特色为翼，质量为根，树人为本。

我们的办学特色是：公民教育、感恩教育、赏识教

简期颐

育、课堂创新。我们教育追求的目标和衡量的标准应该是心有善意，我们的行为应该关怀人心，这也是我们教育工作的着力点。

我们的校训是：心止于善，行止于美。公民教育：教育应该为社会做点事，我从自律与和谐的公德意识、民主与法制的法治意识、权利与义务的责任意识、科学的理性思维四个方面去推进公民教育。感恩教育：当年我们学校的孩子存在"四不"现象——对人不感激、对物不爱惜、对己不克制、对事不努力，所以我要推行感恩教育，让学生学会感恩父母、感恩老师、感恩社会、感恩大自然。赏识教育：学生在不同方面的表现参差不齐，我希望让他们每一个人都能感觉到在团队里有存在的价值。

育人目标：培养"心中有祖国，眼中有目标，肩上有责任，身上有正气"，以及具有创新精神、国际视野的现代公民。这是我们十几年前定下的育人目标，当时没想到会与当今立德树人的根本任务不谋而合。

在团队管理上，我们的团队理念是：为他人着想，向对手学习，与高手合作，对能人感激。在对学生的培养上，我们注重三个质量，讲究两个负责。三个质量是：生命质量、品格质量和学业质量。"身体是革命的本钱"，我认为首先要身心健康，其次是学会做人，最后才是成绩。两个负责是：对学生的学业前途负责、对学生的终身发展负责。作为教育人不能光看成绩，我们不仅要对学生的学业前途负责，更要对学生的终身发展负责。

二、课程改革为主线

课程是学校最重要的教育活动，也是学校文化的主体和载体。文化建设必须以课程改革为主线，探索以课堂教学改革为先导，以课程体系构建为动力的新型课程文化。在创新和探索中不断丰富和提升其内涵，进而为文化建设提供更多的活力和动力。

不一样的课堂，不一样的塑造。东莞东华高级中学的课程有国家课程、行美课程、活动课程。这里我介绍一下我们学校的国家课程是怎样改革的。

从传统课堂到有效课堂应该怎么改革？我对老师提出了一个简单的要求，就是上课不要讲"废话"。在有效课堂的基础上提出了"四精"：精选、精讲、精练、精批。有的老师认为作业量不够会影响成绩，于是暗地里增加作业，根据这点我又提出了"有发必收，有收必改，有改必评，有错必纠"。后来，老师还是按照"四精"的方向教学。

我还提出了"先学后教，以学定教"，以发挥学生的主观能动性。现在一说到排名，学生就容易感到忧虑并相互比较，缺少合作精神和团队精神。所以，我又提出了"小组合作，自主学习"，课堂上学生围坐上课、小组讨论，一个小组由不同层次的学生组成，在学的过程中，先学会的学生教还没学会的学生，学完了还要讲，好学生上台演讲得一分，中等学生上台演讲得两分，平时成绩较差的学生上台演讲得三分，以团队小组为主，鼓励每一个学生都积极主动上台分享，以此来培养团队精神和带动各个层次学生的共同进步。

有的学生家长不满意，认为"我的孩子成绩好老是教别的孩子，会不会耽误我孩子的成绩？"我说心理学研究表明，听懂了只掌握10%，学会了掌握50%，学会了还能把别人教会就能够掌握90%，所以家长也理解和支持我们的做法。事实证明我们的做法是正确的，成绩好的学生保持成绩优异，成绩差的学生也得到了提升。

同时，在课堂上，我们还导入思维导图教学，培养学生的好思维。

三、活动开设为手段

以活动课程为载体培养学生的好习惯，提升学生的综合素质；通过公民教育，感恩教育，赏识教育，培养学生的好品质。

我们学校的活动丰富多彩，有摄影书画器乐比赛、歌舞比赛、十佳主持人比赛、十佳歌手比赛、十佳运动员评选、朗诵比赛、演讲比赛、课本剧比赛、英语剧比赛、班级辩论赛，还有体育艺术节、科技节、女生节、社团活动节、美食节、读书节、运动会、各种晚会等。除了以上活动，我们还开展了研学旅行课程以及对外拓展训练和野外生存训练，等等。再举个例子，我们学校还通过要求学生一天走42公里来培养刻苦的精神。

我们的物质文化实而不华，我们没有那么多高大上的建筑和设备，但是我们要把每一个空间都用起来。

我们的制度文化是以人为本，我的治校方略是：让每一种制度都规范化且具有可操作性；让每一种要求和措施都具有人文关怀；让每一项评价指标都具有可信度和可效度；让每一位教职工都具有创业的激情和成就感，无限接近一个目标，让每个人都说东华好。

师生的行为文化是展现学校风采的窗口。我提出教师要有"三有"：有梦想、有激情、有品位；学生要有"三好"：好习惯、好思维、好品质。当一个人具备了好习惯、好思维、好品质这"三好"，就能为其终身发展打下坚实的基础。在校园里，我们提倡快乐学习、快乐工作、健康生活的校园风尚。对于教师，我们要求，让守时成为一道风景，让勤奋成为一种习惯，让优秀成为一种品质，让快乐成为一种素养。教师对学校要做到爱校如家，对学生要做到爱生如子，对同事要做到人文关怀，对上下级要做到顾全大局，对外交流要做到维护东华的形象，打造风险利益命运共同体。所谓"风险"就是我们的教师放弃了在家乡的稳定工作，来到这里创业，显然带着风险；所谓"利益"就是我们共同努力，获得了老百姓的口碑，使学校进入良性循环，也就是说，校兴我荣，校衰我耻，校兴我富，校衰我穷。

总结来说，我们东华的精神就是：艰苦创业的拼搏精神，精诚合作的团队精神，润物无声的奉献精神，敢为人先的创新精神。东莞东华高级中学的老师和学生来自祖国的四面八方，所以北方人的豪放，南方人的聪慧，西北人的粗犷，江南人的细腻都融汇在一起，可以说是既有"豪情万丈天地精神冲霄汉"，也有"柔情似水温馨爱意满校园"。各种各样的文化都在东华融合、创新、升华。我们的孩子在校园就可以感受全国各地的人的性格和文化，我们提出的共同成长是永恒不变的诺言。

四、校友成长为检阅

学校文化建设不是刻意的、流于表象的面子工程，而是发乎自然、极具内涵的学校生命的再造。文化建设必须以学生的终身发展为目标，以校友的成长为检阅。活跃在社会各界的校友群体是人数庞大且不断成长的文化资源，校友的精神是树立母校品牌和弘扬母校文化的主要力量。

我们的学生在东华中学各个方面的素质都得到了很好的锻炼，到了大学以后基本上都是学生班干部。例如，我们的课堂就让学生自己演讲，他们的演讲有逻辑、台风好、有感染力，所以当他们到了大学竞选班干部的时候就可以很轻松地当选。我们的毕业生有在清华北大读书的、有在国外顶尖大学读博的，校友们除了学习成绩优秀外，其他方面也很出色，有拍电影的，拍的电影还到美国奥斯卡参演；也有在广东电视台当主播的……

每届学生都会给学校留下一个雕塑礼物，雕塑是学生请人设计的，都有知识产权。命名为"行者"的雕塑是2017、2018届校友捐赠的，"行者"的意思是东华高级中学已经取得了一定的成绩，但是没有最好只有更好，我们一直在路上，今天我们的校园文化再出发也一直在路上。

第二章 让课堂成为学生核心素养生根的地方

核心素养背景下课堂的三个维度/徐洪

让课程栖息于温厚的人文土壤里/陈志斌

和美课堂培育和美人/赵晓芸

聚焦核心素养的课程变革/唐晓勇

核心素养背景下课堂的三个维度

佛山市顺德区玉成小学校长　徐洪

大家好，我是本原小学的校长徐洪。今天我发言的题目是"核心素养背景下课堂的三个维度"，关键词是核心素养和课堂。关于核心素养，众说纷纭，我们见识了也参与了很多关于核心素养的讨论。

我先提出两点。第一，核心素养的培养一直在发生和进行着。我们今天谈核心素养不意味着我们昨天没有进行核心素养的培养，我们今天谈核心素养是为了明白以后的路怎么走，怎样才能够走得更好。

第二，核心素养是建立在全面素养的基础上的。我们今天谈核心素养，不能忘了学生的全面发展，它是相对于全面素养而言的，这是一个深度和广度的问题。在这种大的背景下面，我们应该把核心素养和课堂紧密地联系在一起。

我认为在基础教育阶段有三个方面是需要我们高度关注的，即"人文素养""思维能力"和"学习兴趣"。我们谈学生核心素养的

扫一扫，
观看现场演讲

徐洪，发表该演讲时任佛山市顺德区本原小学校长。

培养，就是在谈学生的发展，学生的发展和学校的发展是一脉相承的。我喜欢看武侠小说，郭靖、张无忌想要武功突飞猛进，必须要打通任督二脉。一所学校的发展也要打通"任督二脉"。那么我们先要知道这任督二脉在哪里。我认为学校发展的"任督二脉"在课程和课堂。如何进行课程的改革，追求课堂的高效，这是非常重要的问题。我们说学校的特色看课程，学校的质量看课堂，课堂是课程实施的过程和载体。在这样的情况下，要促进学生的发展、学校的发展，让核心素养能够落地生根，就要从课堂开始。

关于课堂，我们一直在探究，我们看到有"翻转课堂""小组合作"等等一些实践，给我们提供了很好的范例，打开了我们的思路。今天我要跟大家沟通交流的是课堂的一些基本内涵和要素。要通过课堂让学生的核心素养落地生根，我觉得需要具备三个维度——温度、广度和梯度。

一、有温度的课堂

在说有温度的课堂之前，我想先说说一个孩子。这个孩子患有注意力缺陷多动障碍，俗称多动症。

有一天，我突然接到区教育局的电话，要我立即赶到区

徐洪

教育局会议室。我到达教育局后，看到顺德区教育局副局长温联洲先生也在，这个孩子班上的十几个家长围着温局长，表达着诉求，要求这个孩子休学转学，家长们很激动，眼泪都流出来了。其实我也很激动，我也很焦虑，我理解这样一个孩子给家长、老师还有班级带来的困惑和麻烦。我还记得这个孩子的家长也同样地焦虑，同样地流过泪。

后来，我的校长室多了一个编外的人，我和这个孩子组成了两个人的课堂。我们还带着这个孩子去找广东省乃至全国权威的儿童行为专家进行咨询和治疗。我自己也查了很多的资料，我觉得我都成了半个专家了。我知道了患有这种病的孩子的情况是怎样的，我也知道了这个孩子在目前这个阶段可能是最不稳定的，熬一熬或许就过去了。后来，在老师们的鼓励下，其他学生的家长接受了这个孩子，这个孩子也逐渐变得和其他普通的孩子一样。这就是我要说的，有温度的课堂。

我常说："我宁愿要一个温暖的、闻起来有阳光味道的九十分，也不要一个冰冷的、生硬的一百分。"有温度的课堂，这是师生之间的默契，情感之间的尊重和关怀。我觉得这种温度是促使我们课堂培养孩子的人文素养的最基本的要素，是一切美好和希望的所在。课堂的温度，从我们的心出发。

二、有广度的课堂

关于课堂的广度，我们现在会发现，基础教育、学科之间的界限越来越模糊，但与此同时，学科下课程的分类，却越来越精细化。

以前"教材是我们的世界"，现在"世界是我们的教材"。社会的发展给我们的课程、给我们的课堂提出了新的要求。衡量一个孩子的素质和水平的时候，我们最终会发现素质的结构取决于课程结构，素质的水平取决于课堂的水平。学校有围墙，但是课堂不能有围墙。

我是一个围棋爱好者，在阿尔法狗（AlphaGo）挑战人类高手之前，我不信阿尔法狗能赢，但是李世石输了。又过了不到一年，阿尔法狗升级为马斯特（Master），柯洁输了。我真的惊呆了，马斯特横扫人类高手，一个新的时代来临了。我们回头看看阿尔法狗，这样一个包含关于概率、统计、函数、算法、价值神经网络、策略神经网络等等综合性人工智能的结晶，给了我们很多很多的启示。

在我们的课堂上，我们要勤思考，追求课堂的广度。学生的思维能力一定是建立在认知的广度上的，有广度的课堂能够促进孩子的思维发展。我不想看到我们的老师带着我们的孩子坐在一个学科的井里，看着我们头上的天。

三、有梯度的课堂

好的课程和课堂都遵循着几个原则：基于学生兴趣、立足学生身心、面向全体学生。多元发展是学生成长的客观存在和基本规律。学生的差异性决定了课堂难以追求模式性、统一性、标准性。

要满足不同的孩子，让孩子的核心素养能够在课堂上得到培养、得到发展，课堂就需要我们从内容、形式、手段、结构上有梯度地去展现。

2017年10月28日，在北京举办的"未来科学"论坛上，中国科学院院士施一公教授在谈到中国教育的时候，说了这么一句话："中国的教育均值很高，方差很小。"我们简单地去理解，均值牵涉整体，方差牵涉个体。他说到美国之所以有很多的科技发展在全球起着引领作用，是因为他们的教育和我们目前所存在的状况是相反的。美国教育方差很大，均值很低。这给我们教育者很多的思考，我们可以看到中国的课堂教育对于学生个体差异性的挖掘是不足的。

学生的个体差异性源于不同的认知特点、性格特点以及兴趣爱好，对这样的差异，我们在课堂上怎么去适应和引导？

现在的社会发展进入了智能时代：人工智能、经济智能、交通智能、军事智能……这个社会从数字走向数据，从智力走向智能，那么教育在这个时代的发展上处于一个什么样的位置？我个人觉得教育还没有进入智能的时代。我自己把它定义为后标准化时代。为什么这么说？我认为在后标准化时代，标准要求和条例内容需要想办法靠近我们每一个孩子。

有梯度的课堂是一个动态的概念，我们在完成知识点传授的同时也要注重学生的兴趣培养。课程的丰富性体现在哪里？体现在它的可选择性。这个可选择性就是立足于学生的兴趣。没有了学习的兴趣和乐趣的话，一堂课就不能切入孩子的需求点，我们很难说这堂课是有效的。从老师的角度看，学生的学习兴趣是一切课堂得以延伸和拓展的基础，没有了兴趣点，不要说课堂，连课程本身都难以维持。所以说核心素养的培养在课堂，体现在三个维度，这三个维度和我们所提倡的核心素养，无论是内涵还是外延，都是互相映射的，是有交集的。

说完了温度、广度和梯度，最后再说一个渡——渡口的"渡"，渡舟的"渡"。我始终觉得课堂就是一叶叶的小舟，老师带着自己的孩子出发，这种"渡"有中流击水的"渡"，有直挂云帆济沧海的"渡"，有风正一帆悬的"渡"，老师和孩子从此岸到彼岸，从风雨到彩虹，从挫折到成功，从梦想到未来。那么让我们一起启航出发！谢谢大家。

让课程栖息于温厚的人文土壤里

佛山市顺德区西山小学校长　陈志斌

我们先由一粒种子说起。在我从事教育30多年的生涯里，我一直笃信教育就是农业，就是一个生命影响另一个生命。前面一个生命指的是园丁、是老师，另外一个生命指的是自然，是我们的孩子。孩子就是一颗带着生命的独一无二的种子，就是一颗即将发芽、即将破土而出，随后绿意盎然、生机无限、充盈着生命的，带着人类希望和梦想的种子。基于这种信念，我对种子的关注有了宗教般的虔诚。

十年前我参加了联合国教工委组织的一个关于绿色可持续发展的课题研讨。在那次活动中我关注到一段视频，大意是人类有一个伟大的梦想，希望全面地掌握种子的自然生长规律。美国科学家开始了一项疯狂的"乌托邦"式的科研计划。这是一个什么样的科研计划呢？就是在火星上研究如何构建封闭的生态系统，运用各种让种子生长的技术，最终火星种植计划成了美好的现实。对此，我惊叹不已。火星是一个什么样的星球？它荧荧如火，位置、亮度时常变动，地表被赤铁矿覆盖，沙丘、砾石遍布，没有稳定的液态水体，以二氧化碳为主的大气既稀薄又寒冷，常年温度为零

扫一扫，
观看现场演讲

下六十摄氏度，沙尘悬浮其中，每年经常有沙尘暴发生。在这般恶劣的环境下，竟能让一粒种子茁壮生长？这是什么黑色科技？

两年前，由于种子的情缘，我到一个农业创客公司参观。这个农业创客公司对农业的探索、研究和创新已长达十年。这十年里，他们引进了美国的火星种植技术，引进了世界上最先进的光控、环控技术，设计出了世界上第一台智能控制的全封闭的植物生长箱，实现了在一个封闭的空间里种植蔬菜、水果的可能。他们还率先利用互联网技术，可以模拟太阳光，模拟各种自然条件，通过全景遥感和一切智能手段调节植物生长箱里的温度、湿度以及人工日照的强度。他们还可以调整天然营养液的配方，针对不同的作物配置不同配方的营养液，并在营养液中添加微量元素，不仅增强了作物的口感，丰富了其营养，同时也使微量元素通过植物的吸收，从无机转向有机，更利于人体吸收。见证着植物生长箱里面的那些植物，最后生成多种色彩的花卉，多种口味的水果，还有各种形状的蔬菜，然后直接进入我们的家庭，为我们提供了绿色生态食品，我彻底折服了。

好客的农业科学家将从植物成长箱里采摘出来的新鲜生菜放于锅中煮熟，我竟然吃出了巧克力和牛奶的味道，

陈志斌

这就是现代科技。但是我当初想得最多的不是吃，而是如何把现代科技引进我们的教育体系里，融入我们学校的校本课程，让现代科技走进我们学校的课堂，让孩子们亲身感受大自然的魅力，见证生命的成长，从而对未来有更多的创想和憧憬。

为了孩子们的明天，我跟志同道合的教育者一起去研究微课程。我们设立了这个小目标后，还有一个大目标，就是创建全国第一家农业创客中心，在流行的STEAM课程环境下，别出心裁地设计出农业创客课程！让独一无二的校本课程在种子里找到灵感，在创想中实现可能。

我真的不是在说教育童话。西山小学已经建立了"种子旅行馆"，十几排植物成长箱已分类安放，能够陈列一千多种种子的种子银行正在装修，种子课程的设计正在如火如荼地进行。

不远的将来会有一门叫"种子"的课程出现在西山小学的课程体系里。我想把这个课程分成三大板块。第一大板块是"种子的奥秘"，在种子静态展示区存放许许多多种子，让孩子们认识种子，这些种子可以是语文书里提到的植物的种子，也可以是孩子们从家乡带回来的种子，当然我们还会有一些新奇的种子，比如种子最大的植物种子——复椰树的种子，还有一种特别的种子——青蒿的种子，而且在青蒿种子的旁边，我还会放一张屠呦呦获得诺贝尔医学奖的照片，当作是对孩子们的一种鞭策……对于种子静态展示区整体设计如何体现科学性与人文性，我们将征询华南农业大学教授的意见；参观的解说词由师生共同设计，每次"导游"都让学生组织安排，自主创编解说词。

第二大板块是"种子的实验"。我在学校里成立农业创客社团，让农业科学家指导学生进行种子生育的实验。如果有一天西山小学某一位天才少年种出一个正方形的西瓜，我想这也不是不可能的事情。

第三大板块是"种子的旅行"。这里讲的种子的旅行不是种子的一个生命周期，而是一个大型的、每个孩子都要参与的种子种植体验课程。每到开学，校长和班主任发给每个孩子一个信封，里面装有植物的种子，孩子回到家里以后把种子种到花盆里，根据我们的种子的公约、种子的注意事项等把种子种好，呵护其成长，然后用画笔、用文字把它记录下来，等它成长好之后，把它搬回学校里，装点校园。当然我们还会设计一些微课程，把孩子们关于种子种植的一些美画、美照放到网上，一一展现出来。我们还会把这些体验课程里面的种植技术与文学、艺术、科学等元素以及对生命的呵护与敬仰契合在一起。

有人说教育是一种同情，是一种悲悯，是一种担当，是一个生命对另外一个生命的呵护、关爱与包容，我觉得这是对的。也有人说课程与课堂重要的不是对知识的识记与积累，而是对人格的训练与精神的涵养，我认为说得太好了。我们种子课程的设计灵感来源于什么？来源于日积月累，也来源于西山小学老师对核心素养的集体智慧，更重要的来源是我们对自身课程转化为核心素养的内在人文土壤的关注。

学生的核心素养关键在课程中孕育，在课堂中生长。我记得广东省中小学校长联合会常务副会长、华南师范大学博士生导师王红教授问过我一个问题：哈佛大学医学院为什么要开设充满人文气息的课程？为什么一位医生要去学文学、艺术、音乐、美术，学这些有意义吗？我觉得她这个问题其实是在启迪我，哈佛大学的学生除了学医学技术之外，还有更重要的东西要学，那就是人文底蕴，医生要学会敬畏生命、关爱生命、尊重生命、呵护生命，并且要悲悯在病痛中煎熬中的那些患者。悲天悯人对医生来说是何等的重要！

我们的种子课程的人文性体现在哪里？除了与种子有关的知识和思维训练以外，最重要的是什么东西？是它在课程中蕴含的人文底蕴。"人文底蕴"包括学生对自然的好奇，对探索的热情，对美好事物的分享，对伟大科学家的尊重……前面提到将西山学子从家乡带回的植物种子在种子银行里展示出来，我们为什么要这么做？因为我们有68%的学生是非顺德籍的学生，他们的家乡遍布广东省外的33个省级行政单位，以湖南、江西、湖北等地居多。因父母工作，孩子到顺德求学，顺德成了他们的第二故乡，他们当然要热爱顺德。但是对他们的第一故乡呢？我们要通过种子去提及它，让他们想起故乡的亲人，想起故乡的爷爷奶奶，最关键的要留存那份美好的、令人魂牵梦绕的乡愁。因为那份乡愁是孩子父母的根，也是孩子父母的魂。

有记者在采访中问道："小学教材里面为什么要增加这么多优秀中国传统文化的元素？"教育部的专家铿锵有力地回答："这样做的原因就是要给无数的青少年打好'中国底色'，要让我们的孩子做堂堂正正的中国人！"那么我们种子课程的底色在哪？我想，种子课程除了让种子引导孩子们去贴近自然之外，让他们回到生命最开始的地方之外，还有就是给它包裹上一层厚厚的人文土壤作为课程底蕴。这份人文土壤指的是什么？指的就是刚才提到的好奇、乐趣、分享，但又不只是这些，还有公平、公正、善良、厚道、诚信，等等。这些人文土壤对课程来说非常重要。人文土壤是孩子们生命的根基，是支持幼小生命持久前行的力量。我还想说人文土壤是激发学生无穷潜能的"孵化器"，而且种子课程完全吻合百年西山倡导的"绿色教育"的核心——健康、可持续，种子课程最大的价值在于它充分散发着人文的光芒。

如今的西山小学，课程完全实现校本化、体系化，已经有了完整的绿化生态课程群，它包括充分高度校本化的国家基础课程、满足学生多元化发展的社团类拓展性课程、创想丰富的探究课程如创客课程与梦想课程三个有机组成部分。这些课程同样栖息在温厚的"人文土壤"之中，正以强大的力量温暖着每个孩子，提升着学生的全面素养。其中，学校研究的拓展课程很有特色，如在广府话流行的地区我们还设计了"粤语诵经典"课程。在顺德，37%的居民为原顺德居民，使用粤语是约定俗成的一种氛围和默契。新顺德人扎根本地，为顺德的经济建设贡献了不可磨灭的力量，他们更需要的是融入这个地方，有一份自己的归属感。他们的子女在顺德出生，在顺德成长，语言相通是孩子们成长过程中最需要的一份归属感。"入乡随俗",新顺德人的子女更需要适当了解和学习顺德本土的优秀文化和人文精神,这有利于他们融入大集体,使他们更具幸福感。相信这类课程对增强学生爱国爱乡的情感、提高其文化素养和扩大其国际视野都将起到积极的作用。

  从一粒有生命力的种子,引发出用生命去影响另一个生命的教育思想,设计出推动孩子自然成长、积极探究的种子课程,把握到要提升学生核心素养的最重要一环——课程必须栖息在温厚的"人文土壤"之中。设计这些有创意的课程的动机是什么?是我们西山所有老师庄严的教育使命——为孩子们的健康、幸福成长,裹上厚重的温暖的底色。谢谢大家!

和美课堂培育和美人

佛山市顺德区大良街道教育局督导组组长　赵晓芸

尊敬的各位领导、各位专家、各位教育同行，大家上午好！我是来自顺峰初级中学的校长赵晓芸。我非常荣幸今天能参加如此高端的论坛。今天我和大家分享的主题是"和美课堂培育和美人"。

我想先从几年前毕业于我校的冯庆生的故事讲起。他有什么特别吗？用他自己的话来说："逆袭成学霸，我以高出重本线80分的成绩考入了名校！"这个冯同学小时候沉迷网络游戏，成绩当然是一落千丈，但来到顺峰初级中学之后，他发生了很大的改变，后来考上了暨南大学，成为暨南大学的本科生。大家一定会很好奇，为什么他会有如此巨大的变化？

冯庆生同学进入我们顺峰初级中学之后，参加了WER（World Educational Robot Contest）机器人活动课程，这个课程激发了他对机器人的学习热情和钻研的劲头，在初中阶段他三次获得世界教育机器人大赛的冠军。三年的初中生活让他从一个后进生转变为高材

扫一扫，观看现场演讲

赵晓芸，发表该演讲时任佛山市顺德区顺峰初级中学校长。

生，后来还顺利地考入了暨南大学。

我们不妨做一个简单的假设：如果没有WER机器人课程，我们的冯同学今天可能会是什么样？像他这样有着个性化发展需求的孩子，在我们顺峰初级中学以及其他学校里还有很多。那么我们应该如何去满足这些孩子的个性化发展需求呢？我想需要回到课程上面去，需要思考我们的课程是为谁而开设的，又应该开设哪些课程。要回答这些问题，我认为需要回归到学校教育的终极目标上来思考。

学校是干什么的？学校是培养人的地方。那么作为校长，我们要回答的第一个问题是，我们想培养什么样的人。"核心素养育人目标校本化"是我提出的第一个观点。作为倡导和美文化理念的顺峰初级中学，我们始终把培养"和美人"作为我们的育人目标，多年来我们坚持不懈地把和美人这一育人目标核心素养化。我很欣赏顺德机关幼儿园园长提出的一个概念：把唯一的童年留给孩子。

我也很想把唯一的少年时期还给每一个学生，因此顺峰初级中学创办之初所提出的办学理念——践行和美教育成就和美人生，就是基于这一方面的考虑。我们希望把属于学生的美好时光都还给每一个学生，着力培养他们的和美人格，成就他们的和美人生。所以我们努力创设一切机会，为学生们提供丰富多彩的学习资源和搭建更多成长的平台，我们希望孩子能够从这些活动里面走出千篇一律的

赵晓芸

学习，找到自己万千的可能性。

自从《中国学生发展核心素养》公布以后，顺峰初级中学就基于学校的实际，提出了顺峰和美人的核心素养。顺峰和美人必须具备四大核心目标素养，即身心健康、友善互助、责任关怀、实践创新，并且它综合表现为八大标准。"和美顺峰"的核心素养跟国家层面的核心素养是保持着高度一致的，同时更多体现顺峰人对核心素养的共同愿景，可以说核心素养校本化是落实核心素养育人目标的第一步，也是关键的一步。那么当我们确定要培养什么样的人之后，就要思考靠什么来培养出这样的人。

"核心素养目标课程化"是我提出的第二个观点。在顺峰初级中学原来丰富多彩的活动资源的基础上，我们进一步系统规划设计，提出了"和馨""和善""美心""美行"四大系列课程。这四大系列课程的目的是培养身心健康的和美人。那么，这四大课程体系有什么特点？最大的特点就是跨学科和学科之间的融合。我们的整个课程结构呈一个相互交融的网状结构，也就是说某一个具体素养的培养不是单靠某一种类型的课程来完成的，而是某一类型的课程主导，多个类型的课程共同作用的结果。我们顺峰学子的核心素养就是在这些特色和美课程里面培养起来的。

如果说课程是学校育人的核心载体，那么课程的核心载体又是什么？那就是课堂。课堂是学生学习的主阵地，"核心素养课堂化"是我提出的第三个观点，也是我着重想阐述的观点。我们顺峰和美人的核心素养生根落地之处就在课堂，那怎么进入课堂？不同的教学方法会培养出不同的人，比如说你喜欢孩子听你讲的，那么孩子可能就会成为乖乖的执行者；如果你喜欢孩子主动发问，那么孩子可能就会成为积极的创新者。那么我们如何构建课堂，才能实现和美人的培养目标？

我们设置了五大主导性，即躬行、审美、自理、互助、思辨，这五大价值观是我们和美课程主题思想的深化和拓展，同时也是我们课堂老师实施的具体的价值导向和评价方案，这五大价值观都渗透在我们和美课堂里面。在我们的和美课堂里面，老师和同学们友好互动，共同研究反思，搭建师生共同发展的学习桥梁；老师和同学们一起审美创造，共同培养审美情趣，共同分享成长的美好。我们就在这样的课堂理念下把核心素养落到实处。

我们回过头再来看看冯庆生同学的成长经历。冯同学所参与的WER机器人课程是我们的美行课程之一，我们把美行课程植入冯同学的素养培养里面去，为他搭建平台，鼓励他动手实践，最后实现他在实践中合作，在实践中创新，在实践中反思提升的目标。冯同学逆袭的案例如何才能不只是个案？作为教育工作者，我们期待有千千万万的"冯同学"在我们的学校里面出现，这就需要我们在教育教学实践中不断地思考和反思。

那些具有发展潜力的项目课程，用社团的形式来开展，的确有它的局限性。怎么办？怎么走出这些困境？就拿机器人课程来说，我们顺峰初级中学有的老师就提出对机器人社团进行普及教学的建议，并从计算机课里面拿出一节来进行，这个建议得到了采纳。这样在日常的课堂里面，我们就可以发现更多的好苗子，扩充了我们的机器人社团，让冯庆生同学的这个个案向小众发展。后来，创客意识在我们的老师和同学当中越来越强，参与的同学也越来越多，我们就把这些课程整合到课堂，开展基础教育课程教学，包括APP制作、动漫创作、电子创客还有3D打印等等，形成了"校本课程、项目研究、创客分享"三位一体的创客教育实施模式。因为学的都是同学们爱学的和感兴趣的东西，所以他们的学习能量就得到了激发，他们自身的内驱力就得到了加强，我们通过这些课程帮助孩子们找到了潜在的创造力。

至今，顺峰初级中学已经连续五年获得了WER初中组省赛、全国赛所有冠军，我们的创客作品、动漫作品等屡次在省赛、全国赛获奖，顺峰初级中学也被各种权威部门授予各种荣誉称号，这是值得我们顺峰人自豪的事情。

此外，我们也在思考，课堂对课程的实施不是被动的，我们应该怎样建设课堂才能更有利于课程的实施呢？我认为课堂应注重交互性，增强交互性是课堂建设的关键。互联网是交互性极强的信息技术，基于互联网＋教学，我们顺峰初级中学将信息化技术引用到课堂中，开辟了智慧课堂，为学生抢得发展的先机，让他们走得更快、更远。

顺峰初级中学还加入了千校共建项目，借助互联网平台，通过异地直播课的形式，实现了优质课程的常态化共享，把教育交流落实到日常的课堂里面去。至今为止，我们已经跟香港、新疆、重庆、云南、江苏等地进行了最多达四地同步课堂的活动。现在我们顺峰初级中学的学子不单单可以享受顺峰初级中学雄厚的师资力量，还可以享受到来自全国各地不同区域的优质的教育资源。

另外，我们还为顺峰学子创设了丰富多彩的关于节假日的直播课，这些课堂交互性强，可以通过网络随时随地进行学习，极大地促进了学生们的学习主动性，使学生的潜能得到了发挥，学生的核心素养也在潜移默化中得到了培养。

最后，我想说，核心素养是育人目标。第一，我们要做的是把核心素养校本化，而每个学校的实际情况不一样，实施的过程中要结合自己的校情进行。第二，作为校长，要科学地搭建课程，课程最终都要走向课堂，因为课堂是学生生命成长和全面发展的主阵地，是核心素养生根的地方。和美课堂培育和美人，我们始终在路上。谢谢大家！

聚焦核心素养的课程变革

南方科技大学教育集团第二实验小学校长　唐晓勇

面对不确定的未来以及迅猛变革的时代，我们应该重新思考教育。我们的知识、学生、学习、老师，我们的课程、技术、空间、场景，都应该重新思考。正如泰戈尔在《昨天的名字》里说的一句话，不要用自己的学识限制孩子，因为他们出生的时代有所不同。因此我们需要重新思考教育。

我们从课程的视角重构学习，让学习与生活联结，让技术成为学习的底层支撑。我们重新来设计教育。我们的行动是构建统整项目课程有两大核心元素：互联网+，突出互联网的思想和精神；STEM+，强调学科融合、跨学科学习。让学习和生活联结，让学生在开放的学习环境中使核心素养得到浸润式的培养。阅读非常重要，我们把阅读贯穿统整项目课程学习的全过程。我们的课程成果很多，最值得骄傲的是我们老师团队边实践、边阅读、边写作。不到三年的时间，我们的老师在核心期刊发表了110多篇研究论文。

接下来我和大家分享五个关键词：缘起，为什么这样做；目标，我们的方向在哪里；内

扫一扫，
观看现场演讲

涵，它是什么；设计，具体做什么，怎么做到；反思，面对未来，我们在座的校长，我们的老师，我们的专家教授应该如何来面对。

缘起。我们为什么要做统整项目课程？从儿童认知世界的视角出发，儿童认知世界是整体的、完整的、探究的、多维的。我们注重多元智能的课堂设计，让老师把多元智能的九大智能融合到教学设计中去，让孩子认识到自己在哪一方面的智能比较突出。因此，我们从二年级开始开设多元智能课程。脑科学研究表明知识必须放在真实的情境当中，学生才容易理解。目前课堂教学的主要形态是分科教学，语文是语文，数学是数学，我们应该融合不同学科开展跨学科学习。分科教学让我们变得专业，跨学科教学让我们变得完整，我们要做专业而完整的人，所以分科教学应该和跨学科学习相互融合。同时我们要了解世界课程改革的主流趋势是什么，那就是基于主题的项目型课程，所有的学科围绕某个主题进行学习。因此我们要让学生置身真实的情境中去解决真实的问题。

目标。我们的课程目标是聚焦面向未来的核心素养培养，方向对了，就应该坚定地走下去。

内涵。统整项目课程的内涵可以用三个关键词概括：统整、项目、技术。统整就是跨学科对教学内容、学习内容进行重新组合。美国国家赫尔巴特学会在1895年就提出

唐晓勇

课程统整的概念，主张儿童有能力联结不同的知识领域。我国台湾在2001年起就在全面推动课程统整改革。我们2001年的新课程改革也重点推进具有统整特质的综合实践活动课程全面实施。项目化学习已成为发达国家学校课程的主流形态。我们学校的课程形态就是项目型的。技术是师生学习的底层支撑，让学习与技术直接联结。技术就像空气一样浸润课程学习的全过程。

设计。我们是如何来设计统整项目的课程的？

对学习工具的设计。面对未知的世界，我们如何重新选择学习工具？我认为要用数字化思维对学习工具进行重新设计，让学习工具具备互动性、可视化、信息源的特征。

对学习空间的设计。我们如何来重构学习空间？在当前传统的教室里，排排坐依然是主流。在一个排排坐的教室里，要想进行真正的课程改革是很难的。在我们学校的教室，桌椅的摆放也不是传统课堂中的"排排坐"，而是根据学生学习的需求而自由组合，教室里已经没有了传统的讲台。

对学习场景的设计。我们的学习是不是仅仅停留在封闭的教室里？在教室内学习，我们只能感受到封闭的空间。我们的老师要打开教室的门窗，让孩子们看看校园内的美丽鲜花；我们的校长要打开校门，让孩子们到大千世界去看一看。

对课程的设计。课程设计要突出流程再造、开发视角与运行机制三个方面。流程再造是用互联网+的核心思想将我们传统的线性课程和跨学科统整课程两者相容。开发视角包括学科视角和主题视角。运行机制，由于当前的老师普遍不具备跨学科教学能力，我们要采用教师合作制和项目负责制推进统整项目课程改革。我们学校推行项目负责制，项目负责人权力很大。我们用课程超越课堂的视角来进行统整项目课程设计，让孩子们实现浸润式学习。我们从"学科"和"主题"两个视角进行课程设计。基于学科，聚焦学科素养以及学科本身的任务；基于主题，聚焦综合素养，学科和主题两者应该互相融合，互相补充。目前我们基于学科，有学科内部的横向与纵向统整以及跨学科的统整。基于主题，我们主要做了超越学科的项目统整。

目前我们学校1到7年级有13个课程，主要以绿色STEM的角度设计，每个课程之间都有一定的内在联系。我们还大胆地开展研学课程，引进跨学科课程。我们基于一个主题把语文、数学、英语、音乐、科学、社会等学科融入课程，并在课程里解决学科问题。我们在进行课程统整、项目推进、技术支持时，力图打破课程、班级、教师、时空的边界，以学生为中心，尊重每一个人，发展每一个人。

目前，我校使用的学习工具已有很大的变化。我们学校每一位孩子都自带移动设备学习终端，学校已经实现了无线网络全覆盖。我们把移动终端技术定位为"沟通媒介"和"脚手架"，"脚手架"就是用技术来解决问题。

我认为技术工具运用的理想境界是：我们眼里看到的是"人"和"课程"，聚焦人的发展和构建培养学生面向核心素养的课程体系。数字技术是什么？它应该像空气一样自然地浸润到学习者的整个学习过程中，凸显人的发展和课程的构建。

我们看不见技术，但技术很重要。技术并不等于变革。现在很多人都在讲人工智能，有人说人工智能会摧毁现代教育技术。我想，无论是用什么样的先进技术，我们首先要思考教育本身，然后再来思考技术。如果教育本身没得到改变，我们的课室还是排排坐，还是单向的传授模式，我们拿什么技术都改变不了，包括像翻转课堂、微课等等，能改变什么？什么都没有改变。因为这些教育模式并没有改变教育的本质，很多实践仅仅是形式上的改变。

学习空间的改变将引发课程结构的变革，空间改变了，人与人之间的关联、关系也就改变了，叫无边界。在我们学校，我们设计了移动互联空间、课程学习空间、阅读交流空间等等，我们的教室随时可以进行调整，相对于传统的"排排坐"，这是学习空间的变革，老师根据学习需要调整课桌的摆放，有时是U字形，有时是V字形……

充分运用好每一个空间。

在学习场景方面，我们把所有的课程和场景联系起来，比如一年级下学期的"全球六大生态系统与世界文化探索"课程，我们的教室将呈现与课程内容相关的场景；二年级的"美丽中国"课程，我们将带领孩子们走到户外去学习，寒、暑假还会有与"美丽中国"内容深度关联的游学课程，等等，为学生创设真实的学习场景，让孩子们在真实的世界中发现问题，解决问题。

反思。最后，我们对未来的教育应该有自己的思考，我认为作为校长要有开放的心态，要具备一定的信息化领导力。作为教师，专业素养不能仅仅局限于单一的学科，更应该是各种素养共同发展。我们需要正确认识学生，当前的学生是数字时代的儿童，他们的学习方式和我们小时候的学习方式是不一样的，因此我们要改变我们的教学。总之，在数字化时代，课程、学习空间、教育模式、管理方式、教育思维等等都需要改变。在这样一个移动互联网时代，在跨界融合的时代，我们需要用跨学科的方式来进行教育，先思考教育本身，再思考外围的技术、空间。谢谢大家！

第二章 聚焦学生思维能力的培养

思维成就课堂，关于心灵、角色、对话的三场革命

小组合作学习：最美课堂进行时/林中坚
关于心灵、角色、对话的三场革命/肖荣华
思维能力：未来人才核心竞争力/曾祥明
夯实核心基础，打造思维课堂/童宏保
构建利于创新人才培养的课堂文化/罗朝宣
让上好每堂课成为教师自己的追求/陈丽霞

小组合作学习：最美课堂进行时

佛山市顺德养正学校校长　林中坚

尊敬的各位领导、各位来宾、各位教育同行，大家上午好！我是顺德养正学校的校长林中坚，非常高兴在这里和大家分享我的课改历程，我分享的主题是"小组合作学习：最美课堂进行时"。

"一支粉笔捏在手，一沓作业在案头，一本教材烂在心，一套经验用终身。"请问在座各位，在当今这个时代，这样的老师还有吗？我认为在我们大良没有，我们顺德也没有，但是放眼全国还是有的。大家可能听说过，国内某城市有一位52岁的教师被学生家长集体赶下讲台。传统的教学方式已经不适应当下。我们教师要做一个为学生打开窗户的人，让学生多看看窗外的风景、看看校外的大千世界。

作为校长，我们要寻找一种新的课堂样态，引导学生走向深度学习的思维课堂，这是时代赋予我们校长的使命。那么，我们应该怎么做？我想下面四个词可以概括我在育贤实验学校和养正学校十几年校长生涯中所走过的课堂改革之路：破局出击、蓄势待发、修练"内功"、笃信成功。

扫一扫，
观看现场演讲

一、破局出击，课堂改革初探索

传统教学方式过于强调接受学习、学生死记硬背和机械训练。可是对老师来说，这是一直在使用的教学套路，课堂的一切都在自己的掌控之中。尽管老师也知道这种教学套路有很多弊端，但是用起来已经驾轻就熟，老师还觉得自己讲得深、讲得透、讲得好，但是课堂教学质量并不理想。

这是一个困局，唯有出击才有赢的机会。因此，2002年我坚决推进教育部实施的新课程改革，大力转变教学方式，大力倡导自主、合作、探究的学习方式，大力培养学生获取新知识的能力。

改革后的课堂有了变化，课堂有活力了，学生感兴趣了，学得扎实了，成绩也有提升。可是通过大量的课堂观察，我和教学团队慢慢发现了众多问题：有的课堂片面追求热闹，有时出现满堂问的现象；有的课堂片面追求自主学习，结果变成了自流式学习；有的课堂教师出现了假合作、假讨论的现象；有的课堂教师讲得还是太多，课堂效率并不够高。

出现这样的现象，接下来该怎么办？这个问题困扰着我，我一直在思考，有时候甚至寝食难安。我知道，没有

林中坚

一条改革道路会是一马平川的，我们既然有了破局出击的第一步，就一定要坚定信念，将这条课堂改革之路走下去。

二、蓄势待发，小组合作显奇效

针对接踵而来的困局，我不禁回想起在英国进修期间看到的小组合作学习课堂。当时我对这种不一样的课堂特别感兴趣，还做了一定的研究。回国后，我专门请来几位专家对我校的课堂进行问诊，经过反复论证，最后我和我的班子成员决定全面实行小组合作学习，以小组合作的课堂教学形式来改变现状。

我下定决心要让小组合作学习在我的学校生根发芽，发扬光大。实践证明，我们的路走对了！

高质量的合作学习，远胜过个人学习。学习不仅伴随认知与思维，也伴随着情感与心理。当情感投入、心理共鸣时，思维会更加活跃，伙伴式的共同学习及互相的讨论和鼓励，也更容易攻克学习的难题。

为了更加扎实高效地推进小组合作学习的课堂教学改革工作，我们组织了100多场课改研讨公开课和课改沙龙，为突破课改瓶颈提供了大量的有效信息资源，攻克了一个又一个课改难题。

我们不断挖掘学习小组的功能，全力调动学生"自管""他管""管他人"，使三者之间相互激活。我们根据自主学习与学习小组建设的需要，完成了三个重建：一是重建教室环境，二是重建教与学的关系，三是重建教学内容。

在此基础上，我们制定了《顺德养正学校课堂操作规范手册》，在操作层面上为老师们更加高效地开展课堂教学提供了有力的指导。另外，我们先后做了四个课题的研究，我自己作为主持人也专门申报了课题《小组合作学习课堂教学的实践与研究》。我将课改中出现的问题以小课题的形式提炼、研究、攻克，真正使课改工作进一步深化，逐步构建了较为完善的课堂教学模式。

经过不懈的努力，新的课堂更具生命力，也更具活力，课堂体现着独学、对学、群学、领学，体现着独立思考、合作探究、补充质疑、师生辩论。同时，老师在课堂上充分利用展示、评价，很好地解决了学生学习的内驱力问题。

课堂实现了由以教为主变为以学为主，由个体学习为主变为合作学习为主，课堂不再是教师讲授表演的舞台，而是学生自主学习、研究、交流的场所，先生的"讲堂"也变成了学生的"学堂"。

三、修练"内功"，最美课堂露头角

我们的课改成果很丰硕，但仍有提升空间，如课堂效率还不够高、学习小组的作用没有完全发挥出来、学生思维深度不够、课堂结构不够理想等，这样的课堂还不是我希望看到的课堂，还不是最美的课堂。

多种研究表明，高质量的合作学习课堂必须重视提升学生思维层面的合作，必须重视课内和课外、个体和群体的互通式学习，必须重视学生对学习成果的自由表达，必须重视学习的再创造与新思考。

所以，我们的课堂必须再次作出改变，我又在认真地思考，和同行探讨，向专家讨教。经过深入研究和反复思索，我决定启动以学生为主体、以导学案为载体的新一轮课堂教学改革，经过积极筹备，这一次我们建立了四大体系：文化体系、生训体系、导学体系、评价体系，并成立了研究团队。

通过班级公约、班级口号、组名、组训等文化体系的建立，让学生有更强的价值认同感，更加热爱自己的小组和班级；通过生训体系的推进，让学生有更好的小组合作学习的基础；通过导学体系的实施，让学生学会如何自主学习、如何合作学习，提升学习目标的达成度；通过评价体系的落实，进一步激发学生持续的学习激情。

同时，我们把学校脑科学研究中心的研究成果运用到日常教学之中，将最佳记忆方法渗透到各学科的课堂，比如形象记忆法、理解记忆法、联想记忆法、图表记忆法、思维导图等方法，极大地提升学生的思维水平和记忆水平，让学习更加高效。

课改有了四大体系的支撑，有了整体的系统和布局，我们构建了小组合作学习的基本流程：独立自学、组内合学、组间分享、互动深化、检测小结。课堂结构更加优化了，学生合作交流的时间更加充足了，学生的思考更有深度了，学生思维的碰撞更加激烈了，学生更加容易突破知识的重难点。我们经常可以看到学生在交流、在探讨、在辩论、在补充、在质疑、在总结、在反思，学生成了学习的主人，成了学习的探索者和问题的发现者，学生在真正地走向深度学习。

四、笃信成功，师生素养展风采

课堂上我们常常会听到学生在说："我来说一下我的思路"；"对于第三小组同学的观点，我有质疑"；"我同意你的看法，但是我还有补充"；"我不同意你的观点，我认为……"；"对于这道数学题，我有不同的方法"……在家里，家长听到的是："妈妈，我刚刚学了《论语》，我来讲给你听"；"爸爸，我负责策划这次出行的路线和攻略"……学生在实现自我发展的同时，还实现了高分高能，学出了自信。学生的口头表达能力、沟通能力、组织能力、合作能力、学习能力和创新能力等综合素养得到了进一步提高。

顺德养正学校的毕业生能力强，在高中学校深受欢迎，不少学生还成为高中学校的学生领袖，更有丰盛同学荣获佛山市高考理科状元，何子晴同学获顺德一中的高考文科状元。

课改同时也促进了教师专业的快速成长，先进的教学理念和娴熟的课堂技巧让我校教师自信满满，仅在2018年，我们就有两位教师获得了广东省青年教师课堂教学比赛一等奖，其中朱焘老师还以广东省第一名的成绩参加全国"中语杯"初中语文教学比赛并获得最高一等奖。

　　践行新的合作学习，课堂将呈现何种景象？我一直畅想着最美的课堂：教师是牧马人，要把缰绳放开，带领学生找到水草丰美的地方尽情吃草，在铺满阳光的跑道上，学生在教师的引领下朝前方尽情奔跑……

　　我相信，这是我们教师最终的奋斗目标，也是我们校长的期盼。只要我们坚持，只要我们努力，我坚信实现这个目标的日子一定会到来！

思维成就课堂，关于心灵、角色、对话的三场革命

佛山市顺德区本原小学校长　肖荣华

我们先回顾一下，2017年教师节前夕，教育部部长陈宝生曾在《人民日报》发表文章《努力办好人民满意的教育》。他在文章中吹响了"课堂革命"的号角。两年多以来，全国各地的学校纷纷开始课堂改革。

课堂上的确发生了一些变化，比如老师们大都能遵循预习、展示、反馈三个基本的教学模块完成教学任务，老师讲得少了，小组合作学习得到广泛运用，现代信息技术融入教学，赋能课堂。以学生为中心的新课堂样态不断呈现。

但进一步深入观察、了解会发现，这种形式层面的创新和变化背后，不少课堂上学生表达多了，但说来说去还是被老师牵着鼻子走，一部分学生依然是课堂的"观光游客"，没有主动参与，没有对话交流，更没有深度思考。

课堂是培养学生思维能力的主阵地。没有激活思维的课堂，形式层面的花样再多，也无法焕发出生命的活力。

打造思维课堂，激发思维潜能，必须从转变教师观念开始。而作为校长，也必须引领教

扫一扫，
观看现场演讲

师开展一场深刻的思想变革。

一、课堂革命是一场心灵的革命

课堂革命首先是一场心灵的革命。教师要以温暖的心灵润泽与唤醒孩子们内心的渴望，从教师乐意转变为学生乐意。

孩子如果说我愿意学，这节课就一定能上得很好。为什么我们有的孩子并不愿意？我想其根本原因是他们在课堂上缺乏存在感与归属感。于是，教师在激发学生兴趣上费尽了心思。比如，有教师为了吸引学生，总是过多使用图片、音乐、动画来充当学习材料，或以滑稽、另类的方式来呈现教学内容。这种为形式而形式的做法，看似给学生带来了乐趣，但只是给予了学生感官上的刺激，难以引发他们有深层次的思考。出现这种现象的主要原因在于教师没有从促进学生主动学习、发展思维的角度出发去考虑学生的内在需求。

站在课堂上的教师要真正地研究孩子，读懂孩子，才能从内心唤醒孩子的求知欲。

我们要用真爱唤醒课堂。师生之间充满"爱意"，才会互相尊重和理解，教师不必将自己的观点强塞给学生，

肖荣华

学生也不必小心翼翼地"揣摩"教师的想法；教师不会将目光仅仅局限于知识的传授上，而是更多地关注学生作为一个生命体的存在。在教师暖暖的爱意中，学生往往能产生积极向上的情感体验，从而激发学习的内在动力。

我们要用智慧唤醒课堂。孩子之间存在着个性差异、智力差异、基础差异，教师要善于关注每个孩子的状态，对他们的积极表现，无论对错，都给予正面回应，课堂只有真正做到不以对错论英雄，才能最大化地凸显知识对学生成长的意义。

只有唤醒和启动了思维，雅斯贝尔斯所说的"一个灵魂唤醒另一个灵魂"才会成真。

二、课堂革命是一场角色的革命

课堂革命也是一场角色的革命。课堂的最终目标是培养学生自主学习的精神和能力，课堂关注的焦点应从"教师教"转变为"学生学"，转换师生角色自然也就成为必然。

我们看到，课堂上一些孩子目光茫然，嘴巴只是机械地跟着大家说"是"，但为了完成教学任务，教师无暇顾及于此，仍然按照预设的教学活动一项项进行。有些老师即使主观上想放手，但心里总是担心开放的课堂能否真正落实教学内容，是否会影响教学质量，有时还是会不自觉地站出来主宰课堂。有些教师甚至会感觉自己的讲授远比学生的自我发现和解决来得踏实，来得全面。

还有些教师设计了有趣的活动，并想方设法让学生来参与。然而很多时候，学生只是对活动有兴趣，而不是对活动中蕴含的知识有兴趣。还有的开展问题大讨论，气氛虽然活跃起来了，但是思维含量不够，思维生成不足。

我想，学生坐在课堂里不会关注教师的细节，他不会考虑老师的过渡语言怎么不自然，老师的问题怎么问得这么巧妙。所以在课堂上，我们应该关注学生的表现。老师讲得好不是真的好，学生学得好才是真的好。

如何才能更好地让学生学？这就要回归教育的常识与本分，一切为了学生的学。教师不再是课堂主角，要退到幕后做学生学习活动的设计者和引导者。以学生的现有能力和已有经验为起点，设计适合学生发展的学习活动；要关注活动的过程，并根据学生实际情况调整教学活动。

只有让学生成为课堂上真正的主角，给学生充分的自主学习的时间，给学生适当的引导和帮助，学生才有获得发展思维的机会。

三、课堂革命是一场对话的革命

课堂革命还是一场对话的革命。课堂是一个师生间思维上相互转向、心灵上相互回应的场域，是一种开放、自由探究的理性思维碰撞、升华的过程。

传统课堂都是老师讲，学生听。到今天，学生讲的机会多了，可是很多教师拒绝倾听，甚至误听、偏听，敷衍学生的回答。点亮思维，就要从学生倾听转变为教师倾听。

我听过这样一个案例。在上《坐井观天》这节课时，教师提问："青蛙来到井外会怎么样？"一学生答："青蛙会很高兴，不停地跳。"老师微微一笑，鼓励地问："为什么呀？"学生说："因为它看见了蔚蓝的天空，碧绿的草地，还有花儿散发着芳香，鸟儿不停地欢唱，多美啊！"老师带头鼓掌，学生得意地坐了下去。随后其他学生纷纷仿效，表示青蛙很快乐、很幸福、很兴奋，大都雷同。

一个学生举手说："我觉得青蛙会很害怕，跳回井里去。"这个学生的声音很小，可能觉得自己的想法与别人不一样。老师也收敛了笑容，勉强说了一句："你的想法也不错。"这回没有再问为什么。学生嘴张了张，见老师没有继续让他说，只好一脸落寞地坐了下去。在课后的续写作业里，老师看到这个学生写着：青蛙看到河水被污染了，鱼虾被毒死，还有人在捕食青蛙，于是害怕地跳回了井里。这位老师意识到自己剥夺了孩子表达独特思维的机会，她在教学后记中写道：我一定要学会倾听。

学会倾听，才能建立新型对话课堂。这里的倾听不是单纯地用耳朵听,而是要"察言观色",全身心地去感受学生在言语中表达的情绪和想法。

教师要放弃自己的"话语霸权",首先,要以学生为伙伴,与学生之间建立起平等对话的机制,不能只倾听符合自己心意的声音,或将"标准答案"强加给学生,或曲解学生的回答,这些并非学生发自内心的声音,甚至充满了欺骗和谎言,这不仅会扭曲教学的真实,还会扭曲师生的心理。

其次,教师需要一份耐心,要放下自己的权威和高姿态,不能因为学生的"吞吞吐吐"而毫无顾忌地打断学生的发言。只有当教师以关注生命价值的人文情怀面对学生在学习中的每一个新发现、新见解,并给予积极评价和热情赏识时,学生才能展现出更高的创造力和问题解决能力,才能学会用自己的立场说话。

当学生那些被压抑在潜意识中的能量冲破意识阀门而释放出来的时候,课堂必将闪现出智慧的火花。

老师们只有对心灵进行革命,才能唤醒孩子们内心真正的渴望;只有转变了角色,才能回归到课堂教学的常识和本分;只有建立了对话,才能实现"共享式"的课堂教学新境界。

从心灵革命到角色革命,再到对话革命,全面解放思维的枷锁,学生的想象才会插上翅膀。当每一个学科、每一节课都可以促进学生思维重构的时候,我们便能找到核心素养落地的力量。

课堂革命既然是"革命",就不只是对旧范式和旧观念的简单改变,而是一种颠覆式的革新。教育管理者要站在高处,做勇于打破旧观念的领导者和挑战过去的先行者。只有思想与观念彻底革命了,才有科学方法的真正运用,才能使课堂教学改革迎来新曙光。

期待我们的课堂情感真实、思维灵动、关系和谐,有温度,有生命力,它呈现的将不仅仅是知识,更是思维的流光溢彩!

思维能力：未来人才核心竞争力

佛山市顺德区第一中学外国语学校执行校长　曾祥明

尊敬的各位领导、各位来宾、各位教育同行，大家早上好。我今天与大家分享的主题是"思维能力：未来人才核心竞争力"。

在2011年美国教改峰会上，媒体大鳄默多克说过："我们的学校是唯一不受科技革命影响的地方，今天的教室与维多利亚时代的设计没有什么两样。"

我这里有一张维多利亚时期教室的图片，从图片可以看出，的确，无论是教室的布局、老师讲课的方式、学生听课的神情，甚至连那个犯了错误被罚，站在教室前面的那个学生，都与我们今天的情况没有什么差别。

相对于科技的飞速发展，教育的发展的确有它的滞后性，而这种滞后性又会给我们带来一种担忧，那就是我们还在用过去的知识和方法来教育我们的学生，那么这样培养出来的学生，他们能够适应未来的世界吗？我们是否会剥夺学生的未来？

扫一扫，
观看现场演讲

一、未来世界将会怎样

作为一名教育工作者，我们的确应该静下心来好好地思考这样一个问题：如何才能让我们的学生做好面对未来世界的准备。接下来我将从未来的世界将会怎样、教育需要做哪些改变、我们学校所做的一些探索和实践三个方面，来谈一谈我们学校对这个问题的思考。

未来的世界将会怎样？这里有一个短片，我们一起来感受一下。从这个短片中我们可以知道，在未来的世界，人工智能的飞速发展将给我们的生活带来极大的便利。但是与此同时，我们也要付出相应的代价。在未来，有很多职业将会被取代，我们当中很多人将会失去工作的机会。

这里有一张图片，说明了人工智能将通过怎样的途径去代替我们人类的职业。从图片中我们可以看出，人工智能将逐步代替那些简单的、重复性的、机械性的、不需要情感和价值判断介入的工作。那么我们要怎样才不会被人工智能所淘汰？

我想，我们要把优势凸显出来，与人工智能相比，我们具有创造力、想象力，能够进行批判性思考。这些属于我们思维范畴的能力，是人工智能所无法比拟的。所以思

曾祥明

维能力是未来人才的核心竞争力。

二、教育需作出哪些改变

思维能力在未来的世界至关重要，那我们的教育需要作出哪些改变？很多科学家和教育家已经给出了他们的答案。早在1921年，爱因斯坦在第一次访问美国的时候就说过"大学教育的价值不在于学习很多事实，而在于训练大脑会思考"；原哈佛校长吉尔平·福斯特（Drew Faust）也曾经提出过类似的观点，他说："教育的重点不在于熟记多少具体的知识，而在于教会学生模拟思维的工具。"所以教育要作出以下转变：由原来的注重知识的讲授转变为现在的注重学生思维能力的培养。

而学生思维能力的培养，又恰恰是我们中国教育的短板所在。当然这个短板的造成和中国的传统观念以及家庭教育有一定的关系。比如说，中国的学生放学回到家，家长会问他："今天你在学校学到了什么知识？"如果这个学生可以倒背如流地把当天所学的知识跟家长复述一遍，那么家长将会非常满意。但是，犹太人的小孩放学回到家之后，家长都会问他："今天你在学校提出了怎样的一些问题？有没有哪些问题是你的老师也无法回答的？"如果他在学校提出了老师不能回答的问题，那么家长将会非常满意。

通过对比，我们可以看出中国学生思维能力和创造力的培养是比较欠缺的。当然，中国学生并非一无是处，我们有很强的应试能力，比如说在考试当中可以拿到很高的分数。

但是，清华大学钱颖一教授在最近的一篇文章当中指出，"人工智能将使中国教育仅存的优势荡然无存"，所以中国的教育面临着非常严峻的形势，而教育的变革也势在必行，否则我们真的很有可能会剥夺学生的未来。

三、我们的探索和实践

为了更好地培养学生的思维能力，让他们做好面对未来的准备，我们学校做了一些尝试和实践。首先我们倡导深度学习，构建思维课堂。那么什么是深度学习？这里我借助布鲁姆学习能力金字塔进行简单的说明。

这个金字塔一共有六个层次，下面的层次是低阶的学习能力，越往上学习能力越高阶。我们把培养和训练学生低阶学习能力的学习活动称为"浅表学习"，把能够培养和训练学生高阶学习能力的学习活动定义为"深度学习"。

基于对深度学习的认识，我们学校从课前的规范教学设计、课中的优化提问方式、课后的改变评价标准三个方面入手，积极地引导老师构建深度学习的课堂，训练学生的高阶思维。

教学设计是指导老师有效教学的蓝图，如果我们的老师在教学设计时不能渗透深度学习的意识，不能融入思维训练的元素，那么在教学的过程当中进行思维能力的培养就无从谈起。

为此我们借助了"思维碰撞"课堂研究所崔成林教授的逆向教学设计方法，重新构建了我们学校的目标、活动、评价一体化教学设计的模板，要求我们的老师用这样的模板来进行教学设计。

在教学设计的阶段，我们的老师就需要列明哪些学习目标是浅表的学习目标，通过什么样的教学活动来达成，哪些学习目标是深度学习的教学目标，又需要通过哪些学习活动来达成。与此同时，我们也把本应该作为教学设计最后一个环节的评价嵌入到学习目标的设置和学习活动的设计当中，让我们的老师提前对自己的教学设计有一个客观的评价和深度的认识，从而更好地开展教学活动。

提问是教学活动的重要形式之一，有效的问题能够激发学生的学习兴趣，能够培养学生的思维能力，而一个无效的问题，不仅浪费了时间，还有可能会抑制学生思维的发展。所以，我们也给老师列明十大类无效问题，避免老师在课堂提出如只强调低层次或收敛型的问题，依赖于学生自愿回答的问题等无效问题。

那么什么样的问题才是有效的问题？我们可以借助《灰姑娘》的教学提问来进行分析。以下我将为大家展示两类问题。A类问题如下：第一问：《灰姑娘》的作者是谁？哪年出生？第二问：这个故事的重大意义是什么？第三问：这句话是个比喻句，是明喻还是暗喻？B类问题如下：第一问：在这个故事里你最喜欢谁，最不喜欢谁？为什么？第二问：假如你是灰姑娘的后妈，你会愿意灰姑娘参加王子的舞会吗？第三问：在这个故事中，你有没有读出一些不合理的地方？请说明自己的理由。大家想一想，以上哪一类问题更加有利于学生思维的训练，更有利于我们开展深度学习？很明显是B类问题。我们可以看出，A类问题大多是记忆类的、有统一标准答案的问题，这一类问题指向的都是比较低层次的学习能力。而B类问题更多的是开放性的、没有统一答案的、多角度的问题，这些问题更多地指向深度学习。所以，我们在学校倡导老师多提B类问题，少提A类问题。

学校的课堂评价是学校课堂教学的风向标和指挥棒，学校倡导什么样的课堂，就需要建立什么样的课堂评价标准。为了更好地推动深度学习的课堂，我们学校重点关注了课堂评价当中的两个维度——"参与度"和"思维量"，并且我们根据这两个维度，把课堂分成四种类型。

第一种课堂类型的特点是高参与度、高思维量，学生上完这样的一节课之后，他会觉得非常有意思，非常有收获。第二种课堂类型的特点是低参与度、高思维量，学生上完这样的一节课，可能会觉得这节课不太有意思，比较枯燥，但还是有所收获的。我们也不提倡这样的课堂，因为久而久之学生会失去对课堂的兴趣，从而影响课堂教学效果。第三种课堂类型的特点是低参与度、低思维量，学生上完这样的一节课之后，不仅觉得没有意思，而且一无所获，这样的课堂我们要尽量避免。而第四种课堂类型的特点是高参与度与低思维量，表面看起来非常热闹，但是学完之后，学生发现自己什么收获也没有。

以上是我们学校在深度学习方面做的一些尝试。在这个过程当中，我们也遇到了很多的困难，比如学生在面临一些开放性问题的时候，不知道该如何回答。

为了更加深入和全面地了解学情，我们学校也进行了相应的问卷调查，这里有三个最典型、最有代表性的问题。第一个问题是学生是否敢于质疑教科书。从调查结果我们可以看到，将近90%的学生是不敢质疑我们的教科书的。第二个问题是学生是否能够积极地发言、主动地提问。从调查结果也可以看出，将近70%的学生是没有积极发言、主动提问的习惯的。第三个问题是学生在学习中遇到困难时会选择怎么做。从调查结果可以看出，将近60%的学生在遇到困难之后，第一时间选择的是向老师和同学求助，而不是先独立思考。通过问卷调查，我们得出了一个结果，就是我们的学生相对缺乏批判性思维。

批判性思维是最高级最核心的思维能力，也是创造思维和深度学习的基础，是核心素养的重要组成部分。基于这样的认识，我们在平时的教学当中，应该有意识地去增强学生批判性思维的培养。

批判性思维的培养主要有两种方式：第一种是开设专门的课程来培养，第二种是与学科相结合来培养。根据我们学校的实际情况和学生的年龄特点，我们选择了以语文和英语的阅读课作为切入点，进行批判性阅读教育，提升学生的批判性思维能力。

要如何才能进行批判性阅读教育？首先我们要清楚批判性思维、批判性阅读和传统的阅读有什么区别。在传统的阅读课中，我们是引导学生去理解和体会预设的结论，而批判性阅读则需要引导学生形成个性化的观点，真正做到"一百个人读《红楼梦》有一百个林黛玉"。

其次是阅读过程的不同。在传统的阅读教学中，阅读过程以教师的分析为主，而在批判性阅读的课程中是以学生的自主探究为主。

第三个不同是对文本的态度不同。在传统的阅读教学当中，我们会先暗示学生，接下来我们要读一篇非常精彩的文章，那么学生会带着一种鉴赏的态度去阅读。而批判性阅读则需要我们要求学生不设任何预先的立场，等读完文本之后，再形成自己的立场和观点。

最后是思维特点的不同。在传统的阅读课当中，我们会更加倾向于让学生形成一种聚合性的思维，而在批判性的阅读教学当中，我们会更加倾向于让学生形成一种发散性的思维。

为了更好地规范老师对批判性阅读课的设计，我们对这个课的流程做了以下四个关键环节的设置。首先是图文的唤醒，然后是老师引导学生进行文本的解构，再进行甄别和判断，最后是在以上三个基础上，让学生来进行模仿和创生。以上是我们学校在批判性思维阅读方面做的一些尝试。

各位同行，未来已来，为了让我们的学生能够做好面对未来的准备，教育的变革势在必行，这条变革之路肯定会充满困难，可谓道阻且长，但是我们坚信行则将至，只要我们开始改变，就已经成功了一半。

夯实核心基础，打造思维课堂

华南师范大学教师教育学部学校发展与领导科学系主任　童宏保

今天，我演讲的主题是"夯实核心基础，打造思维课堂"。围绕这个主题，我想与大家分享四个观点。

一、夯实核心基础需要奠定学生发展的基石

（一）核心基础的内涵

核心基础的形成需要学习核心知识、养成核心素养和形成核心能力。它是知识的核心、素养的核心和能力的核心，三位一体奠定学生发展的基石。

核心知识是具有较强迁移性和建构性的知识，不只是"是什么"的知识。核心素养是立足未来、面向团队、走向实践的素养。核心素养注重认知素养、合作素养和表达素养，强调的是口头表达能力、团队精神和书面表达能力等方面。核心能力不只是识记能力，而是面对任何困难都能想办法去解决的能力，涵盖了审辩思维能力、问题解决能力和创新实践能力三个方面。

核心基础有四个维度的表征。第一，高关联度。如果核心基础缺少高关联度，就不是核心基础。第二，高被依存度。核心基础与其他的知识、素养和能力之间具有很高的依存度，就像一所大楼，上面所有的建筑都需要依靠下面的基座。第三，高持久度。也就是说核心基础的持久时间比较强。第四，高迁移性。比如我们具备了开车的能力，不光只会开丰田车，也会开劳斯莱斯。

（二）核心基础思维课堂的国外教育依据

1961年，美国全美教育学会在《美国教育的中心目的》中提出：强化并贯穿于所有各种教育的中心目的——教育的基本思路，就是要培养思维能力。

1991年，美国国家教育目标制定小组又将思维能力、交际能力和解决问题的能力列为21世纪大学生的培养目标。

二、夯实核心基础需要对课程进行净化与整合

课程净化指向学科的核心素养，而课程整合是培养学生的关键能力。核心基础不仅需要净化知识，需要沉淀素养，更需要践行能力。

核心知识指的是学习的内容，强调的是课程体系的整

童宏保

合，包括知识净化基础上的课程体系，核心知识和非智力性活动课程。

核心素养指的是学习的结果，可以理解为学习个体成效沉淀、学习全过程的中间结果，简单来说它应该就是潜在的能力、还没有挖掘出来的能力，也就是潜在的素质。

核心能力是我们学习的逻辑终点，是核心素养在情景化的问题解决过程中所表现出来的行为特征，也就是我们讲的关键能力，即学习效果。

（一）净化知识

要净化知识，我们应该找到核心的部分，让知识体系变得环保、变得绿色。我们应该从六个方面思考：

（1）究竟学什么知识？
（2）怎样让学生保持浓厚的学习兴趣？
（3）知识是手段还是目的？
（4）知识就是力量还是思维才是力量？
（5）怎样才能真正地让学生减轻负担？
（6）从为进一步的教育作准备的角度，基础教育阶段知识的学习的"度"在哪里？学多少才够用？

现在是一个信息大爆炸的时代，知识非常多，我们真正要做的是"减负"，掌握核心知识，强调思维课堂，思维才是我们真正要掌握的力量。

我认为减轻学生负担，要从课堂出发，从课程出发，让课程整合净化，让课堂不断地促进学生动脑筋，这才是真正的减负。从为进一步的教育作准备的角度来说，比如让孩子升中学、升大学、考研究生、读博士，基础教育阶段的学习，它的度在哪里？我们到底要学习多少知识才够用？这都是我们在整合、净化知识过程中需要思考的问题。

在知识净化的过程中，我们应从早学转化到适时地学，从多学转为适量地学，从快学转为适当地学。

知识和思维在某种程度上是互为手段和目的的。核心基础知识是促进思维发展的手段，思维发展的手段也会成为我们学习知识的目的，它们互为因果。要净化知识，形成绿色的教育。我们总说学校里所学的知识只有20%是有用的，那么我们如何才能做到把握住这20%，把更多的时间还给孩子们，让他们自己去思考和探究呢？首先，要对所教的知识进行分析；其次，只有把知识教学弄"干净"了，才能真正减轻学生的负担；最后，要明白专家真正的价值在于帮助大家进行知识的分析，而不仅仅是进行教学技巧的分析。

在进行知识净化的时候，我们可以从知识体系的三个层面来考虑：陈述性知识——是什么，策略性知识——为什么做，程序性知识——怎么做。在目前的教学中，陈述性知识的教授占据了大部分，学生的思考空间很少。我们应该更多地考虑策略性知识的教授，引导学生思考。北京教育学院季萍教授告诉我们，教学的过程应该是各种适当的活动和过程的有机结合。她把知识分为四个层面：事实性知识、概念性知识、方法性知识和价值性知识，在一节课当中，老师要从不同的程度用不同的知识促进学生的思维发展。

（二）沉淀核心素养

哪一些核心素养需要我们沉淀？答案是文化、情义、关系、合作、认知。我们需要文化，现在有些学生，尤其某些学霸，分数考得很高，有知识，但是没有文化。另外，有一些学生考试考得好，但是缺少情感和正确的价值观，情义的修养不够。有的学生缺乏与人合作团结的精神，有的学生学习的能力、方法、意识不太强。所以我们需要沉淀核心素养。

新时代的基础教育需要服务美好生活追求的素质教育，素质教育应该聚焦学生发展的核心素养，而核心素养的落实需要核心基础和思维课堂策略，核心基础和思维课堂策略的落实最终能够促进我们培养全面发展的人。

美好生活需要素质教育。美好生活是什么？美好生活需要美好的政治生活、经济生活、社会生活、文化生活，还需要美好的生态环境。这一切的美好都要通过美好的教育来保障。

（三）素质教育聚焦学科核心素养

素质教育是实现美好生活追求的最好保障，而且聚焦学科核心素养，我们应该从教育目的和教育方法两个方面来看待这个问题。从教育的目的出发，我们要思考：我们想培养什么样的人？为谁培养人？答案是培养德智体美劳全面发展的人，担当民族复兴大任的时代新人，合格的建设者和可靠的接班人。我们以前说德智体美劳全面发展的人，现在加了担当民族复兴大任的时代新人，同时培养社会主义建设者和接班人前面加了修饰语——"合格的"建设者和"可靠的"接班人。

从教育的方法出发，我们应思考怎么培养人。我们应通过打造让学生动脑筋的思维课堂促进学生思维的发展。

核心素养的落实需要核心基础思维课堂策略。我们比较一下以前的应试教育，应试教育的目的是追求利益的，策略主要是知识点的教育，老师把教学变成了不断地刷题、刷题再刷题，追求的是考分——"分分分，学生的命根；考考考，老师的法宝"。

现在要追求培养全面发展的人，我们的策略是通过核心基础、思维课堂来实现，目标是指向德智体美劳全面发展。当下我们要培养能担当民族复兴大任的时代新人，要培养社会主义建设合格的建设者、可靠的接班人。

从核心素养到课程目标落实、培养全面发展的人，要从三个层面出发："三个要素"，包括正确的价值观、必备品格、关键能力；"三层目标"，包括教育目标、学科目标和教学目标；"三层指向"，包括教育方针、学生素养和情境教育。

新特色的核心素养强调正确的价值观、必备品格和关键能力。正确的价值观在个人层面上包括爱国、敬业、诚信、友善。必备品格实际上是品德与人格，品德又分为自我、他人、社会三个方面，自我品德指自重，他人品德指尊重他人，社会品德指作为社会的人就要有社会责任和担当。人格指个性，每一个人都有自己的个性，比如说班上有50个孩子，每一个孩子有自己的模样，不是千篇一律的。

教育部的文件从认知能力、合作能力、创新能力、职业能力四个方面来解读"关键能力"，我们团队提出的核心基础思维课堂在某种程度上是与之高度吻合的。

（四）从学科核心素养到学生发展核心素养

为什么国家的政策不表述中国学生的核心素养呢？这里分享一下我的看法。因为在中国，有不同版本的核心素养：一个是北师大林崇德教授版的，一个是北师大刘坚教授版的，还有一个是中国台湾版的。中国台湾版的核心素养是2014年发布的，林崇德版的核心素养是2016年发布的，刘坚版的核心素养是2018年发布的。三个版本可能会给教育工作者带来困扰，我们到底要追求哪一版的核心素养？

从我个人来说，我觉得刘坚版的核心素养有他的创新性，他将文化理解与传承放在核心位置，某种程度上与我们国家的社会主义核心价值观有高度的契合，同时也与我国当下教育层面要提倡发扬中华优秀传统文化，进行革命教育、法制教育、国家认同教育等等，都具有高度的契合。虽然教育政策层面没有一个统一版的中国学生发展核心素养，但是有学科核心素养。教育部发布的《普通高中课程方案和课程标准（2017年版）》中提出：学科核心素养是学科育人价值的集中体现，是学生通过学科学习而逐步形成正确价值观念、必备品格和关键能力。

新时代学校领导力重在践行正确的价值观，养成学科的核心素养，形成关键能力，而我们团队提的核心基础思维课堂是实现素养的有效策略。

每个学科的核心素养都是与思维发展有关系的，也就是每一个学科都强调思维发展。只有体育和健康方面没有找到思维发展的关键词，其他的每个学科都有思维发展的关键词出现。

三、打造思维课堂需要每一堂课都开动脑筋

思维课堂就是激发学生动脑筋的课堂，要促进学生从低阶思维向高阶思维发展。动脑筋的课堂不是习得性愚蠢的课堂，不当的教育能让学生变得越来越愚蠢，有一种习得是通过学习获得的，不是智慧的，而是愚蠢的。比如家庭习得性愚蠢：愚昧无知；社会习得性愚蠢：社会的陋习；学校习得性愚蠢：惩罚作业。

举个例子，当学生犯了错，老师罚学生做作业，本来学生认为做作业是一件开心的事，他对学习很感兴趣，但是老师的这种举动让学生认为原来做作业是不好的事情，是当我犯了错误时老师拿来惩罚我的工具，这时候学生还能对学习感兴趣吗？他只会对学习越来越不感兴趣。

还有一些老师在布置作业的时候，让学生不断地抄作业，一个单词抄写50遍。你想想，孩子如果只写一遍两遍还可能有兴致，写50遍还有兴致吗？又比如小孩很喜欢吃鸡蛋，聪明的妈妈和愚蠢的妈妈的行为是不一样的。聪明的妈妈怎么做？今天给孩子煮一个鸡蛋，明天给孩子炒鸡蛋，后天给孩子做鸡蛋蛋糕、韭菜鸡蛋、西红柿鸡蛋，那孩子会觉得鸡蛋怎么这么好吃！愚蠢的妈妈通常是今天给孩子煮一个鸡蛋，明天给孩子煮两个鸡蛋，后天给孩子煮三个鸡蛋，当孩子一天吃四个、五个煮鸡蛋的时候，他还会喜欢吃鸡蛋吗？这个愚蠢的妈妈就像我刚才说的不懂规律的老师用作业去惩罚学生一样，道理是一样的。

所以有一种愚蠢不是天生的，不是爹妈给的，而是不懂规律的教育给的，这种愚蠢叫习得性愚蠢。王安石曾经写过一篇小短文，叫《伤仲永》，仲永小时候很聪明，为什么长大了不聪明？其实就是我讲的，习得性愚蠢。大人们把聪明的孩子变得不聪明了，他的不聪明是通过习得获得的，而不是通过遗传获得的。

传统教育到现代教育的思维发展是从线性发展到立体

发展。从赫尔巴特的四环节、杜威的五环节到布卢姆的六阶思维，再到马扎诺的三个系统，都是从线性到立体展开的。赫尔巴特传统教育中思维训练的四环节包括明了、联想、系统、方法，很多老师把它用在课堂教学中。杜威的现代教学思维训练的五环节包含暗示、问题、假设、推理、检验，这是学理性的思维。

布卢姆的六阶思维在小学老师的教学当中广为流传。哪六阶呢？就是低阶的了解、理解、运用和高阶的分析、评价、创造。老师的思维课堂就应该让孩子的思维从低阶思维向高阶思维发展。打造六阶思维的提问是不断上升的。有些老师上课时也有提问，但是提问的水平永远停留在低阶阶段，提问的方式都是"是不是""对不对""好不好""会不会"，最后把我们的孩子训练成傻瓜型。老师的提问应该有层次性、有梯度，如果你提的第一个问题是简单的问题，那么应该循序渐进，到最后应该是比较复杂的问题。比如，在一堂课快结束的时候向学生提问："你能用自己的话复述今天学到的内容吗？"我们要引导孩子用自己的话去构思、去创造、去复述，而不是用课本的话。美国当代教育学家马扎诺提出思维的三个系统：一是认知系统，二是元认知系统，三是自我系统。元认知系统就是对认知的认知，类似于前面我讲的策略性的知识。

四、打造思维课堂需要教师有效的提问

教师有效的提问需要具有层次性和连续性，要提适应素质教育发展的好问题，要对应思维各层级和结构特征。

应试教育通常是把知识点当作教育目的的，缺少思维发展，教学模式是老师进行知识点的灌输，学生进行知识点的学习，我们把这种学习模式叫做输入型学习，而不是输出型学习。

老师应该进行有效提问，促进学生思维发展。老师提问应该掌握的核心技术包括提问技术和激发学生提问的技术。什么样的问题是好问题？我认为好问题有以下几个特点：书本上找不到答案；需要综合运用以前的知识；

有适度的挑战性；能引发可观测的系列学习行为，如引发思考、合作、相互辩论等。能够促进学生思维发展的问题才是好问题，提问需要与布鲁姆提出的六阶思维发展相对应。我们称简单的不需要太多思考的问题为基础的问题，需要进行应用、分析的问题为中阶的问题，需要进行创造、评价的问题为高阶的问题。

提问要明确思维发展的三个侧重点：思维的品质、思维的方法和思维的能力。另外，提问要紧扣思维课堂特征，包括力度、深度、广度、梯度。

有效提问应该引导课堂成为自主的课堂，成为合作的课堂，成为探究的课堂，让自主、合作、探究成为课堂常态。为此，我们要培养学生自主学习的好习惯，千万不能让学生养成只带着耳朵学习的习惯，而一定要让学生动脑筋，先学后教，以学定教。我们要引导学生自己提问，因为学生提出来的问题肯定是他不懂的问题。我们要让教师进行有层次的提问，而不是平面的提问、简单线性的提问。最后，我们要让教师和学生共同探究成为课堂常态。

我的分享到此结束。谢谢大家。

构建利于创新人才培养的课堂文化

深圳市南山区前海港湾学校校长　罗朝宣

尊敬的教育同仁，大家好！今天我想与大家分享我作为一名校长对课程、课堂、教学的一些思考，也希望得到更多同仁的指导。

一、逻辑起点——利于未来人才培养的学习生态

有一句流行的话说得好："为未知而教，为未来而学。"今天的教育都是为未来的社会培养人才，也是为孩子的未来做好知识、能力的储备。面向未来，我们怎样培养创新人才？未来的社会生态到底是怎样的？我想我们每个人都难以准确地描述，但我们可以坚信的是，20年后的社会一定是更发达的。那么人工智能时代到底需要什么样的人才？

这是一个终身学习的时代，学无止境，学无边界。联合国教科文组织界定的"未来的文盲"是不会学习的人。为此，我们要让一切成为学习的资源，让学习不仅在课堂上发生。

我特别重视学生终身学习的能力、创新的能力和跨领域学习的能力等等。我们要思考今天学校的学习生态到底应该包括哪些元素？我

扫一扫，观看现场演讲

认为不管是过去、现在、未来，学习生态始终离不开这些要素：学什么（课程内容）、怎么学（学习方式）、在哪学（学习空间）、和谁学（学习社群）、学得如何（评价体系）。

一所学校一定是在一定的目标的导引下开发课程体系的，我们学校根据"培养有根的现代特区小公民"的培养目标来展开我们的课程体系。课程体系定了以后，关键在课堂，关键在教师。

面向未来的关键能力怎样在课堂上落地？在我们的目标导向、课程定位的基础上，关键是要深耕课程、精耕课堂。2017年9月中共中央办公厅、国务院办公厅印发的《关于深化教育体制机制改革的意见》指出关键能力包括认知能力、合作能力、创新能力、职业能力的培养，是我们每一个教育工作者都必须思考和执行的目标。

我认为，思维是认知能力的核心基础。课堂教学的重要任务就是培养学生的认知能力。其中，思维培养是关键。

罗朝宣

二、课堂文化定调——打造"信·趣"思维课堂

校长应该怎样导引老师建构课堂文化？首先要进行课堂文化定调。深圳市南山区前海港湾学校是一所新办的学校，我们在课程定位的基础上，打造"信·趣"思维课堂。"信"是信心的信，"趣"是趣味的趣。我们课堂的价值观是要保证孩子学习的信心，让孩子进入课堂后，通过不断的学习，对人生和对学习有更多坚定的信心，相信"我能、我可以"。但是我们悲哀地看到，学生虽然在小时候充满无限的信心和好奇，但随着年龄的增长，却变成不会提问题的人，更可怕的是灌输型的教学模式让孩子形成了习得性满足，使孩子的思维封闭了。

爱因斯坦说："我没有特殊的才能，我只有激情般的好奇。"真正的学习都是从好奇开始的。好奇才能好问，好问才能好思，这是一个基本的逻辑。

因此我从学校的顶层核心价值设计给学风和教风定下这样的调性：教风就是"激趣启思，培养能力"，学风就是"乐学善问，实践创新"。老师的授课，首先考虑的是培养学生的四大关键能力，让学生能乐学善问，实践创新。

在课堂文化定调以后，我们就应该创设课堂情境，激发学生的信心和兴趣，促进深度学习。让一切成为学习的资源，通过学习，获取数据，将数据转化为信息，信息提炼成知识，知识升华成智慧，这就是我们学校打造思维课堂的逻辑路线。

兴趣从哪里来？我认为，游戏是人的天性，尤其是儿童，他们在课堂上特别喜欢游戏。我们来看看这个视频。这是一堂小学二年级的复习课，复习往往是枯燥的，但是老师采用了游戏化的方式上课，让课堂生动起来。改变学习模式以后，看看学生们专注的表情，我们就应该明白，教育的起点来源于信心和兴趣。传统的学习就是反复地背、记，现在我们用掷骰子的形式让孩子去比赛，看谁先到达终点，让孩子的思维真正动起来。

三、重视过程——提倡在自主探究的过程中培养思维

课堂是一个过程，我们说把时间还给学生、把课堂还给学生，最主要的是把思考过程、操作过程和练习过程还给学生。因为只有在自主探究的过程当中，才能够培养学生的思维。

拉尔夫·泰勒在《课程与教学的基本原理》中提到：学生应该在自己解决问题的经验中学会思考，若只是由教师来解决问题，学生只是旁观，那么他就无法学会思考。

基于这样的认知，我们的课堂必须要注重"过程四头"：手头、心头、口头、笔头。"手头"就是在操作实验过程中培养思维，"心头"是在发现和思考过程中培养思维，"口头"是在分享交流过程当中培养思维，"笔头"是在书面习题练习过程中培养思维。今天我们有一个弊端，一说到操作，就仅仅是动手做实验，但不要忘了，要习得知识，必须有笔头练习。

我们以三角形的面积教学为例，传统课堂上老师直接告诉孩子们三角形面积怎么计算的。我们新的观念是，让孩子们去经历知识产生的过程。我们一般是给孩子们两个一样的三角形拼一拼，让学生找到两个三角形以及平行四边形底和高的关系，从而推导出三角形的面积公式。但是我觉得这还不够，如果从思维培养的角度出发，我们还可以更进一步。我们还可以尝试让学生用一个三角形拼成一个平行四边形，甚至用一个三角形拼成一个长方形，推导出三角形的面积公式。这个推导的过程要花更多的时间，它的价值在哪里？如果仅仅从学知识的角度或者浅层的思维的角度来说，我们只要采用第一种方法就可以了，学生用两个一样的三角形拼成一个平行四边形，已经能够感知推导的过程。但它解决问题的方式还不够多元化，从培养思维的角度来说，我们应该让孩子尽可能采用不同的方法，多角度地思考和解决问题。

在课堂上老师可以通过让学生合作、交流、探究来培

养思维、转化思维。孩子们在课堂中通过操作，经由观察、比较、分析、抽象、概括的思维过程，像科学家一样发现、研究、解决问题，形成一个完整的创造知识的过程，而不仅仅是学习知识的结果，在这个过程当中，学生的发散思维、综合思维也得到了培养。

知识是要巩固的，思维也是要训练的。我们要让孩子们在独立思考、自主解答的笔头练习当中培养思维。我们对练习的设计必须要有思维爬坡步步高的理念，先是巩固基础知识，然后是提高解决基本问题的能力，最后是高阶思维的训练。我们要设计题组训练，提供变式习题，培养学生的比较和辨别能力；一题多解，培养发散思维，从对比中训练优化思维，让孩子们学会判断哪种方法最优；多题一解，设计开放性题目，培养思维的广阔性和独创性。所以我说要把时间还给学生，把口头、笔头、心头的思维过程都交给孩子。

四、重视情境——提倡链接真实的生活情境来培养思维

校长要明白孩子们的认知规律必须和他的生活经验产生链接，要让学生在与现实生活链接的真实情境当中解决问题，产生思维。我们前海港湾学校特别强调将学习和课堂与现实生活的真实情境链接，增强学生思考的兴趣，体会学习的意义和价值，培养学生多元思考、解决真实问题的能力。

我们学校自主开发了基于数学课程的财商教育，将理财和数学课进行融合。老师将生活化的话题抛给学生以后，学生的思维就活跃起来。它虽然不是纯粹的数学，但是这种策略也是一种思维。从兴趣链接生活，同时也感知到数学的意义、好玩、有趣。真正的学习应该来源于生活，再用我们学习到的知识去解决生活问题，经由认知、实践、再认知，不断地飞跃。

五、思维可视化——提倡使用脑图培养思维

前海港湾学校提倡使用脑图（mind map）培养学生的思维能力。我们常用的脑图有八种。圆图解决概念抽象的问题、包含的问题。树状图在单元知识归纳、知识分类的过程中很有用。流程图有助于弄清先后顺序。多重流程图有助于找到不同的因果关系。气泡图对一个事物外缘特征的可视化有助于分析事物性质和特征。双气泡图有助于进行比较和对照。括号图有助于分析整体和部分的关系。桥状图有助于类比与类推。

我们通过脑图将思维课程和知识点可视化，让孩子们能够明确地看出思维产生的过程。课堂上，我们应在何时使用脑图？我们可参考心理学的首因效应和近因效应。首因效应就是我们对最先遇到的事物、接触的知识印象深刻，近因就是对刚刚遇到的事情印象深刻。因此，我们可以重点将脑图运用于课前和课尾。课前让学生绘制脑图，有助于理清知识的关系与线索；课末让学生绘制脑图，有助于学生归纳整理知识点，形成知识系统。

我们通过这样的思维可视化，重点培养孩子们的思维品质。思维品质主要有思维清晰度、流畅性、系统性、深刻性，这就是我们现代特别提倡的结构化思维。我们说孩子们记不住，往往是缺乏结构化的思维，他记住的知识缺乏系统性、条理性，所以不能很清晰地提取和使用。因此我们在课堂上要重视思维可视化，脑图就是非常好的工具。

六、重视习惯——提倡在课堂上强化思维习惯的培养

思维习惯非常重要，那么思维习惯有多少种？不同的学者有不同的描述，我推荐一位美国学者在《思维习惯》中列出的16种思维习惯。

在课堂上，尤其在小学阶段，我们会发现一个现象，老师的问题，最后一个字还没说出来，孩子就举起手来。

其实这是没有在课堂上培养思维习惯的表现。如果是教研员、校长、主任去听课，他们就会明白，这些孩子举手的目的不外乎是为了得表扬，那么老师要明确告诉孩子们，先把问题听清楚，然后再举手。

在思维状态、思维习惯、认知操作和思维技能的体系当中，思维习惯是为有策略的、巧妙的思维提供动力，因此我们在强调思维训练的过程当中，形成思维习惯尤其重要。

我们前海港湾学校强调这三种思维习惯：理解和共情的倾听、对思考的思考（元认知）、提问和质疑。很多心理学家认为，倾听他人的能力，共情并理解他人的观点是智慧的最高形式之一。所以我给我们学校的老师说了这么一句话：静下来，仔细听，想明白，说清楚。

如果你不静下来，思维就没办法发生。思维需要在概念的基础下进行判断和推理。我认为我们的课堂不是热热闹闹就好，有时候要安安静静地仔细听。听是人类好几十万年的习惯，在文字没有产生之前，学习主要靠听，而且孩子从出生起也是从听开始，所以听特别重要。仔细听，听明白了，才有思维加工的材料；想明白了，最后才能说清楚。语言思维的外化，往往说不清楚就是没想清楚，我们要通过这样一个过程，来检验孩子们是否听明白了，是否想清楚了。

另外，在进行课堂环节的设计时，我们应该怎样引导学生进行元认知？我们必须在每节课的课堂结构和环节上留有机会让学生对自己的思维过程进行反思。因此，我们要设计课堂回顾小结和回归评价。在课堂回顾小结当中要结合思维导图，思考"学了什么"，回顾解决问题的过程是如何解决问题的，解决问题用了什么策略。这样的设计是形式和内容的相通。回归评价环节，我们要引导学生反思"我学到了什么？我还有什么疑问？我还有什么新发现？"

最后，学会提问和质疑。以色列的教育十分关注学生有没有提问题，从家长到老师，每天都会问孩子"今天提出了几个问题",这是有道理的,因为所有的思维都是从疑问开始的,发现了问题等于解决问题的过程完成了一半,提出问题比发现问题更重要,质疑是辩证思维、创新思维中非常重要的品质。

七、重视技术——提倡在技术支持的混合式学习中培养思维

今天是信息技术时代,我们为未来培养人才。面向未来,我们必须提倡在技术支持下的混合式学习当中培养思维。采用混合式学习方式,不外乎这几种形式:翻转课堂,课前自主预习,课上实践、巩固和拓宽;基于实验室模式,包括分组,实验室+课堂,面对面师生互动;线上线下学习混合模式,每位学生定制课程表,在线+面对面交流。

前海港湾学校老师总结出了港湾ITC面授与数字化的学习模式,"I"是指"Individual assessment"个性化测评,"C"是指"Conclusion"师生总结,"T"是指"Team assessment"小组测评。老师在课前对学生进行测试,了解学生的学习情况,课上老师根据学生的疑问进行讲解和分组,接着进行小组学习和测评,其后进行总结和分层作业,最后再通过微课进行复习。微课有两种形式,一种是复习,一种是预习,这样形成闭环的结构。

我们来看一个例子。有个班的老师利用ITC学习模式进行线上授课,开课时间47分钟,76人观看,当然有些可能是反复看的。最近还不停有学生去看和点赞,活跃度和参与度非常高。

这个班一个学期以后接受测试,英语平均成绩提高了10分。这个班大部分学生的家庭没有英语环境,也没有人进行辅导,这说明了用微课的形式,通过课前预习和课后辅导,再进行测评,效果非常好。

ITC模式让学习更科学,我们可以通过数据精准地知道孩子对知识点掌握得如何,哪方面掌握得不好,高频错题有哪些,以便于老师进行有针对性的教学。同时,根据每个人

参与学习的情况，老师可以实时了解学生们的学习状态。

ITC授课模式有几个必备条件。首先要求一个信息化环境，即能上网。其次，要求学生具备信息化素养。第三，要求教师敢于挑战、灵活，有优秀的设计能力和卓越的管理能力。

我们要把学习的过程还给学生，让学生先学先练，教师后帮后检，让学生积极主动探究思考，在课堂上有充分的时间和机会去交流。我把它总结为一句话："让学生装着问题进课堂，带着思考出课堂。"

八、重视创新——提倡在创客式学习中培养思维

我们的逻辑起点是培养未来的创新人才。很多专家学者和朋友把前海港湾学校称为"创客学校"。我提出了"创客式学习"的理念，那么到底什么是创客式学习？我认为创客式学习就是基于发现与探索，体验设计与创造，从而主动建构知识的学习过程。像刚才三角形面积的推导过程，学生通过操作、比较、分析和概括，从不同的角度找到关系，推导出三角形面积公式，这就是创造。

前海港湾学校提出，港湾人的课堂学习应该在问题中学，在探索中学，在思考中学，在兴趣中学，在做中学。走向未来的人才需要具备一定的创造力、自我学习能力、创作与沟通能力以及信息素养、审美素养、工匠精神、人文内涵等。由此，我们强调培养未来思维，即创新思维、计算思维、合作思维、跨界与融合思维以及成长思维等。

让上好每堂课成为教师自己的追求

广州市天河区侨乐小学校长　陈丽霞

习近平总书记多次强调:"发展是第一要务,人才是第一资源,创新是第一动力。"这是习总书记对我们国家高瞻远瞩的战略思考。对我们每所学校的办学而言,道理也同样如此。人才是第一资源,许多校长都把教师发展作为学校的第一工程。结合在天河区华阳小学担任副校长和在侨乐小学担任校长期间的探索,我认为,建设教师发展的第一工程,关键是要让上好每堂课成为教师自己的追求。

一、上好每堂课是时代的召唤和孩子的渴求

世界格局的变化和时代的发展,赋予了教育以更深层次的责任和使命。这一点我们每位校长都深有体会。我们要培养什么样的人,我们要如何培养人,关键在落实,核心是课堂。

以小学为例,在小学期间,每位学生大致要上7000节课。要培养德智体美劳全面发展的社会主义建设者和接班人,我们的培养目标要落实到每一天的每一堂课中。上好每一堂课,促进每个孩子的发展,践行教育报国,每一位

扫一扫,
观看现场演讲

老师都肩负着责任，每一堂课都承载着使命。

然而放眼当前，学生的负担普遍太重，多少孩子睡眠不足？多少孩子疲于课后辅导？多少孩子感受不到学习的快乐？除了社会大环境的因素，我们的课堂教学也亟待改革。

过于强调知识传授，过多看重应试技巧的课堂不能再继续下去了！我们怎能以知识之重压倒孩子美好的童年？从高考改革到教材统编，从核心素养到综合评价，国家正在启动一系列的举措。作为校长、作为老师，我们可以做什么？上好课，上好每一堂课，这是我们应该给出的承诺！

二、上好每堂课要有好课的标准

什么样的课才是好课？不同的专家有不同的提法。华南师范大学王红教授团队提出了"核心基础、思维课堂"的理念，符合教育改革发展的规律，我们非常认同。

核心基础，就是通过获得核心知识，养成核心素养，形成核心能力。核心能力，主要包括思维能力和问题解决能力，而思维能力又是核心能力中的核心。要把课上好，我们得净化知识，抓住核心和关键，给学生腾出空间和时

陈丽霞

间。腾出空间才能发展学生的思维能力，腾出时间才能在实践中提升学生解决问题的能力。

一堂好课，一定是目标聚焦、紧扣核心的课。而这核心中的核心，就是学生的思维。我们提出了"一堂好课思维要有六度"：有广度、有深度、有灵活度、有创新度、有交互度，还要有热度。广度、深度、灵活度、创新度大家经常提及，但我们提出了课堂上思维要有交互度和热度。

思维有交互度的课堂不能是老师的一言堂，不能是优秀学生的独角戏，而应该有师生与生生之间充分的互动与生成；思维有热度的课堂应该是学生兴趣盎然、充满学习热情的，而唯有发自内心的喜爱和投入才能让思维有热度。

思维是个抽象的概念，在教学中并不容易评价。我们尝试着开发了便于操作的"六度思维"观察表，采用星级评价的方式，结合学生在课堂中的思维情况来观察，重在使大家明确努力的方向。

三、上好每堂课要有团队为成长助力

一堂好课的核心理念需要变成老师们共同的价值追求，一堂课要上好还需要老师们掌握一系列方法和技术。如何更好地助力教师的成长？"一刀切"的培训并不能很好地满足教师的需求，宏大而高深的理论也很难带来课堂教学实际的改进。如何让教师的成长更加主动、有更好的路径？

我们学习了教师专业发展阶段理论，了解了"有机会与其他教师联系；获得对自己课堂工作结果进行反思的支持"是对所有发展阶段的教师都非常关键的两项活动。

我们学习了彼得·圣吉的"学习型组织理论"，明白了学习型组织是一个生命机体，组织内成员的学习不是个人的单纯学习，而是为了一个共同的愿望，有意识、系统地和持续式的学习。这样的组织才能汇聚所有资源形成巨大的合力，从而不断征服一个又一个新目标，创造出新成绩。

我们更深入地学习了王红教授团队关于核心基础、思维课堂的论述，明确了核心基础应该具有高持久度、高迁移度、高关联度和高被依存度等特征，思维课堂需要教师掌握核心技术。

2015年，作为华阳小学的副校长，我非常荣幸参与了华南师范大学的专家团队，开始了共同研究的合作。我们努力探索一种立足课堂改进的教师研修模式——学校创新微团队协同培育研究，于2015年申报广东省教育厅"十二五"规划课题并获"强师专项"重点课题的立项。

我们根据"双微机制"理论，将微团队与微任务有机结合，根据管理学规律组建微团队，建设小规模、高效能、异质化的学习共同体。聚焦"核心基础、思维课堂"的主题，以"微任务"的形式分割系列小目标，沿着"构建团队——形成愿景——诊断分析——研讨反思——评价提升"这一路径，层层推进。

我们组建了华阳小学微团队，一共有10人，以自愿为原则，大家来自不同的学科，形成了微团队建设的共同愿景和个人成长规划书。我们对微团队成员的课堂教学情况进行全面诊断，并形成了针对每位成员情况的分析报告。我们通过微阅读、微课堂和微课题等系列微任务，引领教师聚焦"核心基础、思维课堂"进行改革和创新，形成兼具本校和个人特色的教学模式，在所执教班级中进行实践和调整。我们开发了课堂观察量表，不同学科的老师组织在一起，重点关注学生思维的情况，并给出有效的提升策略。短短两年的时间，微团队成员围绕《有效教学》《教什么知识》和《思维教学：培养聪明的学习者》等书目举办了十几场读书分享会；微团队每位成员都确立了自己的研究课题，在专家的指导下历经三轮修改。五位老师第一次申报课题就获得了市、区规划课题立项，每位成员定期面向微团队及学科组开展研讨课。我们还走出校园，到顺德、深圳等地，分语、数、英、专四个学科举行了微团队成员与名师同课异构的活动。

英语学科罗艳文老师说："与微团队共同学习的这几年无疑是我教学生涯的一个转折点，感恩团队中各位老师的指导和帮助。我深深感到，只有理论联系实际，不断实践，才能提升教学的能力与艺术。微团队给我带来了一系列的成长，课堂上我更关注学生的思维，学生更喜欢我的课了。我还有幸主持了市级课题，成为广州市基础教育系统新一轮'百千万人才培养工程'第三批名教师。无限感恩微团队！"

在一个相互联系的系统中，一个很小的初始能量就可能产生一系列的连锁反应，人们把这种现象称为"多米诺骨牌效应"。微团队、微任务的开展给学校带来了一系列积极的变化：老师们在团队中找到了成长的感觉，越来越感受到课堂教学的魅力，生命越来越舒展，孩子们也越来越受益！

四、上好每堂课，让理念生信念，使要求变追求

2017年8月，我被任命为天河区侨乐小学校长。这是一所位于城乡接合部的学校，这里的办学条件无法与华阳小学相比，但教育的规律是相通的。我们紧扣学校"巧随童需、乐焕童彩"的办学理念，同样通过"构建团队——形成愿景——诊断分析——研讨反思——评价提升"这一路径，为教师搭建成长的阶梯。

我们分类别、有侧重地组建了"巧玲珑"读书会、"巧乐"班主任工作室、"巧乐课程"研发队、正面教育工作坊等不同的微团队，将学校发展目标分解为一个个微任务，研制"巧乐课堂"评价标准、开发"巧乐德育"礼仪课程、明确"巧乐优师"评选标准等，专家和行政参与其中，大家共同学习、相伴成长。

当工作有了抓手，当身边有了团队，当成长有了路径，老师们的状态越来越好。让我们特别感动的是，不仅新教师积极参与，我们的老教师也充满了活力！

华东师范大学终身教授叶澜先生说："真正促进教师的发展，是他对自己的实践，不断地研究、反思、重建，

越来越对自己的工作有一个系统的、整体的、深刻的认识，知道怎么去做才是有意义和有效的。"上好课虽然无法一蹴而就，但理念能够生发信念，要求可以变成追求，我们可以努力，让上好每堂课成为教师自己的追求！

　　教育的魅力是创造的魅力，是创造生命发展的魅力。一个个教师、一群群教师，都在这样的创造、这样的追求中时，课堂就有了不同的样态，学生的成长也必将会有更好的姿态！让上好每堂课成为教师自己的追求，这也是学校应有的样子。让我们一起努力！

第四章 为教师的成长助力

教师强则学校强/何　勇

独行速，共行远——做教师远行的陪伴者/王　红

教师发展，学校的『第一工程』/彭建平

从管控到赋能/陈泽芳

让教师站在学校的中央/欧阳琪

教育呼唤守正而有远见的教师/王海林

教师强则学校强

广州市执信中学校长 何勇

非常高兴这一次的"山长讲坛"能够在执信中学进行，今天有这么多位校长莅临执信中学，让执信中学蓬荜生辉。我也深感压力山大，希望今天的演讲能够达到预期，在这里我代表执信中学3000多位教职员工欢迎大家！

我的演讲题目是"教师强则学校强"。在执信中学的历史上，有一段时间名师荟萃。执信中学曾率先推荐新学制，20世纪20年代，执信中学已是国内37所重点中学之一。九十多年来，执信中学一直保持着中国名校的地位。

今天我想分享三个话题：第一，要让学生走向成功，先让教师走向成功。第二，如何让教师走向成功。第三，我的感悟与反思。

"一位好校长就是一个好学校"，我相信大家都听说过这句话。从主谓宾来说校长就是学校，这是有语病的，但是从教育的意义上来说，校长对学校的发展确实非常重要的。

2013年，执信中学承办了全国教育家论坛。陈建华市长出席了这个会议，并即兴做了演讲。他讲了这么一段话："校长强则教师强，教师强则学校强，学校强则教育强。"我想这句话对"一位好校长就是一个好学校"做了诠释。那么，为什么一个好校长是一个好学校？好校长首先要成就好的教师。很多人问"名校是怎么炼成的"，往往会听到这样的答案："抢生源、挖教师、要政策"是很多学校快速成长的途径。现实中也确实有一些学校是通过这个途径发展起来的，但是我可以说绝大多数学校没有这样的可能性。为什么？第一，生源不掌握在学校手上，我们没有选择学生的权利，只有学生有选择学校的权利。第二，我们没有政策，我们唯一能掌握的就是教师队伍。所以我今天谈的是我们学校能够做到事情——加强教师队伍的建设，帮助教师成长。

有人说，教育是培养人的活动，学校很多工作的出发点和归宿点都应该以学生的健康成长为目的。教育的目的是为了学生的健康成长、成人成才，那么谁来做这个工作？我们的教育政策、校长的办学理念，谁来把这些东西落到具体的教育教学实践过程中？是教师。没有教师，一切都是空的。

以前教师很受尊重，因为没有教师教，学生就没法学。但是，现在互联网技术以及信息技术发达，学生随时随地都可以获得知识，甚至有人说学校在不久的将来会

何勇

消亡，教师这个职业可能被机器人替代。如果仅仅从教育是为了学习有限知识的角度来看，我认为这样的说法有一定的道理。但是我们知道，教育不仅仅是传授知识这么简单，它还要"育人"，我们要让学生身心健康、人格健全、情趣高雅、品格端正，要懂得生活、懂得发展。我想这些目标是虚拟的互联网世界无法达到的，唯有人、唯有教师才能达成这样的目的。

我们听听教育家苏霍姆林斯基是怎么说的："教育是人和人心灵上最微妙的相互接触""学校是人们心灵相互接触的世界"。所以，学校教育应该是言传身教，甚至身教重于言传，我们要以行为来影响行为，用品德来培养品德，用情操来陶冶情操，以人格塑造人格。一个教师走在校园里面，他的一举一动都会潜移默化地影响孩子，孩子们可以是"近朱者赤"，也可以是"近墨者黑"。我们的孩子就是在这样的环境下耳濡目染地成长起来的，所以说教师是学校教育的"第一环节"。我们要用幸福塑造幸福，用美好塑造美好。

在这里和大家分享一个故事。美国有一个著名的旅游公司，这个曾经只有几十个人的公司后来做到了全世界第三。它对"顾客至上"的理解是只有发自内心的服务才是最高级别的服务。那么谁能带来"发自内心"的最高级别的服务？公司的员工。所以只有把员工放在第一位，员工才会把顾客放在第一位。我想，做教育也是一样，只有学校重视教师，教师才能够重视学生。教师发展应该是手段，学生发展是最终目的，或者说教师发展是阶段性目的，通过教师发展促进学生发展，最终促进学校的发展。

那么如何让教师走向成功？我们先来分析，阻碍教师走向成功的障碍是什么？是教育倦怠。一般一个教师在工作岗位上工作了十多年，就会产生职业倦怠，会失去动力。为什么？这里面有社会的压力、学校的压力，当然也有教师的专业和精神追求。人们把教师称为"人类灵魂的工程师"，认为教师是天底下最光辉的职业，把教师的职业拔得太高，认为教师应该是完美的，完全忽略了教师也是一个普通的人，除了教育还有自己的生活。我们一直说教育"以人为本",强调的一直是学生,完全忽略了教师。所以我提出"还原师生完整的教育生活",学校除了关注教师的职业成功和成就,还要关注教师的生活、发展,你要让学生幸福,就要让教师幸福。

那么教师的职业倦怠怎么驱除?我提出两点:第一,要培养教师的教育情怀。教师既是员工,也是一个"人",我们要把他看成一个"人",从一般的角色来说,员工要追求利益最大化,人也可以追求价值的最大化。我记得上次陈建华市长讲课的时候说过,教育的回报率是1比12,但教育的回报是回报给社会,不是回报给教育的从业者。它跟其他行业不一样,其他行业是直接回报给从业者。教育本身就是一种奉献,所以教师必须有教育的情怀才能保有持续的教育动力。什么是教育的情怀?就是对教育的感情、激情、抱负、理解、尊重。要让教师有持续的教育动力,必须要培养教师的情怀。第二,提高教师的职业成就感和幸福感。任何职业都一样,员工能够在这里继续工作,需要职业成就感和幸福感的支撑。教师的职业成就感在哪里?教师要通过学生的成长、成才、成功体现自身的价值,这是需要比较长时间的。但是在我们这样的学校,这一点是比较容易体现的。在我们学校的评价体制上,很多数据都可以说明我们的学生是很成功的,教师自己很有成就感。

那么教师可以幸福吗?教师的社会地位、待遇能让教师幸福吗?我们要对幸福有一个定义。1957年,哈佛大学开始对英国人的"幸福感"做调查研究,结果显示英国人认为自己很幸福的占57%,到2005年只占35%。但是在这段时间里面,英国的人均收入提高了三倍。这说明人的幸福和物质关系并不是有密切、必然的联系。那么,教师的幸福在哪里?我认为,我们要提供一个好的工作环境,营造和谐的人际关系,有民主的作风、公正公平的评价,教师可以在这里安心地工作,学生可以在这里静下心来读书。

要提高教师的幸福感,我认为要做到以下几个方面:

第一,营造人文的校园。十年来,执信中学的校园建设，包括很多硬件设施的改善，目标就是营造一个精神家园，一个教师能够安心工作、学生安心学习的家园。

第二，为教师搭建各种各样的平台，鼓励教师的发展。教师的管理有三个层次：管理教师、培训教师、发展教师。站在发展教师的角度上，我鼓励教师主动发展自己的专业，主动学习，所以我要做的事情就是为教师搭建学习、教育、科研、展现的平台。而我就做他们的后勤督导，只要教师提出要去学习，只要符合国家的规定，我都支持。包括我们教师个性化的研修，有教师说要去北京大学附属中学跟一个教师进行研修，大概一个星期，他只要提交研修计划，在不影响上课的前提下，我肯定批准他去；语文学科组的教师觉得哪个学校的学科组比较好，希望整个科组去交流，我能安排得过来也会同意老师们去；有的教师说要到国外去学习，如果有机会、条件符合，我也同意。我只是做他们发展的支撑，为他们搭建平台。

第三，打造教师团队。一个教师强不能使一个学校强，整个教师团队强学校才能强。我觉得团队应当分工合作、互相支持、互相帮助、人人平等，我要为教师们做的就是提供有利于教师专业发展的各种各样的支持，助力团队的齐头并进。

第四，关注教师的身心健康和精神生活。我们学校每年为教师提供一次体检的机会，我们请医生过来，教师要体检哪一项就体检哪一项，检查结果会作为健康档案一直保存。除此之外，我们还经常请医生为教师做健康方面的讲座、为教师举办各种各样的沙龙。我们学校有教职工合唱团、教职工足球队、教职工羽毛球队等等。我也支持教师们开展各种活动，丰富他们的精神生活。

第五，建立共同的价值观。执信中学在教育价值观上取得比较大的共识，为学生的终身幸福发展奠定基础，这个理念已经完全贯穿到我们学校所有工作的细节当中，这是我觉得我们做得比较成功的一点。

以上就是我认为应该做到的可以提高老师幸福感的几个方面。

最后，我认为教育是要依靠教师的。要人人有事干，事事有人管。我的理念是：学校不是我的，也不是你的，学校是校长、教师、学生共同成长的家园，也是我们实现人生价值的平台。我们在一条船上"一荣俱荣，一损俱损"。我要做的就是相信教师、依靠教师、发展教师、成就教师，最终达到成全学生的目的。

现在执信中学有一批教师成了知名的教师，国家、省、市骨干教师有20多名，还有20多名教师是各个省市学科教研会的常务理事，18名教师是学校的名教师，还有13名教师担任市教研员。这些年执信中学的教学水平很稳定，有90%以上的学生能够考上一流的大学，每年还有100多位同学能够上世界一流的大学。

执信中学的学生在各个学科都取得了比较优异的成绩，比如我们的科技教育，连续几年在广州市获一等奖，获奖数目也是最多的；我们有两个项目代表广东省去参加全国比赛，获得过金奖和银奖；我们的合唱团连续几年参加国际合唱节比赛，获得银奖；管乐团几次参加国家的艺术展演；舞蹈团几次参加美国常春藤大学举办的中国文化交流活动。

执信中学之所以能够一直不断发展，处于中国名校的地位，是因为有一批优秀的教师。正是因为有这些优秀的老师，他们带领我们的团队不断向前进步，才能给予我们的学生更加充盈的生活。身负教育下一代的神圣使命，每一位有责任感的教师，必能有目的、积极主动并快乐地投入教育教学工作，使自己的工作更加富有意义和效率。

教师强则学校强！

独行速，共行远——
做教师远行的陪伴者

华南师范大学教师教育学部常务副部长、博士生导师　王红

我今天跟大家分享的题目叫做"独行速、共行远——做教师远行的陪伴者"。"独行速、共行远"英文翻译叫"Go alone faster, go together further"。这句话是我这几年来经常说的一句话，也是我感受非常深的一句话，这源自我的一次徒步登山经历。

本人并不是一个登山爱好者，但曾经参加过几次徒步登山活动。在登山的过程当中，我有一些非常深刻的感受。刚开始的时候，我跟着我的好朋友，广州市天河区教育局副调研员张伟春登山。伟春是个老资格的驴友，常年徒步，每次他都远远地把我甩在后面。但是，我是个不服输的人，所以每次都拼了命地紧追他，尽管每次都要落后不少距离，但是我也总能看到他在前面晃动的身影，所以，我也就一直咬牙跟着，心里还挺得意，觉得我还不赖，还能跟上老驴友的步伐。

但是有一次，我跟伟春一起去登山，他的步伐节奏比任何一次都快，很快我就跟不上了，他的身影也在我的眼前彻底消失了！开始的时候我还努力拼命往前赶，但是走着走着我

扫一扫，
观看现场演讲

开始泄气了，我眼巴巴地望着前面无限延伸的山路，周边偶尔有一两个不认识的人在走，但是伟春的影子却怎么也望不到了，我失去了一个参照系，前面的路一下子变得更加遥远了，心里开始动摇，突然间觉得啥时才是尽头啊！

我原本鼓足了干劲，现在一下子泄了气，心想反正我也是赶不上他了，干脆也就不赶了，还是找个地方歇歇吧！于是，我便就近找个地方，一屁股坐下，再也不想动了！一直坐到伟春在前面等不到我，回来找我！看到伟春回来找我，我马上和伟春说："你走得那么快，反正我也追不上，我就干脆不追了！"

与此同时，我也和他分享了我这次登山的两点深刻感受。

第一，远行是需要有人陪伴的。当我们在远行的过程当中，即使同伴们的身影在很远的地方，只要能看到他们，我们就会觉得有希望，就觉得不孤独，就有力量一直追着同伴的身影。但是，如果他们消失得无影无踪，当感觉周围根本没有人陪伴的时候，我们就失去了继续"追"的勇气，因此，远行是需要有人陪伴的。

王红

第二，作为领导者不能一个人跑得太快。当你一个人跑得太快的时候，你可能会突然发现后面没有人了，大家都没有跟上。在这个时候，如果你继续往前走，没有人跟上你，最后你怎么办？你要么停下来等，要么还要回头找大家。所以作为领导者不能一个人跑得太快，而必须在远行和前行的过程当中时时回望，看看大家是否跟上了你的步伐，只有这样我们才能一起往前冲，一起达到我们想要到达的目的地。

不知道大家是否有过相似的经历，反正我是从这次经历中深深感悟到了这样一个道理：不能追求一个人跑得更快，而要在前行中时时回望，让同伴都跟上，这样才能让更多的人一起走得更远！这就是我一直强调"独行速，共行远"的缘由！

就我今天的演讲而言，我把"独行速，共行远"的道理演绎到教师专业发展，我是想说给教师成长中三类关键的人听——校长、从事培训的专家学者、教师同伴们。

校长要成为教师远行的陪伴者，因为校长在学校管理中的首要工作是促进教师的专业发展。专家教授要成为教师远行的陪伴者，教师自己也要成为教师远行的陪伴者。在促进教师专业发展的前行过程当中，有三个关键问题："速与远"的关系；"独与共"的关系；"如何陪伴"。我的观点也是围绕这三个关键问题阐述的。

第一，在促进教师成长中"速与远"的关系问题上，我认为走得远比走得快更重要。"走得远"与"走得快"谁更重要在教育实践中一直都是很纠结的。在培养学生的过程当中，究竟是要让学生走得更快还是走得更远？在实践中，我们往往希望学生能够走得更快，但对于学生来说，他们的成长与发展不是百米冲刺，而是马拉松。

如果从马拉松的角度来说，你见过哪一个马拉松冠军是从一开始就在最前面？如果要让学生走得更远，就要让学生在马拉松式的人生成长的过程当中能够得到教师的指导，我们的教师实际上也不是在百米冲刺，而是在做马拉松的"陪伴者"。对于教师来说，如果我们要让学生跑马拉松，那么教师的成长、教师陪伴学生的过程也是一次马拉松。对于教师而言也是一样的，教师的成长不是要走得更快，而是要走得更远，这样教师才能更好地陪伴学生。

不管是年轻教师还是有经验的成熟教师，我们都要让他们能够走得更远。对于年轻老师来说，有一个经验值得我们借鉴。我曾经去新加坡南洋理工大学学习，他们有一个非常好的制度，即所有的年轻教师一律不允许多上课，一律不允许兼行政工作。只有当这些教师在不断地观摩学习和进行了一段时间的基础研究工作后，学校觉得教师们的基础足够扎实了，才让他们更多地去上课，才让他们担当更多的行政工作。这种教师专业发展制度非常值得我们借鉴。南洋理工大学并不是一所历史很悠久的大学，但却可以很快地成为世界一流大学，就是因为它有这样一种教师专业发展机制。

除了年轻老师之外，对于有经验的、成熟的教师而言也一样，应该要让教师停下来，出去学习。有些校长往往不希望教师花太多的时间外出学习，总觉得培训、学习太花时间。但如果校长希望教师走得更远，就需要牺牲一点老师在工作当中的速度，让他将来能够有机会走得更远、飞得更远。所以我认为"走得远"比"走得快"更重要。

第二，在教师成长中，"独进与共进"的关系，我认为"在一起"才能走得更远。大家要一起进步才能走得更远，对于这一点，相信大家都有着非常切身的体会。教师在专业发展的过程当中，发展速度参差不齐，有的教师进步得快，有的进步得稍微慢一点；但是在整个教师发展过程当中，我们相信如果一所学校想取得更好的发展和进步，想走得更远，仅靠少数教师的卓越表现是不够的，我们需要让更多的人成为优秀的教师。

同时，在一个团队当中，如果一个教师非常优秀，在这个团队中很拔尖，但是没有更多的伙伴跟得上他的步伐，能够陪他一起往前走，我相信：第一，其他的人可能会拖他的后腿；第二，这个教师也会遇到我在爬山时遇到的情况，虽然自己走得很快，但是回头一看没人跟上的时候，自己有的时候也会觉得泄气。

对于校长们来说尤其如此，校长在自己前行的过程当中更要注意，不能自己一个人跑得太快，当你一个人跑得太快的时候，没有人跟得上你，你总不能把所有的工作都给自己做，因此我们一定要让更多的人跟我们共同往前，而不是自己一个人快速前行。如果校长要带领学校走得更远，就需要"共进"，让大家有"在一起"的感觉，这样才能走得持久、走得高远！

第三，对于校长、教师以及从事教师、校长培训的专家学者而言，这三种人在教师成长当中应该发挥的作用与功能是什么？我认为是"陪伴"。因为我相信陪伴就能带来远行的力量！更多人可能会用"引领"这个词，为什么我用"陪伴"？

其一，我认为陪伴是温暖的。当我们在前行的过程当中，有同伴陪着我们，他不用喋喋不休地说太多道理，只要在我们觉得沮丧的时候能够给予我们一个无言的拥抱，或者简单地拍拍肩膀，就足以让人内心温暖。

其二，我认为陪伴是平等的。因为在陪伴的过程中，不存在谁上谁下，谁主谁次，而是我陪伴你，你也陪伴我。在这样一种平等的关系中，教师、校长、专家学者在共同前行的过程中，才能觉得这是一个愉悦的、快乐的、平等友好的团队。只有在这样一种平等友好的团队当中，我们每个人的心情才能更加的愉悦。

其三，陪伴是一种用心。陪伴需要花时间，我们总说时间都去哪儿了，毫无疑问，时间都花在了你认为最重要的事情上。在教师的专业成长当中，如果校长、专家学者、教师同伴都愿意花时间陪伴对方，就会给对方带来一种无形的影响。在这个方面我特别愿意花时间，在座的有很多都是我的学员，你们不仅在过年过节的时候都会收到我的短信，有时候在不经意的一天也会收到，因为我想告诉你们，我对你们的爱是在每天每时每刻，在普普通通的每一天。

有时候我会在大年初二给大家发短信,因为在北方这一天是回娘家的日子,我想告诉你,在这一天娘家人给你送来了温暖,你随时随地都要记住你有一个娘家人。我的学员曾经跟我说过不相信短信是我发的,因为他们算了一下:"王老师,你有几百上千学员,你要发短信,就算群发也要花四五个小时。"没错,我的确是群发,但我不是简单地群发,我是一个班一个班地群发。我跟他们说:"对不起,实在太多人,我只能一个班一个班地发。"但即便这样,我每一次发短信仍然要花四到五个小时。有的学员问:"王老师,这真是你发的吗?"我说:"那真是我发的。"因为我觉得在这方面花时间值得,当我发了短信,我的学员认为我一直在陪着他们,从我这里感受到温暖,那么接下来我再要求他们多做作业的时候,他们就会欣然去做,这就是为什么华南师范大学的校长培训、教师培训作业特别多,但是大家毫无怨言,就是因为这种温暖的陪伴!

其四,陪伴能够激发自主性。作为专家学者或者领导者,也许更多地使用"引领"这个词,但是我却依然喜欢"陪伴"。因为对于教师专业发展而言,"引领"往往把教师摆在一个相对被动的地位,而我更希望教师是自主发展的,而不是被"引领"的。就像我们总说对于孩子的成长与发展,我们更多的是发现孩子的潜能,然后创造条件让他自主生长。对于教师也是一样。教师有着更多的个体经验和潜在能力,我们需要的并不是太多的引领,而是激发他们内在的发展动力,让他们内在的种子成长起来。

不管是校长也好、专家也好、同伴也好,只要能够去陪伴,就足够了。所以,我在培训中设计了一个"对话助产"的模式,其实质就是一种陪伴。我始终相信,思想的种子就在你的心中,作为培训者的作用就是陪着你、陪你说话、陪你聊天,让你的思想自己长出来,而不是靠外力挖出来。当你认同这种观点的时候,你就会发现,自己其实是有思想的,只不过那些思想还在自己心里和头脑里处于休眠状态。当有人陪伴的时候,你不是依靠别人,而是靠自己的力量进行自我唤醒,自信和思想就都会来到你的身边！

其五，陪伴是一种感恩心态。我这里的感恩是特别针对校长和专家学者而言的。无论是校长的理念，还是专家学者的理论，最终都需要靠教师去落地、去践行，如果没有教师的实践，所有的理念和理论都只能悬在半空。因此，校长要感恩老师们愿意接受、认同并践行你的理念，专家学者要感恩老师们（当然也包括校长）愿意聆听、愿意把理论在实践中加以试验。实践没有理论是走不远的，但理论若离开了实践则是没有生命的。因此，我们要感恩那些让我们的理念落地、让我们的理论有了生命的人。所以，怀着感恩之心，我从来不说自己是个"引领者"，而更愿意自己是个"陪伴者"。

因此，作为一个专业从事校长和教师专业发展的学者，我对自己的定位一直是"校长和教师专业成长的精神陪伴者"，我坚定地相信，陪伴就能带来远行途中的温暖，就能带来远行途中的力量。让我们相互陪伴，走得更远！谢谢大家！

教师发展，学校的"第一工程"

广州中学执行校长　彭建平

各位尊敬的校长，一个月之前我随广州教育家班去浙江一带参观学习，内心特别高兴，我想一定有很多东西学。有一天，我去到当地一所很有影响力的学校参观学习，校长在介绍经验的时候提到的一个问题很值得思考：他们学校教师的平均年龄达到了40岁，获得高级职称的教师所占的比例也大，他们的人生经验、教学经验都十分丰富，但普遍缺乏继续努力学习的精神。

我在思考，为什么我身边的吴颖民校长年近70岁了，却仍然有如此旺盛的精力，还带领着大家继续努力？我又在想，为什么我们身边有许多的教师不再继续去学习，去自我成长呢？这也许是我们在座的每一位校长要面对的具有共性的问题。

在教师们的成长过程中，总是有许多问题左右着他们，他们的内心都有一定的价值标准在激励着他们。在学校办学过程中，要让学校办得越来越好，需要许许多多的因素，有生源、场地、设备等因素，但是我们都知道，最重要的是什么呢？是教师！在广州中学，我们

扫一扫，
观看现场演讲

把教师队伍的建设作为学校的"第一工程"。

"第一工程"在我们的学校是怎么去做、怎么去落实的呢？我觉得要让"第一工程"落地，就要把教师内心的价值标准建立好。

纵观大部分教师，大致可以分为三类：第一类，谋生型，他们教书只为解决衣食的问题。第二类，知识本位型，他们有知识，能不断地提高素质，教好孩子们，帮助孩子们考上大学。第三类，生命型，他们在追求良好教育质量的同时，也要让自己的生命有价值；同时要让学生的生命更加有意义，他们要成为学生精神生命的缔造者。

当一位教师关注自己的生命，关注学生生命的时候，其在教育教学的过程中，在课程观、实践观、评价观等诸多方面中，都会将生命放在极其重要的位置。当教师有埋怨时，其埋怨也会在实践中潜移默化地扼杀孩子们生命的潜能和求知的欲望。

一、校长价值观，生发教师成长的原动力

歌德曾说过，流水在遇到抵触的时候，才把它的活力解放。当我们的教师像流水遇到抵触不知如何是好的时候，校长就应该帮助他找到解决抵触的动力源。这样的动

彭建平

力源在哪里？我想第一是校长内心的价值标准。学校的价值思想很多来源于校长的价值理念和价值追求。

当我们的校长建立了一种正确的价值标准时，它会潜移默化地影响着教师朝着这个标准去成长。在我们学校，校长和教师们一起来探讨未来学校是怎样的，要办成一所什么样的学校，这所学校将来在这个地域要有什么样的影响。校长与师生们一起描绘蓝图，在他们的内心建立起新的学校标准。通过探讨，我们形成了广州中学的文化理念："激扬生命，成就梦想"，是我们的办学理念；"让每一个生命都绽放精彩"，是我们的愿景；"脚踏实地，仰望星空"，是我们的校训。在这样的探讨过程中，让教师们知道学校需要什么，我们要为谁培养人，我们要培养什么样的人。要先建立起大家内心的价值标准，我们才能继续朝着正确的方向努力。

校长的价值观和愿景也体现在校长日常的生活姿态和生活状态之中。校长的生活状态和姿态潜移默化地影响着教师，一位对生活充满向往、充满激情的校长会对教师们产生积极的影响。

教师是一份影响学生的职业，是一份让世界和人类还有自己更加美好的职业。作为校长，我们应该去影响我们的教师，引导他们在职业发展过程中成为美好的人。

二、全方位激励，增强教师主动成长的内驱力

想将学校的价值理念、价值标准落实到教师们的行动中，除了校长的影响，还需要有更加全面的影响——来自学校的全面激励机制。

我们学校有各种不同层次的奖励。我们通过省、市、区以及校级各种荣誉，月度人物、年度人物、党员风采、魅力班主任、最美教师，教学教研的成果展示让教师们的优秀事迹得到张扬。通过学生、工作团队的宣讲、推荐，增进学生对教师的理解和热爱，触发其他教师对价值观、人生观的思考，加强对"美"的内涵的理解，推动教师对自己责任的重新定位，明白社会对自己的要求和期待。通

过"校园奥斯卡"颁奖礼，颁发最佳教学奖、最漂亮(帅)的教师奖、最令学校自豪的教师奖、最幽默的教师奖、最具影响力奖……我们让每一位教师都在不同层面、不同方式、不同范围地受到赞美、受到鼓励，让教师们享受教育的幸福。

当教师心中洋溢着幸福美好的情愫时，他们的脸上才会有灿烂的阳光，才会照亮和温暖学生的心房。

三、多平台分享，唤醒教师主动成长的内动力

我们通过建立多个分享平台，引领每位教师自我发展，让教师们在平台上去分享他们的经验，分享他们的成功，去展示他们的困惑。

我们通过"五山大讲坛""凤凰大讲坛"，通过举办教师研究成果学术年会，管理存在问题的沙龙、教师高层的阅读沙龙等，让每一位教师去分享自己的教育思想、教育理念和教育行动。2018年，我们举行声势浩大的教师全员比武活动。按照年龄组别分为"山鹰杯"和"凤凰杯"。不同年龄组别的教师比武的内容各有侧重，如青年教师参加基本功比赛，有十年教龄的教师则是上一堂有创意的公开课、开一场讲座等等。我们通过比武，以赛促学，以赛选优。

为教师们搭建这些平台，他们不一定每一项都去实施，但当他们浸润在一个很好的环境之中时，他们会慢慢地受这种环境的积极影响。

四、课程研发，提升教师主动成长的持续力

很多人强调，站在学校的角度，希望有官方的奖励来给予教师们肯定。在我看来，官方的肯定只是促进教师发展的其中一个方法。我们应该有更多非官方的群体，例如民间组织，让教师们展示他们所研究的成果、肯定他们所创造的教育教学成绩。除了这些，我们更应该引领教师们提高课程研发的能力，从而提升教师主动成长的持续力。

苏霍姆林斯基曾经说过这么一句话，你应当引导每一

位教师走上从事研究的幸福道路。我这里说研究，并没有说教师们要从事很多的研究活动。我所说的研究，就是要把教师们引导到课程资源的开发研究上。广泛的资源开发、资源研究可以让教师们站在新的位置去判断自己的价值标准，去丰富自己的知识，去拓展自己的知识视野，去开拓研究领域。在课程资源的研发中，教师们不仅能力得到进一步的展现，还能发现自己潜能的新领域。

在广州中学，我们开发了第三学期课程、研学旅行课程等等。第三学期课程没有现成的课程标准，没有现成的课本，但我们依然坚持每个学期都开，到目前有将近70门课程，涉及不同的领域，不同的方向。在课程的研发中，教师们得到了锻炼，得到了成长，在新的领域认识了新的自己，实现了自己的价值。

为了让教师成为真正的研究者，我们在全校范围内推动"小课题"研究，要求"人人有课题"，打破课题研究的神秘性。同时，我们完善了学校"小课题"管理的机制，积极创设小课题研究的氛围。鼓励和引导教师从教学、听课、评课以及学生发展中发现问题，形成小课题。通过理论论证、科学实践，加以改进，克服教育教学中的难点问题。我们根据教师研究能力的差异，引入多样化的成果评价方式，以激发教师开展研究的兴趣，提高其积极性。

当教师把自身价值的体现锁定在工作本身，而不是为了任何外在东西时，他就会持续不懈地朝着一个目标努力。

五、暴露需求，保障教师主动成长的生命力

新教师入校后，我们也要做好对他们的引领工作。我们通过建立一个暴露需求的平台，让教师们去展示他们的困惑，展示自己存在的问题和亟需解决的问题。

我们通过跟教师们在宽松的环境中闲聊，探讨他们在教育教学工作中的问题，发现他们的专业成长问题，识别他们的专业发展需求，从而激扬他们的专业自觉内力。

这样我们就能够让学校的理念落实到这一批新的教师队伍之中。

我们知道，任何一所学校不仅要提高学生的分数，更要提高教育质量。这种分数与质量之间并不是直接的关系，在我们看来，学校的质量不仅是分数，更是师生生命的质量，在学校价值标准建立的过程中，我们应该帮助教师勇敢地去追求生命的质量。

我们的教育不仅要关注今天，更要关注明天；不仅要关注教育价值的理性追求，更要关注生命、精神、信仰、理想、信念，培养学生敬畏生命，热爱生命，使他们拥有善良的心灵，找到自己的生命方式，自由呼吸，茁壮成长！

从管控到赋能

辰美国际艺术高中荣誉校长　陈泽芳

23年体制内的发展，5年民办教育的工作经历，我是从所谓的"深井"跳到了现在的"江湖大海"，是从"甲方"变成了"乙方"。非常感谢这个平台，不断地给我鼓励和赋能。在体制内，在成都，我收获了很多的情谊和成长；在体制外，在广州，我结识了更多亦师亦友的教育前辈和同伴。正是由于他们每一天坚实地向前走，教会我一点一点地从公办学校的老师、校长逐渐适应成为一名合格的民办学校的教育工作者。对此我非常感恩，正是他们给予我这样的力量，才使我感受到民办教育还可以做得更好。

"赋能"是未来管理的方向。我们只有不断地去帮助更多的教师，使他们像我们自己一样去成长、去学习，去见自己，去见天地，去见众生，才能让他们的生命更富有意义和价值。

陈泽芳，演讲时任华南师范大学附属外国语学校校长。

一、教育理念为学校赋能

教育的两个根本问题：一是培养什么样的人？二是怎样培养人？

培养什么样的人决定了学校教育的价值选择和发展方向。华南师范大学附属外国语学校是于2015年由华南师范大学与广州岭南同文教育投资管理有限公司联合创办的一所现代化、国际化的民办外国语学校。学校秉承更中国、更世界的办学理念，以学习者为中心，希望培养秀外慧中、卓尔不群的终身学习者和世界公民。华师外校运用美国教育大师威廉柏奇（Dr.William Purkey）创立的IE启发潜能教育（Invitation Education）思想作为态度和文化，同时把国家课程和国际教育理念进行融合，支持每位师生成为自我、成就自我。

关于怎样培养人的问题，提供支持与保障的关键在于课程和师资。在课程体系上，学校通过"1+X"课程体系来助力所有学生的个性化成长。"1"指中外融合的必修课程。"X"是满足不同学生发展需求的选修课程。学校提供超过200门选修课，学生根据自身的发展需求、兴趣爱好、未来方向自主选择。"X"变量帮助学生成为更好的自己。学校有多少名学生，就有多少张课表，一人一张

陈泽芳

课表。学生们根据自己的课表行走在不同的班级中，认识更多的同学、更多的老师，了解和接触更多的课程，建构自我。

依据学校课程设置需求，教师团队背景多元，主要由三部分组成：拥有优秀教育背景的高素质外教；拥有海外留学背景及学历的教师；既有丰富的教育经验，又愿厉行教育改革的高素质本土教师。学校师资构成从中外教比例上看，外籍教师占20%，海归教师占25%，本土教师占55%。学校将通识性培训与专业性培训相结合，对教师进行分类培养，促进教师专业发展。

二、当下的教育要为未来赋能

时代需要怎样的老师？我国教师年龄结构不断优化，中青年教师成为主体。中小学教师中40岁以下的占56%，高校教师中45岁以下的占71%。未来的趋势又是怎样呢？麦肯锡全球研究院（McKinsey Global Institute）在去年年末发布的报告中称，随着科技的进步，未来全球大概有3.75亿人口将面临重新就业。随着岗位能力要求进一步提升，中国创意人员（艺术家、设计师、娱乐业从业者、媒体工作者）的岗位需求将新增85%；技术专家（计算机工程师）的岗位需求将增长50%；教师大类的岗位需求将增长119%。

对于未来世界的判断成为学生教育重要的话题。我们对于未来世界的信念，就是最重要的教育信念。我们的教育要面向未来，首先要知道未来需要什么样的人才。我认为决胜未来的关键技能有以下十类：学会如何学习；有效沟通；与他人富有成效地协作；用创造力解决问题的能力；失败管理；在组织和社会中发起变革；做出明智的决策；设定目标、管理项目；毅力和决心；利用自己的激情和才华让世界更美好。

师高才有弟子强，如果我们没有掌握这些关键技能，那么我们就无法造就决胜未来的下一代。《一代宗师》里说到，习武之人有三个阶段：见自己、见天地、见众生。见自己是认清自我，是真诚；见天地，是看清世界，是谦卑；见众生，是悲悯天下，是传道授业解惑。教师也有五重境界：教知识、教方法、教状态、教人生、教自己。教育不是说教，而是影响，是感染，是熏陶。教师这个职业它本身不是教而是学，教师首先要成为终身的学习者。

三、项目制管理为教师发展赋能

庆幸的是，越来越多的年轻教师对实现自我成长，实现自我价值的需求日益强烈。我今天和大家分享几个教师的故事。

泽龙大学毕业两年后加入我们学校，成为一位数学老师。作为一年级班主任的他会趴在地上跟孩子们一起做游戏，很快就成了孩子们和家长特别信任和喜欢的"孩子王"。他非常喜欢信息技术，也非常喜欢学习。但是，当他逐步胜任数学教学后，他眼神中的光芒开始淡化了，这是我比较担心的。我希望教师在工作和发展时，眼中始终透着光。

于是我建议他牵头成立一个BYOD（Bring Your Own Device，携带移动智能终端设备）项目组，把更多志同道合的小伙伴们组织起来。学习小组成立后，教师们自愿参与，自主研习。实施初期，很多家长对该项目抱着怀疑的态度，孩子的视力、自制力等问题困扰着家长。为此，学校积极采取应对措施，让教师、学生和家长三方签订《iPad使用公约》，对学生在课堂、课间和家庭使用平板电脑的时间进行自我管理、民主监督，同时也保证学生有足够的户外运动时间。随着课堂效率的提高，学生学业负担减轻，成绩提升，这个项目得到越来越多家长的支持。

短短几年间，信息技术项目组从组建到开展培训，到设立网站，再到在全国各地进行分享交流；由1个教师到8个教师，到十几个教师，到现在的88个教师；由一两个班级开始，到12个班级，再到40多个班级，1000多名学生参与，效果显著。

在项目制成长和管理的过程中，我们引导项目负责人遵循1个理念、2个原则、3F步骤、4个关键、5个W。

2个原则要求教师一方面要具备成长型思维原则，要相信自己有变得更好的力量，成为更好的自己；另一方面是要遵守走出舒适区的原则，突破边界，融合创新，只有在舒适区以外的学习才能叫成长。3F步骤要求：第一，专注于行动，在做中学，在行动中研究；第二，及时反馈，解决过程中的问题；第三，修正优化。4个关键是指目标导向，选择重于培训；任务驱动，行胜于言；团队激励重于个人竞争；持续赋能，"输入"变"输出"。同时，项目负责人还应学会使用5W，即"为什么？是什么？什么时候？在哪里？谁参与？"的方式，更高效地管理项目。

这一切都源自一个理念——IE启发潜能教育。我们深信每个人都是有价值、有能力和负责任的，并通过乐观、信任、尊重、关怀的态度，用看得见的行动为每个人的终身发展持续赋能，启发所有教师的潜能，让他们相信自己。学校为他们的成长营造一种氛围，让每一个教师都知道他可以绽放自己的精彩。

秋香老师从改变自己开始，从做好每一件小事做起，现已成为英语组的骨干教师。

冬梅老师已经超过50岁了，但是她依然不断地发现自我，不断地学习进步。她一年阅读了100多本书，进入了职业发展新的高光时期。我们还有很多这样的案例。我们所有的教师都有一个共同的愿望，"孩子先于内容、爱先于一切"，所有教师的成长都是指向孩子们能够真正成为"秀外慧中、卓尔不群"的终身学习者和世界公民。

因为教育的本质在于人。但凡真正沉下心来做教育的人，都必怀有一颗敬畏之心。优秀的教育者面临的终极"瓶颈"既不是技术，也不是知识，而是教育者自身对世界和自我的认知的深度和高度。

"独行速，众行远"，在这样的一个群体智慧能够为更多人赋能的过程之中，我们相信，大家一起来，可以帮助更多的教师，让他们有更强大的能力去完成他们想要完成的教育梦想。谢谢大家！

让教师站在学校的中央

广州市天河区天府路小学校长　欧阳琪

各位领导，各位同行，大家好！回顾一下我的教育生涯，我担任副校长和校长的13年间，先后在7所学校工作过，如果把这7所学校的学生数和教师数做成一个折线图，那就是几座曼妙的山峰。长时间在办学规模迥异、生源状况和师资队伍结构完全不同的学校工作，我一直在思考，什么样的教师队伍最充满活力，什么样的教师可以培养出面向未来的人才，什么样的学校生态可以助力教师可持续的精神成长和专业成长。

今天我最想跟大家分享的是我追求的学校生态中最好的模样，就是让教师站在学校的中央。要让教师站在学校的中央，除了我们传统的师资队伍建设的策略以及路径之外，我想它可能至少还需要包含以下几个基本要素。首先学校的各项制度和决策要以激发教师的活力为出发点；此外要全面打通与教师对话的渠道，那么可能还意味着教师的身影不仅仅是出现在办学行为的执行当中，还可以出现在学校文化的讨论与决策当中，或许还意味着教师的成功必须成为可能。我们在考虑教师的评价维度与方式的时候，设置可以更多元化。如果给它归

扫一扫，观看现场演讲

类，会发现它包含以下三个关键词：一是倾听，二是参与，三是平台。

倾听，倾听教师的声音。教师的声音可能好听，也可能不好听，但是全部都要听。参与，让每一位教师尽可能地参与学校的制度设计、执行与评价。尽管这有可能会在短期内让我们的效率没有那么高。平台，我们要最大限度地为教师的成长打造全方位的平台，并且帮助他们获得成功，因为成功是最好的催化剂。让教师站在学校中央，必须培育与激发教师的价值感与归属感。

天府路小学第二任校长王晓芳校长提出的"美人之美、和而不同"的办学理念一直得到大家的高度认可。当我从曾建辉校长手中接过接力棒的时候，我就在思考，我该怎样传承天小十几年办学历史中的积极文化，我该怎样让和美文化在天府路小学继续精彩绽放。为此，我在关注课程设置的同时，同样关注教师队伍的活力建设，思考着怎样让教师的主体地位得以落实，也关注着教师专业发展的组织形式，更重要的是如何才算是让教师站在学校的中央。

非常幸运，我遇到了一个很棒的团队，今天他们也来到了会场，我以他们为傲。

我们学校从校长团队，到行政团队，到教师团队，每一天都在自觉和不自觉地传递着正能量，每一天我们都在

欧阳琪

践行着"各美其美、美人之美、和而不同"的理念，进行着"分享、倾听、教师自组织"三大行动。

有人说学生的成长是有"成长场"的，那么学校就是一个"育人场"，在这里"场"的概念可能不仅仅是物理学意义上的，它更是一种感觉，感觉好才能做得好，感觉好才能学得好。所以在倾听行动当中，我们传达的是一种尊重，告诉每一位教师，你的意见很重要。所以在分享行动当中，我们传递的是一种信任，告诉每一位教师，你的成功极有可能。在教师自组织行动当中，我们支持的是一种发展，因为教师的专业成长，绝不仅仅是学校的事、教师个体的事，更是时代的需求。别人都在发展，你敢不发展吗？

从学校清晨入校的铃声到学生午休方式的优化，从学校的课程设置到班级设备的报修方案等等，在学校大大小小的改变中，教师们能看到自己的智慧；在学校发展蓝图的描绘当中，教师们能看到自己的建议。

于是，我们听到，教师们在讲着和美大家庭的爱和温暖的故事。这些故事其实很普通，可能是你遇到困难的时候我给的一个建议，可能是你需要调课的时候我来帮助你，也可能是你需要时的一杯热茶、一张纸巾，我们就这样传递着温暖，并且在温暖中获取着新的力量。

记得有一位教师专门来找我，跟我分享，他说他当初在写"金点子"的时候，以为这不过是个形式，没想到真的入围了，而且还获了奖。最让他们高兴的是竟然这么快就落实了、执行了。于是我们发现，教育自组织行动最大限度地释放了教师们的潜能，教师们都在自发地实现专业成长。

在三大行动当中，我们把发展权还给教师，努力重建教师的主体地位，让教师站在学校的中央，我们看到学校最好的生态。"生态"一词本来是指生物在自然界的生存状态。那么在学校，学校生态就是教师和学生的生存姿态和状态。教师的成长离不开学校的生态，当教师站在学校的中央，学校的发展就不再是校长一个人的事。当教师拥有成功感和归属感，他会反哺到学校的其他人、其他事中。事情做好了，人际关系和谐了，教师们有幸福感了，学校的这种生态的良性循环也必将形成。这种良性的生态最终助力的是我们孩子们的成长。

我在想，或许有一日，像这两幅画当中的这种生态也可以形成。第一幅是拉斐尔的《雅典学院》，这是一幅壁画，以柏拉图创建雅典学院这一事件为题材进行创作，在这幅画当中哲学、天文、数学、音乐等不同领域的学者能人齐聚一堂，分享自己的学术思想。

而另一幅是国画，韦辛夷先生创作的《稷下学宫》，展现了战国时期齐国稷下学宫学术自由、百家争鸣的盛况，令人震撼和感动。在我看来，这两幅画体现的是同一种生态，那就是蔚为壮观的百家争鸣，空前强大的师资队伍和充分的选课自由。在这里，学生可以主动求知，因需求知，在自由中有统一的规则，平凡与崇高在这里和谐共生。

在这样的生态当中，教师是站在中央的，而学校是组织者、支持者和保障者。人工智能的发展，5G时代的来临，教联网的概念，工业4.0是最近颇受热议的几个关键词。我常常想，我们的教育将来可能要面临的挑战，或许并非我们现在所能想象的。所以高等教育已经提出更要让学生的思维引擎重新适应，要用创造性心态和成长型思维去发现、去发明、去创造对社会有价值的东西。而对小学教育而言，科技带给我们的除了更快的网络速度，更丰富的学习资源，课堂上更便捷的师生互动之外，还有更大的挑战。

我经常跟朋友们探讨一个问题：我们要用怎样的教学方式，去培养16年以后走进社会的人才。我觉得我们只有拥抱变化，并且乐于拥抱变化，大胆地去实践、去创新，才有可能让我们培养的人才在未来的社会占有一席之地。我希望我能创设积极而和谐，灵动而有活力的学校生态，希望我的学校能够成为教师和学生生命成长的精神家园。最后我还想说，让教师站在学校的中央，受益的是孩子们，幸福的是教师们，而最最幸福的是校长。谢谢大家！

教育呼唤守正而有远见的教师

深圳小学校长　王海林

我们已有这样的共识，教育的最终目的是为人的终身幸福奠基，所以教育不仅要解决当下的问题，更要着眼于未来。从小处说，教育是为了培养学生面向未来社会拥有幸福生活的能力；从大处说，教育是国家培养德智体美劳全面发展的社会主义建设者和接班人。

深圳小学始建于1911年3月，由当时深圳墟张氏"雍睦堂"发展而来，几经风雨变迁，至今已逾百年。在近代深圳教育史上，深圳小学留下了浓墨重彩的印记。在多年的办学实践中，学校形成了以"做小事，成大器"为校训，以"快乐童年，幸福一生"为办学理念，以"身心舒张、乐学有为"为育人目标，以"与未来结伴同行"为核心表达的校园文化体系。

"与未来结伴同行"可以让我们尊重教育规律，尊重儿童的成长规律；"与未来结伴同行"可以让我们处变不惊，避免急功近利；"与未来结伴同行"可以让我们精耕细作，写好立德树人这篇大文章。中华民族伟大复兴的核心寄望于一流的教育，一流的教育又有赖于一流的师资队伍。因此，新时代教育呼唤守正

扫一扫，
观看现场演讲

而有远见的教师。

下面我将从"使命与担当""新的教育观""自我发展意愿""外部环境友好"四个方面阐述什么才是守正而有远见的教师。

一、使命与担当

教师承担着传播知识、传播思想、传播真理的历史使命，肩负着塑造灵魂、塑造生命、塑造人的时代重任，教师是教育发展的第一资源，是国家富强、民族振兴、人民幸福的重要基石，这是我们始终要坚守的使命，也是我们每一个教育人必要的担当。

二、新的教育观

我们应当有新的教育观，包括新的人才观、课程观、师生观、学习观、家校观。我们认为在学生核心素养当中最重要的是创新能力、合作能力和身心素养。作为一名好的教师，不但要认真执行国家课程，还应当做课程的建构者。我们在建构课程的同时，不但要深刻理解课程的内涵，还要知道课程的外延与生活的外延相等。

我们相信师生是相互促进、共同成长的生命共同体。

王海林

在学生的学习中，我们特别关注深度学习，注重培养学生的思维，还关注学生终身学习的兴趣与能力的培养，鼓励教师通过新技术、新媒体支持学生开展泛在学习。在家校观方面，我们倡导一种相互信赖、相互合作的家校关系。

下面以深圳小学为例，谈一谈我们是如何践行这一新的教育观的。在学生培养方面，我们首先是面向每一个孩子的全面发展，这是底线；同时我们又关注两头：一是优才培养，二是特殊学生的帮助。

（一）新的人才观

在创新能力培养方面，我们认为科学课是一块重要阵地。大约10年前，深圳小学就把科学课列入核心课程，高年级每周三节科学课，所有课程都由科班出身的专业老师任教。我们的校本课程当中有四分之一是创客类课程，每年的4月份是学校特别隆重的科创节，我们会搭建大大小小各种形式的舞台，让每一个孩子都能充分参与，让他们在这些活动当中培养对科学的兴趣，鼓励他们去动手参与，从而发展他们的能力。

关于学生合作能力的培养，渠道很多。仅以运动会为例，这些年来我们运动会的方式不断改进，不断减少个人竞技项目，增加团队项目，在这些团队项目当中培养孩子们合作的意识、合作的能力。

在特殊学生教育方面，深圳小学于2012年开始实施"彩虹计划"。针对因身体发育和家庭原因所导致的，在心理方面有较严重问题的学生，专门对他们进行跟踪、研究、帮助。我们还通过跟家长沟通，改善亲子关系，改善他们的养育方式，一起来帮助他们，几年下来效果非常明显。我们学校所有教师都拿到了心理C证，现在正在进行B证的培训。我们学校有一位专业心理教师，还有两位专业心理社工，在学生的心理教育方面我们有足够的力量和保障。

（二）新的课程观

在课程建设方面，这些年来我们不断完善学校课程生态，逐步形成了学生课程群、教师研修营、家长学院三位一体的课程生态。我们的学生课程群命名为"小种子"课程。课程框架包括三大方面：扎根课程群、生长课程群和好奇课程群；国家课程与地方课程；同时还包括探究学堂、认知学堂、养成学堂、个性化学堂、行走学堂、创客学堂。我们相信每一个孩子都是一粒充满希望、有着无限可能的"小种子"。

我们学校从2011年开始，每周二下午都是校本课程时间，三到六年级跨班跨年级走班上课，一二年级在本班上课。我们学校研发的"启程"课程针对一、二年级的学生开设，侧重学生学习习惯、行为习惯、个性品质、礼仪等方面的教育。另外我们还有大量学生自己组建的社团，以及丰富的研学旅行课程。

（三）新的师生观

在新的师生观方面，我们积极倡导教师与学生一起成长。

以我们学校2011年成立的朗艺团为例。当时我校首次参加深圳市读书月的朗诵比赛，两位指导老师心里完全没底。后来通过朗艺团师生的努力，把朗诵变成学校课程，在几年的发展过程当中，他们不断刷新自己的成绩，连续五年获得深圳市读书月朗诵比赛的冠军。这两位指导老师非常有体会，她们说这个活动、这门课程成就了她们自己，也成就了那么多的学生。

我自己一直坚持在学校开设校本课程，最初是上书法课程，前两年我挑战自己，开设了一门跨门类的、综合性非常强的"我爱国粹"。为了能够让学生更喜欢，更有收获，我摒弃了传统的教学方式，带领学生一起收集资料、筛选资料，分小组去研讨，画思维导图，制作PPT。由学生讲，教师点拨，学生点评，效果非常好。我也希望借这样一门课程和我们学生一起成长。

（四）新的学习观

在学习环节的把控中，我们特别关注课堂质量。2016年我们做了许多改变，为了让每个班级每天都有一节体育课，我们把一节课40分钟变为35分钟，保证了学校三年来每个班每天都有一节体育课。我们的科学课也比别的学校多，也是因为我们调整了课的时长，增加了课的节数。那么35分钟的课堂如何保证质量？我们从两个方面入手：第一是在课堂上推广深度学习，第二是基于新技术、新媒体，进行智慧课堂的推进，并且是全员全学科推进。

（五）新的家校观

在家校合作方面，特别值得一提的是我校的家长义工队伍。我们用10年的时间打造了一支全国闻名的家长义工队伍。这支家长义工队伍管理非常规范，参与学校各个方面的事务，比如校本课程的研发与实施，比如正在推进的学校午餐午休工程，以及我们学校所有大型活动的管理，包括一些重大事项的决策，他们都有参与。

这么多年，家长义工队伍在学校一直拥有一间最大的办公室，有两间教室那么大，学校给予他们很多支持，他们给予学校的回报则更多。他们还随时为我们化解家校矛盾，因此这么多年来我们家校关系一直非常和谐，学校几乎没有被家长投诉的情况。

三、自我发展意愿

培养守正而有远见的教师，光有新的教育观还不行，我觉得还有一点特别重要，那就是教师的自我发展意愿。纵观我们现当代教育史，所有优秀教育人，包括教育家，都是几十年如一日，有强烈的自我发展意愿的。在自我管理，比如说时间管理、任务管理、情绪管理上，他们严格要求自己；在自我建构方面，他们始终关注自己的专业素养和师德素养，同时不断地去建构、丰富、完善自己的精神宇宙。

（一）自我管理

在深小智慧校园推广过程当中，其实阻力最大的是老师。为了解决这一难题，我们学校成立了以青年教师为骨干的新技术共享者联盟，他们经常开展一些小型沙龙，切磋交流，成了新技术的有力的推广者。正因为有这个组织，我们的智慧校园建设进展非常顺利。

在基层党建建设的过程当中，我们没有让书记和支部书记霸占讲台。这两年来，我们把这个讲台让给了更多的青年党员，让青年党员自己组成小团队，选择专题，集体备课，然后让他们自己讲课。

我们还经常组织不同类型的团队拓展训练，激发教师个人发展的动能。

（二）自我构建

除了对教师高质量完成教学任务的要求外，我们激励教师对自己有更高要求，包括趣味、才艺、价值观、人生的丰富性等方面。此外，在人工智能与新产业革命时代，深小还要求教师们不断提升新技术的素养。我们要求学校工会、妇委会、团支部等要多成立教师社团，多开展一些有趣味的活动。同时我们经常开展各种形式的读书分享会。我个人认为，读书是最经济，也是最快捷，同时也是最高雅的一种自我成长之道。我们学校不但有两个图书馆，还把选书、买书的权利交给教师，教师可以买自己心仪的图书，然后拿到图书馆登记。

四、外部环境友好

呼唤守正而有远见的教师，友好的外部环境也必不可少，比如说和谐的人际关系，付出得到尊重，享有公平的发展机遇等，这些也非常重要。

为了给教师成长营造良好的环境，深圳小学开设教师研修营，帮助教师提升专业素养，并在成长中创造自我，提高职业幸福感。教师研修营包括五大块：职初教师研修、班主任研修、学科进阶营、教师幸福力、跨界思维。这几年做得非常好，我们不管哪一个学科的新教师来到学校，都要求他先从助理班主任做起。也就是说，你即便不当班主任，也要具备做班主任的能力，否则将来没有办法落实全员育人。

我们借2011年百年校庆的机遇，成立了百年深小专项基金，奖励教职工，奖励学生，奖励家长。我们的教职工奖比南粤优秀教师奖的吸引力还大，南粤优秀教师奖奖励2000块钱，而且要一年多才到账，我们学校的教职工奖是5000块钱，马上现金到手。我们鼓励老师自己申报去上支教帮扶课和展示课，因为我们学校每年接待参访的全国各地的团队特别多，赴外支教的任务非常重，我们把这个计作老师的劳动和荣誉，教师们非常踊跃参加。

百年大计教育为本，教育大计教师为本。我相信我们善待教师，教师才会善待学生；我们成全教师，教师才会成全学生。在新时期，培养守正而有远见的教师，可谓既迫在眉睫而又任重道远。作为基层校长，我们应当披荆斩棘，排除万难，尽我们的所能，为中国教育高质量地可持续发展贡献自己的才情，承担自己应有的责任。谢谢大家！

第五章 教育·家

尊重孩子的独立『江湖』/陈钱林
别逗我,寒门和贵子可不是仇敌/黄瑞萍
父子蓬窗共一灯/柯中明
你的人生你做主/高广方
勇于犯错/李成蹊

尊重孩子的独立"江湖"

顺德碧桂园实验学校校长　陈钱林

扫一扫，
观看现场演讲

每一个孩子都有自己独立的"江湖"，我们做教育的不是代替孩子发展，不是指导孩子发展，而是应该尊重孩子独立的"江湖"，引领孩子幸福生长。所以，我今天发言的主题是：尊重孩子的独立"江湖"。

最近，教育系统有一个词非常热门——核心素养，国家也出台了核心素养的一些标准。我常常想，作为家长、作为老师，我们怎么知道孩子有哪些素养最核心？我有一个办法：把教育拉长、把教育拓宽。怎么拉长？比如说，钢琴重要吗？书法重要吗？奥数重要吗？都重要，但是不意味着什么都要学。我们把教育拉长，拉到50岁、拉到80岁，想想什么最重要，我觉得那才是最核心的。孩子做人的素养什么最重要？我觉得是人格。所以说，教育就是要培养孩子的健全人格。

什么是人格？怎么培养？我看了关于人格的很多文章，看来看去搞不清楚，都是理论搬来搬去。后来我想出了人格坐标图：横坐标为人格基础，纵坐标为独立人格。

每个人都是自然人，对自然人来说，健康

最重要。我们每个人又是社会人。作为社会人，要追求在社会上得到别人的尊重。怎么样才能得到别人的尊重？你要把自己的品行做得更美，弘扬人性之美。每个人的幸福是由精神决定的，我们又是精神人，精神人就要求教育要培养孩子的灵性，不断学习，培养智慧。

纵坐标是独立人格。我们的教育在纵坐标上出了点问题。孩子在家里，爸爸妈妈经常是"你给我……"；在学校里，老师布置的作业必须做，上课必须上，都是"必须"。那孩子的独立人格怎么办？而在孩子的"江湖"里，他们有自己独特的情感体验和是非标准，大人不如宏观一点。我们可以对孩子提出要求，但是具体怎么做？"孩子，你说呢？"让孩子自己想想，是不是更好？

我非常关注孩子的健全人格。在我的家庭教育中，我就尝试往这方面做。我也非常感谢华南师范大学主办的《中小学德育》杂志在2012年和2013年连载我的文章，我把这些文章总结成一本书，目前也是畅销书，这么厚的书的核心思想就是六个字："自律，自学，自立"。

自律，就是抓孩子的习惯。孩子要变成社会人，就要懂得社会的规矩。所以大人要去教育。教育有很多方法，我选择了把他律变成孩子的自律。我家里有家规，不是

陈钱林

我想当然想出来的，是孩子提出问题而讨论出来的。孩子爬楼梯摔倒了，我问孩子，"以后走楼梯应该怎么样？"孩子答"以后我们两个人手拉手走"，这就是家规。我管的是，家规定出来，你做到了吗？我家里的家规是动态的，孩子觉得是自己应该怎么做，不是爸爸妈妈逼我做。

自学，是我家孩子特立独行的一种学习方式。现在的教育现状是孩子的负担太重，我对孩子有点溺爱，我不忍心让孩子生活在作业堆里。我儿子小学开始自学，慢慢获得自学能力。他从初一开始，上午在学校读书，下午在家里自学，一直到高考，考上中科大少年班。我女儿初中开始自学，也慢慢地掌握了自学能力。她高一是一天读书一天在家里自学，高二是一周在学校读书一周在家里自学，后来也考上了南方科技大学。我的这种引导不一定值得推广，但是让孩子有了轻松愉快的童年和高效的自学能力，特别是在这个学习过程里，孩子是极其幸福的。

自立，孩子的人生路要由自己走。尽管孩子的成长要由大人帮扶，但大人仅仅是帮扶而已，我们不能以任何理由剥夺孩子的自主权。所以我的孩子在成长的过程中问我问题时，我都会说："你问得很好，你说呢？"孩子说的时候，我们在旁边引导。

自律、自学、自立都有一个"自"，我觉得自主教育是最好的也是最高效的教育。在这个过程里，我的孩子成绩也可以，更重要的是他们很独立。

家庭教育和学校教育是相通的。在学校里，我们要尊重每一位孩子的人格尊严。对一个孩子来说，横坐标是培养孩子健康、美丽、智慧的素养，纵坐标就是培养孩子的独立人格，听听孩子的意见。教育部门非常关注学校的安全常规、德育常规、教学常规。这三个常规就是为人格服务的：安全常规保障健康，德育常规保障品行，教学常规保障智慧。

我曾在杭州师范大学附属学校任校长。杭师大创校校长经亨颐是民国时的教育家，他的核心思想就是"人格为先、五育并举"。作为杭师大附属学校，我们把老校长的精华挖了出来。后来我去接任的时候，感觉学校的校训还值得推敲。我认为人格包括三个方面：自然人格，尊重天性；社会人格，弘扬人性；精神人格，培育灵性。我们的理念就改为天性、人性、灵性。我们的校训改为"健、美、智"，身体要求健康、品行要求美、学习要求智，学生也听得懂。我还在"健、美、智"的框架下构建了以健、美、智为灵魂的课程体系。

去年，我加盟碧桂园教育，负责的是双语学校，任碧桂园实验学校校长。集团提出要把我们的双语学校打造成双语标杆学校。什么标杆？抓分数的标杆还是其他哪个方面的标杆？我想最核心的教育就是人格教育，所以我们提出要办一所追求健康生活、精神成长、个性化学习的双语标杆学校。精神和人格是一对双胞胎，人格是一种相对稳定的心理特征，精神是一种人格表现出来的动态的心理因素，所以人格是精神的源泉，精神能够推动人格的发展。我说的要推动精神发展就是要从教育的角度最终实现孩子的健全人格。

我们学校整理出一套针对学生成绩、特长之外的评价制度。在我们学校，二到五年级实施星卡评价。孩子表现好，就得一张绿星卡。我们的绿星卡着重评价孩子的成绩与特长之外的素养，我觉得在学校里不一定成绩好、有特长才能称为优秀。10张绿星卡换1张红星卡，3张红星卡换"自强少年"奖章。凡是获得"少年奖章"的孩子都上台接受表彰，校长拉手祝贺，每个班从获奖的孩子里抽1个和校长一起吃中餐，教育就是这么好玩。

六到九年级采用自律卡、自学卡、自立卡进行评价，每月评一次。自律卡考察健康习惯、做人习惯和学习习惯。自学卡考查学生是否有进行超前学习、拓展学习、探究学习。自立卡考查学生是否有立言、立德、立志。期末的时候有"少年奖章""少年明星勋章"。我们的目的是每一个孩子轮流做英雄。

个性化学习也是我们的一个大胆探索，从作业开始。老师布置的作业，有的做有的不做，叫半自主；都不做，叫全自主；都做，并自己增加一点，叫加自主。每个孩子可以对自己的学科作业进行选择。初中有月考，月考的成绩给孩子自主作业做参考。如果你不做作业，成绩依然很好，那你只管不做；如果你不做作业，成绩就不行，你抓紧做。我们的用意是什么？让孩子从选择和设计作业中慢慢获得自学的能力，最终走向走班自学。我们的个性化学习指向的就是孩子的健全人格。

最近，我非常荣幸应邀去广州市教育局组织的"家教论坛"做一些家庭教育的报告，有一句话大家比较喜欢听："最称职的家长不只是知识的传播者，不只是特长的培育者，而应该是孩子健全人格的呵护者，是孩子精神成长的引领者。"今天在座的有家长，也有教育界的同仁，我想把"家长"改成"教育者"，最好的、最称职的教育者是培养孩子健全的人格。因为健全的人格是教育最本质的东西，培养孩子健全的人格是教育永恒的追求。谢谢！

别逗我，寒门和贵子可不是仇敌

广州市天河区华景小学校长　黄瑞萍

尊敬的各位来宾、各位家长、各位媒体朋友们，以及在线上观看直播的各位观众，大家下午好！非常开心有机会在这里跟大家分享"寒门与贵子"这样一个话题。

教育就像一场龟兔赛跑，兔子在睡觉，乌龟却必须努力地跑。但是兔子也必须努力跑，否则乌龟也能把你追上。教育又像很多人喜欢玩的手游"王者荣耀"一样，学生必须要一路打怪晋级，才能够在竞争中胜出。

比你优秀的人都在努力，你凭什么不努力？但是当单个竞争变成家庭竞争，再上升到阶层竞争的时候，大部分孩子的努力被压榨到极致的时候，我们的家长就开始有所行动了。广州妈妈说月薪三万块钱都撑不起一个孩子的暑假，她们一方面说让孩子自由学习，一方面又悄悄地去打听哪个补习班好。我们的家长真是谋略大师，她们把增负和产出做了函数：如果大家都增负，那么大家都是一样的；如果你增负我减负，那我就处于弱势；如果我增负你减负，那我就处于优势。看到这里我深深地思考：这是教育吗？这是我们想要的教育吗？这

扫一扫，
观看现场演讲

是孩子们想要的生活吗？

国家对促进教育公平进行了要求和部署。教育公平是社会公平的重要基础，政府的主要职能是要守住底线，补齐短板，让寒门学子有机会通过教育，特别是义务教育来改变他们的命运，阻断贫困的代际传播。所以不管是从教育本身来说，还是从政府的导向来说，寒门出贵子都是必须的，也是应该的。

无论你出身如何，只要通过教育和自身努力，你还是可以获得成功的。这是我们想看到的教育，也是我们教育要给社会带来的正能量。

我觉得我们不能把教育的成功简单地定义在小学的分数和长大以后的"钱数"上。近几年，我们在打造特色学校，不断思考学校的办学理念是什么，办什么样的学校，为谁而办，培养什么人，怎么培养人。家长们都特别聪明，马上把学校的特色作为择校的重要依据。虽然也是无奈，但我觉得是一个非常好的无奈，起码让我们的家长从简单的看分数上升到关心孩子的终身成长上。我建议家长们应该从一个人一生的成长，从大的角度去考虑应该怎样去培养自己的孩子。

黄瑞萍

华景小学有一位盲童学生何宇轩，他曾经被很多媒体追捧，也成了很多孩子学习的榜样。他在我们学校成长的经历，让所有的家长、老师和孩子深刻地感受到"赠人玫瑰、手留余香"的快乐。我们在和家长共同探讨教育理念时，我一直认为要让我们的孩子成为最好的自己，所以"着力六年、着眼一生，学优则才，品正为雅，培养优势化思维，培养成长性思维"成为我们学校的办学理念。

对华景小学的办学，我常常基于两点进行思考：第一，人均GDP在七千美元和七百美元的时候，我们的培养目标有什么不同？第二，公立学校的办学和民办学校以及社会培训机构有什么不同？

第一点就是决定我们学校起点的问题，第二点是看我们的培养目标。我们学校是1996年开办的，当时只有六十多个学生，现在已经有三千五百多个学生了。这二十多年来，房价从每平方米四千多元涨到了每平方米七万多元。家长们花了那么多的钱来买房子，我们也要提供相应价值的教育教学质量。

当然大家都知道教育是一个慢的事业，教育质量很难在短时间内里面提高上百倍。房价涨了、GDP涨了，这体现了社会现代化水平在提升，在我们的办学理念、管理理念、教育方法和教育环境上面也应该有所体现。我认为最重要的是学校办学理念的现代化，我们应站在终身教育的立场开展教学，而不是简单地看小时候的分数和长大以后的钱数。

富裕家庭或是寒门的学子都应该享受同样的学习资源，学生在学习、知识和未来面前都是平等的。成长不是个体的赛跑，而是一场团体的共进。我们要让孩子们在学习中发现自己、提高自己、成为自己、成就自己。

前面是我对寒门贵子的一些粗浅的看法，其实还在完善之中，下面我想谈谈我们的做法。

我们正处在一个互联网时代，获得知识十分便利，知识也变得碎片化，在这种背景下，我们的学习已经从记忆层面转化为参与创新的深度学习。深度学习让学习从以前的阶段性变成了终身性，从而完成了个体的自我超越以及价值的提升。如果从传统的学习来看，寒门学子是处于劣势的，但是从深度学习来看，他们并没有输在起跑线上。

很多媒体在报道高价欧美学生团去游学的情况时说，当导游在博物馆给他们介绍的时候，他们显得特别安静、提不出问题，但是导游跟他们说现在开始购物时，他们的眼睛却是发亮的；当导游介绍相关国家的历史时，他们也是沉闷、沉默的，但是一上车，又拿起手机拼命玩游戏。

我认为，这种游学不仅没有达到增加体验、扩展视野的目标，反而为孩子们的炫耀和攀比增加了资本，所以我给各位家长的建议是，给孩子们买学位房、买高价课只是教育的"开始"，教育离不开钱，但很多时候不仅仅是钱的问题。

有人把家长分为以下五个境界：第一个境界，家长舍得给孩子花钱，认为这就是全部爱的表达。第二个境界，家长舍得给孩子花时间，陪在孩子的身边，见证孩子的成长。第三个境界，家长在思考教育的目标问题，他已经知道他想教出一个什么样的孩子。第四个境界，家长为了教育，自己还去学习。第五个境界，家长为了教育好孩子，去提升完善自己，因为他们明白"你是谁比要求孩子成为谁更重要"。

教育是孩子跟家长共同进步的过程。基于这样的思考，华景小学成立了家校融合研究中心，不仅把家长引入学校，而且还把专家也引入学校。我们设立了心理研究部以及课程研究室等，通过课程的开发、成果的提炼以及政策的建立，让家校从合作走向共育和创新。

在课程开发上，我们基于主题，开发了二十四节气课程，以此培养孩子的阅读素养。基于项目，把广东省的重大课题"海上丝绸之路"的研究成果引入德育中，开拓孩子们的海洋视野。基于问题，我们把戏剧教育引入到学校德育之中，培养孩子和家长的成长性思维。我们通过打开学科、打开学校，全方位提升我们的教育教学质量。

"海上丝绸之路"的课程主要通过春游、秋游，以课程形式去实践。我们通过田野调查的方式，将历史人类学中的知识融入课程学习中，家长和孩子一起到黄埔古港等地进行跨学科的探究学习。小到从窗花、神像的从细微之处了解一个地区的民族记忆，大到从海洋、国家的整体进程上把握每个细节的历史张力，我们把枯燥的知识演化成灵动的游戏和培训。

　　我们具体是这样做的：

　　第一阶段，对这个研究成果进行了二次开发，选定了五个主题：花草满墙、古港对联、寻仙记、导游古港、穿越古港。我们希望孩子们尽可能多地收集墙上的花草，找到墙上花草的不同含义，看看建筑上有什么，想想设计的原因是什么，不同的建筑为什么呈现不同的花草？我们看到很多家长把孩子带到寺庙，只会让他拜，但是我们会让孩子寻找更多的神仙，让他知道不同神仙的出处和职责。如果给孩子们设置这样的问题，他们会不感兴趣吗？第二阶段，我们请专家给老师和家长进行培训，培训完后由老师和家长共同设计现场学习任务单。第三阶段，每五个小孩有一个家长导师带领他们进行田野学习，完成设计任务单的问题。我们在现场还配备了研究生顾问，老师在现场起到组织、协调的作用。第四阶段，让孩子们在学习过程中进行分析整理，然后用他们所喜欢的视角进行深度学习。

　　今年六月我们进行了成果汇报，孩子们用原创歌曲、调查报告等方式来展示他们的成果。除了这些成果之外，我作为校长最开心的是，很多家长告诉我，通过这个活动，他们学会了怎么跟孩子沟通，许多家长还学会了怎么从第一境界逐步达到第五境界。

　　我们通过家校融合研究中心的课程实施，实现以学生为中心的课堂，以课堂为中心的家庭，以教师为中心的学校，以学校为中心的社区，让无论出身贵门还是出身寒门的学子都能够在公立学校里面享受最好的教育。而且我们现在处在获得知识无限便利的互联网时代，在这个地球村里面，只要你的观念改变了，只要你有学习的意识，其实进行深度学习并不是一件很难的事情。

我们都知道未来教育是民主的、公平的、共享的，让我们挥挥手跟应试教育告别，携手共进，一起拥抱更美好的明天。谢谢！

父子蓬窗共一灯

广州市番禺区市桥中心小学校长　柯中明

刚才黄校长把家长分了五种境界，也有人把家长分为三种类型，第一，做榜样；第二，做教练；第三，做保姆。

我的分法有两种。一种是无奈的家长。这种无奈的家长跟你的出生、地位、财富毫无关系。例如我们大家都很熟悉的成龙大哥，他无奈、哭，为什么？因为儿子不争气，他就哭。我告诉大家，不但今人哭，古人也是如此。我给大家举一个古人的例子。

陶渊明先生有一首诗，他说"白发被两鬓，肌肤不复实"，老了，"虽有五男儿，总不好纸笔"。大诗人有五个孩子，"阿舒已二八，懒惰故无匹。阿宣行志学，而不爱文术。雍端年十三，不识六与七。通子垂九龄，但觅梨与栗。天运苟如此，且进杯中物。"每个孩子都不争气，父亲感觉到很无奈。

有一种父母是很幸福、很成功的，他们是半夜笑到醒的。他们为什么幸福？不是因为工作幸福，也不是因为他挣了多少钱，而是因为他生了一个好儿子，养了一个好女儿，他开心到晚上睡不着。陆游说"自怜未废诗中业，父

扫一扫，
观看现场演讲

子蓬窗共一灯",这首诗写的就是我今天要讲的主题。

大家都知道诗人陆游,他写了一首《示儿》,被称为古代最早的遗书,"王师北定中原日,家祭无忘告乃翁"。陆游的孩子是怎样的?他的另一首《示儿》中写道:"读书习气扫未尽,灯前简牍纷朱黄。"他整个家是书香家庭,"吾儿从旁论治乱,每使老子喜欲狂"。他为什么喜到发狂?他两个孩子在旁边议论天下大事,将治国之道说得头头是道。他"不须饮酒径自醉,取书相和声琅琅"。儿子表现出众,做父亲的十分陶醉。他对儿子提出了教诲与希望:"人生百病有已时,独有书癖不可医。愿儿力耕足衣食,读书万卷真何益。"书中自有道化在,说得很对。这就是他描绘的一种境界。

陆游跟他的儿子说:"古人学问无遗力,少壮工夫老始成。纸上得来终觉浅,绝知此事要躬行。"现在很多父母都想成为优秀的父母,都想让自己的孩子成功,都想找捷径。聪明的人和愚钝的人的区别就在于,愚蠢的人总在找捷径,聪明的人在下笨功夫,做父母尤其如此。

我们再看看习总书记的父亲是如何教导孩子的。2001年10月15日是习总书记父亲的米寿,也就是88岁生日。习总书记没有时间去祝寿,但是他写了一封生日贺信,这

柯中明

封信写得情真意切，感人至深。我把主要观点摘抄下来了，大概意思是说，习总书记对父母的认知和对父母的感情一样，久而弥深，他要从父亲身上继承和学习的高尚品质有很多，如爸爸的做人不说假话，做事不张扬，爸爸的赤子情怀、俭朴生活等。

据习总书记的母亲回忆，习总书记的姐姐桥桥考中学时，分数距离101中学的录取分数线差0.5分。习总书记的父亲当时任副总理。101中学表示也可接收。但是他父亲找桥桥谈话："差了0.5分去101中学不合适，河北北京中学（第二志愿）也不错。"桥桥表示会去河北北京中学就读时，父亲很高兴。

那我们平常人怎么做父母？很多家长望子成龙，望女成凤，我的观点是我们做父母的或者做老师的一定要认识到，人的成长有一定的规律。陈忠实先生曾说过，创作就像蒸馍，馍没熟之前都不能揭盖，一揭盖就会撒气。我们做父母的也是这样，不能总是"揭盖"，去打扰孩子的成长，因为你不懂其中的规律，最终是达不到想要的效果的。

有数据表明，学生的发展，100分是满分，身体和精神各分一半，再往下分，精神分智力因素和非智力因素，智力又分为知识和能力，后面再到价值观。知识又分考的知识和不考的知识，所以单纯凭试卷上的分数来评价你的孩子是不全面的。

我有这么几个建议。首先要让你的孩子睡好。上天给每个人的身体细胞都一样，凡是睡眠不好的，长期睡眠不足的，他的神经元发育一定不好。所以我对我们学校的孩子以及我自己的孩子，首先就要求他们要把觉睡好，每天要保证10小时睡眠。睡眠充足了，你的孩子不会差到哪去。如果他没睡好，他就会"蒙"，学东西也学不进去。所以我的观点是，先睡好。

第二，就是要孩子吃好。以前在农村的时候，把孩子喂得白白胖胖就好，现在这样看则是错的。"白白"可以，千万别"胖胖"的。我们学校有个五年级的孩子的嘌吟高、尿酸高，校医把这个数据拿给我看，把我吓一跳。所以，家长要注意孩子的营养均衡。

假如我说现在考1500米长跑，中学生肯定"哗啦"倒一片，很多人不及格。前两年清华大学入学考试时，体育全优的只有一个，考1500米绝对不行。所以吃好和身体好是有很密切联系的。

第一个睡好，第二个吃好，第三个玩好。玩，是一门学问。第四才是习惯。什么习惯？小学里面讲的习惯、规矩，就是把该完成的作业完成好，不能不写作业。

2014年，习总书记在北京大学跟年轻人说过这么一句话："青年有着大好机遇，关键是要迈稳步子、夯实根基、久久为功。心浮气躁，朝三暮四，学一门丢一门，干一行弃一行，无论为学还是创业，都是最忌讳的。"各位父母，孩子兴趣广泛，喜欢学什么都可以，但是要做到"坚持"。我想说的是，久久为功真的很关键。做父母简单不简单？可以很简单，我们那个年代，父母把我们"散养"，我们照样健康成长，多简单。但是，做父母简单不简单？也不简单。做父母就是一门学问。怎么学？我要向你们学。谢谢！

你的人生你做主

美国正面管教协会认证家长导师、学校导师　高广方

在儿子小学的时候，我跟他说过这样的话："你就做一个中等生，不要追求前三名，因为前三名的尖子生有两种情况。第一种是天生学霸，但是你不属于那一种。第二种是苦学出来的学霸，拼命学习。你没必要做那样的学霸，你把苦学成为学霸的时间，用于做你喜欢做的事情，或者你认为有价值的事情，你出门到草地上趴一会都行。""你就做成绩中等偏上一点的中等生，超过平均分，因为不超过平均分我担心老师会找你，也找我。"排名不重要，什么重要？品格重要。决定一个人的人生是否幸福、成功的不是他的成绩，不是他考一个什么样的大学，甚至也不是他的能力，而是他的品格。

什么是幸福人生、成功人生？我认为幸福和成功的人生有两点：第一，你自己是一个快乐的人，你满意自己的生活状况。第二，你对社会、他人能够作出自己的贡献。这就是成功的人生和幸福的人生。这样成功幸福的人生也是平平凡凡的人生。

在培养孩子的过程中，我们应该看重孩子

扫一扫，
观看现场演讲

的品格，品格的核心是爱和责任。爱有两方面，一是让孩子得到足够的爱，建构他内在的安全感。二是孩子能够给出爱，他能够去爱自己，爱身边的人，爱社会。那么，孩子的爱从哪里来？唯有由家长给到孩子无条件的爱，他才有能力去爱他人和爱社会。有了爱才有责任。我说的"责任"有两方面的含义。一个是对自己的责任，一定要好好爱自己，照顾好自己，这是基础。照顾不好自己，谈何爱别人和对他人负责？所以先要对自己负责。其次才是对他人和对社会负责。

爱和责任是一个人品格最核心、最重要的，也是我培养儿子过程中最看重的。在儿子小的时候，我从来没有给他报过补习班，我也不管他的作业，甚至早上我还没起床他已经上学了。在潜移默化中，我慢慢培养他的核心品格，并且有了一定的成效。

我不看重分数、排名，不给他报补习班，那我做什么？我和他聊天。我每天晚上都会和他散步聊天，了解他的情况。在这个过程中，让他感受到我的爱，让他学会爱自己和爱他人，并且学会承担社会的责任。

高广方

什么是爱？你爱你的孩子吗？100%的家长都会说爱自己的孩子。但是我们再从孩子的角度想一想，你爱孩子的方法对吗？孩子真的接收到你的爱了吗？有个教育家说过这样一句话："爱孩子，是动物都有的本能。但会不会爱，是需要智慧的。"

其实我们很多时候，打着爱的旗号，但是孩子感受到的却是伤害，因为爱的方法不对。在我这三年做正面管教的过程中，我看到了太多这样的例子，父母以为给孩子的是爱，但是这"爱"最终给孩子带来的是伤害。

究竟什么样的爱才是智慧的爱，如何才是"慧爱"？我的观点是，最好的爱就是带着信任放手，让孩子自己的人生自己做主，并且学会承担责任。

所以我儿子的事情，我都放手让他一个人做主。我传递给我儿子的观念是你在成长阶段没有失败，也没有错误。为什么没有失败？因为做一件事情有两种结果：一种是做成，一种是没做成。很多人说做成了才叫成功，做不成就叫失败。但我的观点不一样，我跟我儿子说："你做不成，你从中是不是有所学习，有所收获？有。那就是成功，关键是你要去做。"

至于犯错，谁没有犯错？我们每一个人都会犯错。正面管教有一个理念叫"错误是最好的成长机会"，只有犯了错，你才能从中学习。如此说来错还叫错吗？根本不叫错。所以我鼓励我儿子尽管去做，先不管成功或失败，只要去做，就一定是成功的。经历就是经验，犯错谁都会经历，重要的是学会在犯错的过程中不断成长。

作为家长，在孩子的人生中，你在哪里？是不是有很多家长"横"在孩子的人生中间？家长总是以为：第一，我爱你；第二，我比你有经验。基于这两个理由，孩子要听我的，不要再走爸爸妈妈曾经所走过的弯路。照我说的做，人生就一定会很好。所以，不少家长要求孩子要听话，要按照父母说的去做。

但是，人生是这么成长的吗？我认为孩子一定要经历他自己的人生，间接经验不是他的经验。家长应该对孩子放手。当然，我说的放手不是放纵，更不是放任不管，而是站在孩子人生的边上，让孩子和他的人生直接连接。

站在孩子的边上，不是说家长对孩子的事情置之不理，而是当孩子需要帮助的时候，我们告诉孩子："你放心，你只管往前走，爸爸妈妈在这里，你什么时候需要帮助，你到我这里来就可以，我一定会倾尽全力帮助你。"但是，这里有一个前提，家长们要记住，那就是只有孩子需要帮助的时候才去帮助。

我在这里特别想跟大家分享一下我儿子成长过程中点点滴滴的故事。我记得在他小学的时候，我们每个星期都一起去购书中心，他看他的书，我看我的书，他选一些他喜欢的书，然后他会拿过来给我看，说："妈妈你看一看我这些书好不好？可不可以买？"我检查一下，认为适合，就购买。有一些书我认为不太合适的，就会建议说"这本书不太适合你"。

有一次他选了一本《七侠五义》，他问我这是一本什么书，我说是一本关于包青天的书。当时正好电视也放包青天，他说他要看，我说："这本书写得真的很不好，你看了三国演义的书再看这样的书就是浪费你的时间。"他说："我就是想看。"我坚持跟他说真的浪费时间，但他就是想看。最后，我尊重他的意见，买了这本书。结果，他看到一半的时候来找我："妈妈，我发现你说得真对，这本书的确写得不怎么样，越到后面写得越差。"我问他有没有收获？他说："有的时候发现你的话应该听一听。"从这件事中，我告诉儿子，你有两个收获：第一，你能够分辨出一本书不好，说明你有判断力，能判断哪一本书是好的。第二，有的时候妈妈的话你也是应该听一听的。所以明明看到孩子犯错，或者他要做一件我们家长不认同的事情，我还是让他自己去经历，这样他才有认识，才有提高和成长。

初中的时候，他经历了人生的一段小风波。他那时候对学校生活很不满意。我就跟他说："你可以做选择，你不一定非要在学校待着，如果你有足够的勇气，你想清楚，我们可以读万卷书，行万里路，也就是离开学校，过这样的生活。但是你想清楚，想清楚以后再做决定，你做的任何决定妈妈都支持你。"后来，我们在一起探讨，在学校发展的好处是什么，坏处是什么。最后他决定还是留在学校。

儿子初中毕业想去新加坡。那时候，我们一起收集资料，一起探讨：去新加坡挑战是什么？收获是什么？留在国内的挑战和收获又是什么？我没有规定他的人生，依然是由他来决定，最后他决定去新加坡，我当然支持他。不过，作为一个还不到15岁的少年，一个人去到一个完全陌生的地方，挑战是可想而知的，我也是有所担心的。

在他留学新加坡期间，我们是通过写信的方式沟通和交流的。我跟儿子说："我们不用打电话，因为打电话很难深入地沟通，咱们写信，你有空就给我写，写了妈妈一定会回你。"在那一年的时间里，他写了151封信，三十多万字。我每天最重要的事情，就是打开邮箱读他的信，回他的信。后来他决定回国，理由是1、2、3、4、5，列举得非常充分，我支持他回来。在这个过程中，我依然站在他的人生边上，在他需要的时候给他支持和帮助，任何事情都是经过商量后，由他自己去决定。

后来读大学，他申请美国的大学，他问我该选择什么专业的时候，我就说："选你喜欢的。你不用考虑这个专业将来好不好找工作，只要你足够优秀，任何专业都能找到工作。还有，你不用思考这个专业将来挣钱多不多，钱跟幸福、成功一点关系都没有。人生最难得的就是，你能够从事一份职业，而这份职业不但能让你养家糊口，还能让你发自内心地热爱它。"结果他就选了一个专业：新闻。

我们知道对一个留学生来说，选新闻专业是很大的挑战，因为需要有大量的阅读和写作。我儿子到了学校之后，当了校报记者，我听后惊呆了。我想，作为一个国际生，他怎么能够做到这些事情？他除了在新加坡待了一年以外，没有出过国，这是一个莫大的挑战。但是他做到了。他不但做到了，后来还到福克斯新闻台和经济台实习。福克斯是美国最大的一个新闻媒体。在福克斯新闻台实习时，他主动申请写文章，后来他写的文章也发在了福克斯的网站上。

后来我问他："你要做这么多事，要读这么多的书，要写这么多的文章，还有这么繁重的功课，累不累？苦不苦？"他说："当然累，但是不苦。这些全都是我喜欢做的事情，做自己喜欢做的事情，累而不苦。"

回顾我儿子的成长经历，生活中的很多事情，我都让他自己做主。他做什么我也心中有数，所以，当我了解所有的情况后，他无论怎么选择我都支持，而且我内心确定的是这对他的成长是有好处的。我一直认为，无论他做什么，或者不做什么，都不重要，重要的是他确信爸爸妈妈的爱，他确信自己的事情可以自己做主，能够为自己负起责任，这就够了。

在儿子小的时候我就站在他的旁边，我可以是他的顾问、参谋，但我一定不是他的决定者。随着孩子年龄、阅历、能力的增长，他开始慢慢地走得比我快，我开始站在他的背后，因为我跟不上他。再往前走，我发现儿子留给我的是一个远远的背影。

当初"放手"的时候，我并不知道他能够走多远，我只是确认他的人生一定要让他自己做主。当他自己做主的时候，他给我的是不断的意外惊喜。我现在对他不再有什么特别的影响力，我想唯一的影响就是情感上的，让他能够感受到我的爱，在他的人生路上，就算远望着他渐行渐远的背影，我也觉得心里充满喜悦和幸福。

阿德勒说过："对于家庭教育的弊端，学校只能起着显示器的作用，学校只不过引发了家庭教育的潜在问题而已。"所以，我们不能把孩子的成长全然交给学校。学校当然重要，但是孩子人生的根基在于父母、家长，父母才是孩子成长过程中最重要的人。

我现在成为正面管教的导师，我发现我对儿子的教育理念和方法跟正面管教是不谋而合的，只是我以前是凭借经验，现在我知道，原来我的做法是有根有基的。最后祝福大家享受和孩子在一起的时光，享受和孩子一起成长的过程。谢谢大家！

勇于犯错

李成蹊

非常荣幸能够有机会和各位校长同台演讲，这是我这个晚辈莫大的荣幸。我倍感荣幸的同时，也感觉到压力很大，毕竟我资历也比较浅。我想，如果大家能够从我个人的经历当中有一些体会，我就心满意足了。

我今天的演讲主题是"勇于犯错，才能成长"，还有一个副标题——"我在犯错的旅程上越走越远"。我说的"犯错"并不是说故意去犯一些后果严重的错误，而是说要敢于尝试。犯错有两种后果，一种是正确的，一种是错误的。但是犯错的时候你要比较有自信，不要害怕犯错，才能够敢于尝试。

接下来我想讲一下我小时候的经历。曾经我认为，犯错是一件挺可怕的事情，因为生活不喜欢给失败者第二次机会。我总觉得中考如果考砸了，就上不了高中，接下来可能人生就会受到比较大的影响，我就非常担心、害怕。所以从小时候开始，我每做一个决定都会过度思考，思考着这个决定会不会犯错，是不是一

扫一扫，观看现场演讲

李成蹊，前文演讲者高广方的儿子。

个错误，如果是错误的话，后果会不会很严重。我非常害怕犯错，在学校里也是表现得中规中矩，从来不会做一些叛逆性的行为。

我妈妈对我的表现比较不满，她说我这么小不必要这么中规中矩，要勇于犯错，勇于尝试。当然，我并不是建议在座的各位家长效仿，这样会给学校的老师和校长带来很多的困扰。我在小的时候心里就非常清楚，如果我犯错，妈妈是不会对我破口大骂的，只要我犯的不是原则性的错误，而是一种勇敢的尝试，是对循规蹈矩的挑战，爸爸妈妈就会在我的身边支持我，给我引导，这也是为什么我之后敢于做出一些大的尝试的原因。所以说，"犯错"的前提是不必担心犯错的后果，并且要有理解和支持你的家人。

到我18岁的时候，我选择到美国伊萨卡学院读新闻。请问在座有哪个家长听说过伊萨卡学院？现场没有人举手，那就是没有家长知道这个学校。是不是有人听到这个大学的名字，还以为它是野鸡大学？这所学校在国内没有什么知名度，我偏偏就决定到这所学院就读。我心里有没有挣扎过、恐慌过？其实是有的。比如说，我刚到学校的头两天就经常会想，我是不是做了一个错误的决定？是

李成蹊

不是应该选择去一个可以接触到各种各样的人、能够有更多社交机会的、能够建立更多人脉关系的城市？其实我一直有这种思考。突然有一天，我特别后悔来到这个学院就读。我记得很清楚，那天是感恩节，当时很多美国的同学都回家了。我一个人在学校里，整栋楼都是空的。我往窗外一看，有五只梅花鹿在吃草，我就想，我怎么来到了一个鹿都比人多的城市上学？当时心里真的特别后悔。

虽然我经常有这种想法，但我知道这也于事无补，最重要的是我应该如何弥补。我知道我不应该纠结于这个"错误"的本身，我思考的是怎么样才能够把这个"错误"最小化，怎么样从这个"错误"里面给自己谋求到最大的利益。经过一年半的艰苦思考，我得出的结论是：第一，是停止纠结错误本身。第二，最大限度地减少错误带来的不良后果。

伊萨卡学院所在的这个城市很小，学新闻的话很难找到实习的机会。如果在上学的时候没有实习的机会，毕业后基本上是比较难找到工作的。我当时就想，没有实习机会的话我该怎么办？有一天，我在校园里看到公告栏上有各种各样的校园俱乐部的信息，有的还可以给人提供搭建社交网络关系的机会。我看到上面有一个关于辩论会的信息，我们学校从英国请了两个辩手和我们学校的两个辩手进行一场辩论。后来，我去看了这场辩论赛。看了之后，我非常吃惊，因为英国来的辩手非常厉害，把我们学校最厉害的两个辩手辩得哑口无言。我觉得辩论是一件很困难的事，可能不适合我。我准备走的时候，辩论教练走了过来，还记得他的名字叫做汤姆斯，他是我人生当中一个比较重要的人。他说："你好，你叫什么名字？"我说："我叫李成蹊，我是来参观一下，体验一下，我从来没有参加过辩论赛。"他说："没有辩论过，那太好了，你是一个可塑之才，这个周末在波士顿有一场全国的辩论锦标赛，你要不要来？费用全免，吃住全包，来玩一趟也可以。"听起来也很好，但是我害怕给学校丢脸，因为学校最厉害的两个辩手都被辩得体无完肤，我去一个全国锦标赛，我会被辩成什么样子？他说："没关系，不用担心给学校丢脸的问题，这个不是问题。学校开辩论会有很重要的原因是帮助学生发展自己的兴趣，给学生体验和锻炼，目的不是为了给学校争荣誉，你不用担心这点，只要来就行了。"我就去尝试了，下场的确比较惨，但这是我大学当中非常重要的一个转折点。这个转折点让我树立了一些自信，我体会到在美国大学里面，很多情况下你只需要尝试，勇敢地迈出第一步，后面的结果怎么样并不是那么重要。

现在回看这场辩论赛，它的确为我打开了很多扇门，因为参加这个辩论赛，我得知有一个进入美国南部的某杂志社参与训练的机会，但是竞争非常激烈，只收十个人。我尝试申请，结果也申请上了。

刚才我妈妈也提到，福克斯新闻台是美国一个非常有名的媒体。我在福克斯实习的本职工作是制作视频，但我跟老板说我非常喜欢写作，能不能给我一两次写作的机会？他说可以，没问题。到了实习最后一周的时候，老板说："你说想尝试写作，是不是？这里有一篇文章，你尝试写，争取在你离开之前发表。"最后，这篇文章，也被发表了。其实，发表那篇文章有多大的作用，我当时也不知道，直到后来才知道，这篇文章使我得到在联合国国际原子能机构新闻部的面试机会，面试官正是因为看到我在福克斯有发表文章的经历，所以决定面试我。当然，这个职位我之后并没有得到，不过面试官对我的表现比较满意，觉得比较出色，只是她认为我的兴趣在写作而不是舆情监控，于是把我的简历递给我后来的老板，我后来的老板就把我招了过去，这就是一个非常大的连锁反应。

因为我勇于尝试，一开始做了一件我自己有兴趣但是完全没有信心的事情，它产生了连锁效应，把我从一个地方带到了另一个地方，给了我各种各样的机会，我也非常的感恩。最后，我发现这些都不是"错误"，而是人生非常宝贵的经历。

错误和正确，两个对立的形容词是谁确定的？没有绝对的界定，尤其是一个错误，在刚刚发生错误本身的时候，你可能会觉得是一个错误，但是你几年之后再看可能是一个非常大的机会并带来成功。

最后我想说，为什么我能够勇敢地追求这些机会，尝试一些我以前不敢尝试的事情？首先，在我小的时候爸爸妈妈给我很深的体会，爸爸妈妈给我培养了非常好的信心，并给我很多的支持，他们让我明白犯错误并不可怕，而是一个非常宝贵的学习机会。他们告诉我，只要勇于去尝试，就算是犯错，你也只是一个小孩子，后果也不会那么严重，小时候犯错总比长大后犯错要好。

第二，我的父母以身作则，他们非常敢于尝试，追求自己感兴趣的事情。我记得有一次在家收拾东西的时候看到了我爸爸的名片盒，我翻出了25张名片，全部都是不同的公司，他今年才49岁，已经换过了25个不同的职业。所以你看，他是一个多么勇于尝试的人。还有我妈妈，她在2015年离开了从事多年的体制内的工作，自己去创业。所以说，家长的言传身教是最重要的，家长的榜样影响是最大的。

最后，我想说，一个人如果没有犯过错误，没有尝试过任何新鲜的事物，这样的人生我觉得是枯燥无味的。

第六章 让科技为教育赋能

智慧教室,让学习真正发生/万 飞

创新者课程体系建构的思考与实践/李红霞

技术+课程的融合与创新/吴 琼

智慧管理的迭代与更新/刘宇平

信息技术赋能下的教与学/李贤锡

创意世纪,为成长插上翅膀/孟宪萍

智慧学习生态系统的构建/毛展煜

为学习而变:『AI+』时代的学习空间重构/彭 娅

智能时代与智慧教育/吴希福

基于智慧校园的教育教学改革/林君芬

智慧教室，让学习真正发生

东莞市松山湖实验中学校长　万飞

各位专家、各位同仁，大家下午好！我今天跟大家报告的题目是"智慧教室，让学习真正发生"。

一、对于智慧教室的理解

首先讲讲我对智慧教室的理解。对于智慧教室，现在实际上还找不到一个非常明确的定义，我个人的理解是，所谓的智慧教室，就是充分把现代信息技术切入教学的全过程的一种新型的教育教学形式，它让我们的课堂学习更加简单、更加高效，也更加智能。智慧教室实际上有广义和狭义的区别：广义的智慧教室，我认为应该放在一切智慧教学的环境中，包括我们的教学系统、管理系统中。狭义的智慧教室，个人理解专指智慧教学。

二、教育是为什么而教

我从事教育工作22年了，作为一个教育工作者，我经常问自己这几个问题：

第一个问题，我们的学校是为何而存在的？它是为老师的教而存在？还是为学生的发展而存在？还是为学校的发展而存在？

第二个问题，在学校中，学生的学习究竟是怎样发生的？他是主动的还是被动的？

第三个问题，作为教育，我们到底应该怎样促进人的全面而个性化的发展？

两年前，我非常有幸创办了一所新学校。这两年来，我带领着大家充分运用信息技术，为构建智慧教室做了积极的探索，学校给所有学生配备了一台平板电脑作为学习工具，也实行了小班制和走班制教学，目前学校开设的校本课程已有168门，引起了广泛的关注。我在这里想跟大家分享三个故事。

第一个故事：我为什么要被老师约束学习？

我们有一个学生叫邓天宁，属于比较聪明、天赋比较高的孩子，他在小学就写了一本书——《会唱歌的石头》。五年级的时候，他跟着均为博士的父母去了美国，所以英语口语水平也非常高。他初中到我们学校学习，到了初一下学期，他对我说："校长，我不喜欢在教室里学习。"我问他为什么，他说："我为什么要被老师约束学习？"因为他的学习进度已经远远超过了同班同学的学习进度。

万飞

初一的时候，他就向我申请给其他的同学讲课。他花了一个多月准备了190张PPT，而且讲的是关于游戏的内容，一开始我有点担心，但后来他讲的效果非常好，学生很爱听，现场掌声不断。他的规划能力、自律能力很强，而且特别喜欢计算机，他还跟一些大学毕业生一起做项目。后来，我同意他选择自己喜欢的课室和自己喜欢的方式学习。前几天，他跟我报喜，说他考上了深圳国际交流学院，这是一个名校，进了这所学校就等于半只脚迈进了哈佛、牛津、剑桥这些著名大学。

这个案例实际上促使我在思考，像他这样的学生绝对不是个案，我们每个班的学生都是不一样的。我们让学生学习，到底是让他被动学还是主动学呢？我们老师的教学到底应该是整齐划一还是应该因材施教呢？答案是不言而喻的。在以前，传统课堂要做到这一点很难，但现在有了信息技术以后，面对大数据时代的学习者，我们可以做到，因为我们可以用数字化的学习方式来促使学生主动学习。

第二个故事：老师，这是什么花？

广东这边的天气比较好，我们校园里每一个季节都有很多花，有些学生特别喜欢花。有一个叫袁玥的同学是学生会的学习部长，她很喜欢拍花。有一天她看到我，就来问我："老师，这是什么花？"说实话，我不是学生物的，这些花我不认识，怎么办？我告诉她有一个软件，微信里现在都有识花的软件，把软件一打开，把图片放进去以后，它就会自动告诉你这是什么花、属于什么科、药用价值是什么等等。有了这种移动终端以后，我们可以开展很多探究性学习。

这些信息技术终端可以为我们的教育教学以及智慧校园的打造带来很多的可能性。所以，我们现在也给老师们装了很多软件，特别是基于思维的可视化学习、基于AR的订阅学习、基于增强现实的情境学习等软件。我们现在还做了两件事情，一个是消防安全的空间体验，一个是地震安全的教育活动空间。这两个都是应用了VR和AR的技术，完全按照学生的课程来设计，学生确实学到很多。

第三个故事：被美国校长高度赞扬的学生。

我们有一个学生叫于桐，她在一次学校艺术节晚会上表演舞蹈，她体形比较胖，但表演得非常好，跳得特别灵动，我印象非常深刻。后来，她申请去了美国的一个公立学校读书，虽然她在班上的分数处于中等，但是她情商比较高，英语口语也不错，同时也有舞蹈特长，所以她申请成功了。

3个月后，我收到她的美国校长发来的一封信，对她大加赞扬。如果仅仅是按分数去评价这个学生，她可能只是一个很普通的学生，但是她去美国以后，学习动力很足，还代表学校参加了很多比赛，个性得到了很好的张扬，特长也得到了很好的发展。

通过以上三个故事，我是想说明，我们的教育应该充分尊重学生，发展学生的个性，同时面对大数据时代的学习者，我们要利用现代化的新技术融入课堂、融入教学，用数字化的学习方式来促使学生主动学习。

三、建立智慧评价平台

我们学校开办一个学期以后，我就发现，把技术融入课堂，应用得好的话，对于学生分数的提高是很有帮助的。年前，教育局领导看到我，问我学校搞得怎么样，我说我不知道，等春节过后再看。后来数据一对比，发现真的很不错。我希望搭建一个全面评价的平台，一方面能够促进学生全面发展，另一方面又能够促进学生的个性发展，还可以全程呈现动态轨迹，并且能够自动生成评价。我后来跟我们的老师花了差不多两个月的时间，整理了一份评价指标，有10大模块、53个观测点，现在从国家到省都在推综合素质评价，我们早走了两年，现在我看广东省发布的评价是5大模块，我们设置的有10大模块。

我们学校的学生配备手环，有了手环可以收集很多数据，包括答题的情况、小组合作的情况等，自动导入到这个系统里，生成一个雷达图，班主任可以看到学生的横向对比。系统还可以自动生成一个评语，学生和家长可以查到。到了信息化时代，老师轻松很多，这些评语一旦设置好之后，就可以自动生成，老师也可以设计一些评语放进去。

四、建立云平台的教研管理系统

经过两年半的发展，作为新学校，我们取得了一点点成绩。比如学校的管理者经常会遇到一个问题：到了学期中或者学期末，会发一个通知，要求老师们第二天上午九点交平时听课的笔记，当天晚上有很多老师都在赶这个笔记，为什么？因为平时没有真正把教研落到实处。有的时候你开展的一些研究、写的一些论文和案例是有价值的，但是最后发现素材没有了，怎么办？所以我们建立了一个云平台管理系统，老师带着手机去听课，课上拍的很多素材就自动上传到这个系统里去，当天就提交，实时递交。那么到开展教研的时候，素材也有了。

受市教育局的委托，我们还托管了一个低收费的民办学校，当时也是希望通过补短板来提升教育质量、促进教育的均衡化和优质化。那所学校离我们学校很远，开车过去都要一个多小时，我们通过信息化技术实现远程同步会议、同步课堂，这方面我们做得很到位的，学校的教学效率也提升很快，我还专门指导他们搭建了这样一个平台。我记得当时他们的董事长请我过去，问了两个棘手的问题：第一个是收费怎么弄比较好，原来都要家长、银行交点费用到那里排队，排队还得打架。我说很简单，可以用网络支付。第二个是校车安全问题，校车到哪里怎么知道？后来我们搭建了相关平台，效果非常不错。现在这所学校的学生和家长对学校的认可度逐渐提高，学生和家长评价：很喜欢学校的氛围，学校平时做的和说的一致，家长觉得老师有爱心、学校课程丰富、信息化应用得非常到位等。

经过一段时间的实践和创新，我们也取得了一定的成果，例如，我们获得了广东省教育创新成果一等奖，获得了"国家教育信息化产业技术创新实验学校""全国创客教育实验学校"等称号。学校师生两年来获得市级以上的奖励达到400多人次、学校接待来自省内外6000多名嘉宾参观学习，由我主持的《基于信息技术的智慧学习环境的构建与实践研究》获得了省重点课题等等。

最后我想说，未来已来，我相信信息技术一定会改变教育，给教育带来更积极的变化。

创新者课程体系建构的思考与实践

深圳市南山区香山里小学校长　李红霞

各位前辈、各位同仁、各位技术界的专家，大家下午好！我今天主要从逻辑起点、结构与内容、课程实施、学习评价这四方面谈一谈我们深圳市南山区香山里小学的教育创新实践。

一、逻辑起点

我们学校在筹备之初就考虑要培养什么样的人，这是最核心的问题。在现代，我们创建一所新学校，是不是还像原来一样，一步一步地朝着既定的能看得见的目标去培养人？我们认为，现在的小学生要十几二十年之后才能走向社会，那么教育的前瞻性就体现在我们要为未来办教育，所以我们的逻辑起点就是要办一所为未来而教的学校，要培养为未来而学的人。

我们把学校的办学理念确定为"创新·未来"。我认为应该有三个层次：第一，创新链接未来；第二，我们要以积极主动的态度去拥抱未来；第三、用创新创造未来。我们的育人目标是培养具有中国文化基因、有领袖气质和非凡创造力的未来世界公民。我们给孩子不断强化的概念是"我能改变世界"，我们希望孩子们树立这样的信念，改变世界从改变自己开始，我们一定能够通过改变自己、改变身边的每个人，来实现改变世界的壮志。

落实到课程上，首先，我们这个课程体系是结构化和系统性的；其次，我们的课程要在广度和深度（梯度）上有一个全覆盖。广度主要来自加德纳的多元智能理论，梯度就是指从技术能力到高级的能力逐层培养。课程目标就是根据学生自身能力、发展倾向使学生发展成为最好的自己。

二、结构与内容

我们学校的课程体系主要由三大类和34门课程构成，方式有分科教学和项目式学习，编班有自然年龄班和混龄班，就是我们所说的选课和走课，评价包括前测、过程性评价和结果性评价。

三大类课程以国家课程为主干、拓展课程和艺体强化课程为两翼。在育人功能上，国家课程主要培养基本的学科知识、技能和素养，拓展类主要指向社会性发展、智能发展的进一步强化，艺体等强化课程主要解决体质体能和人文底蕴的问题。

李红霞

创建这样一套课程体系主要是为了解决学生的个性化发展的需求和课程的统一标准化之间的矛盾。具体课程内容的筛选有两个原则：一是满足儿童某种或多种智能发展的需求，二是课程开设时段与儿童身心发展规律相匹配。

我们的课程注重基础知识和基本技能的开发，如果没有掌握一定的知识量，创造性的思维也是不能发生的。你首先要具备一定的知识基础，然后才能够做出有创造力的一些活动。没有坚实的知识和技能作基础，学生不可能在生活和学习的情境当中创造性地解决问题。

三、课程实施

我们的学习方式主要是分科学习和项目式学习。分科学习针对低学段的学生，加强他们的基础知识与技能。项目式学习针对中、高学段的学生，培养他们的高阶思维与综合能力。

我们借助了信息化的手段开展课程，包括针对写作能力的提升平台，针对数学的游戏化的线上学习和线下学习平台，还有英语的自然拼读VR教学，以及多学科的3D资源包等等，资源相当丰富。我们在课程的实施中，从学生的真实需求出发，匹配恰当的教育技术，使课堂教学质量与效率大大提升。

四、学习评价

我们学校设置的这个测评功能一方面用于掌握学生的学习情况，另一方面是作为重要的教学工具。测评也是帮助学生学习的重要方式，当学生再遇到曾经测试过的知识时，无论当时考试时是会还是不会，大脑都会处于更加兴奋的状态。所以，我认为适量的频度测试还是很有必要的，但我们在做测试的时候要掌握好"度"。我们的测评是多种形式的，包括学前的、学中的、学后的、章节回顾的、结果性的、纸质档案的、电子档案的等。综合性的评价也有很多，如表现性评价、综合结果性评价。简而言之，香山里小学采用多元智能的测评，是以多元智能理论为基石，使用游戏化的测试任务，以机器人、平板电脑为辅助工具，对课程质量、效果进行评价。

定制式课程配置有四个步骤：基于多元理论创设的课程库、对学生实施科学测评、完成人与个性化课程包的匹配、个性化教学方案的具体实施。创新者课程体系的构建要从需求出发，为学生量身定制，实现持续迭代。

谢谢大家！欢迎大家来深圳市南山区香山里小学作进一步的交流！

技术+课程的融合与创新

广州市农林下路小学校长　吴琼

大家好，非常高兴来到凤城，在品尝了凤城的美食以后，在这里跟我们凤城的教育同行分享和交流我们的教育心得，我觉得非常的荣幸。

广州市农林下路小学是地处老城区的一所小学校，我们学校的占地面积只有四千多平方米，目前为止有36个教学班，在校学生超过1500人，可以说是一所名副其实的小学校。学校虽小，但我们的教育情怀不能小。我们一直怀揣着要做大教育的梦想和情怀，探索着信息技术与学生课程整合的高效减负的有效课堂。十多年来，我们一直在孜孜不倦地探索着。直到2010年，我们通过一个偶然的契机接触到了项目式学习这样一种非常好的教与学的方式。于是我们把项目式学习和国家课程融合起来，进行项目式课程的开发与实践的研究。几年下来，我们感觉项目式课程的确是一种实现技术+课程融合创新的比较理想的方式。所以，我今天在这里跟同行们分享一下我们的教学成果。

扫一扫，
观看现场演讲

一、学习即探究

学习即是探究的过程。项目式课程是用项目或者项目管理的理念,让学生在探索真实世界的问题的过程中设计和实施项目,然后在设计和制作项目作品的过程中学到知识,提高能力。

老师们在进行项目课程设计的过程中,首先会寻找一个与学生实际生活息息相关的真实问题作为一个项目的驱动问题,让孩子们带着这个问题,以解决问题为目的,去进行自主学习和小组合作的探究。在探究过程中,学生可以在开放的互联网上查找各种资料,然后以小组为单位探究怎么去解决这个问题,以作品的方式来呈现他们探究的结果。

在这个过程中,我们的项目课程涉及跨学科、跨年级的学习内容的整合。不管是哪一种整合,都与信息技术紧密联系,可以说技术贯穿着我们整个的学习过程,它是我们在这个学习过程里面必不可少的一种工具或手段。

二、成果即作品

学生学习的成果就是作品。学生在探究问题的过程中以各种适合解决问题的方式来设计他们的成果。比如说他

吴琼

们可以呈现一种解决问题的设计方案，也可以制作和拍摄微电影，制作手抄报，或者制作一个思维导图，甚至制作一些模型。这些都是我们的孩子们制作的各种各样的作品，也是他们的学习成果的呈现方式。这种方式可以说是一改我们过去只是用一张试卷来评价学生的学习方式。孩子们做的微电影、手抄报、模型等，都是他们在学习过程中非常乐意去完成的作品。我们从2010年开始就已经实施无作业假期、无作业周末这样的教育方式。所谓的无作业其实只是不布置学生做书面的机械练习的作业，但是动手操作的实践性的作业是依然有的。

三、成效即发展

经过几年的实践以后，我们发现项目式课程带给我们的不仅是学校的发展、教师的发展，更重要的是学生在这个过程中得到了非常好的发展。学生在学习的过程中始终保持着非常高的学习热情、良好的学习态度，因此他们在学习的过程中，能力和水平一直持续地提高。这几年来，我们学校的毕业生可以说受到了广州市不少名校，像执信、省实、广雅、华师附中、广大附中等学校的欢迎。这些中学普遍反映我们的学生到了中学以后，后续发展能力非常强。

老师和学生在教与学的过程中互相成长。老师在指导项目式课程的过程中，观念得到了非常大的转变。而且通过信息技术进行学习，老师们也在不断地提高自己的信息技术应用能力，提高自己认识世界的能力，不断地拓宽自己的知识面，以适应这种极为开放的学习方式。近几年来我们老师的观念得到了很大的变化，专业水平得到了很大的提高，我们有七位老师被评为副高级教师，其中获得省、市、区优秀学科带头人称号的就有15位。

在这个过程中，学校也得到了发展。2016年和2017年，我们连续两年作为接待教育部厅局长教育信息化培训班的现场教学点，展示了信息化应用的课堂。2018年，我们参加了教育部信息化专题调研广东省座谈会，做了小学信息化应用的汇报。我们这个基于国家课程开发与实践的学习项目获得了广东省教育成果二等奖。同年5月，我们学校作为广东省唯一一所代表学校参加了教育部举办的全国中小学教学信息化应用展览。学校近几年的发展，得到了社会各界和上级主管部门的认可。

2010年刚开始进行研究时，我们是感觉非常孤独的。近几年来，有了上级、同行们的支持和认可，越来越多的学校参与到我们的实践当中。近几年，我们接待了来自全国各地以及新加坡的同行，进行了项目式课程的分享。所以，我想在研究的道路上，我们是越来越不孤独了。

四、研究即改革，改革即创新

接下来我跟大家分享一下我们这几年来研究的过程。研究即改革，改革必须有创新。在这几年里，我们从课程改革到教学改革再到协同创新，走过了一条自我发展的道路。前两年，我们的研究已经整合成了一本项目式课程的理论性专著，今年我们又开发了语文、数学和英文三本校本教材，可以供同行交流、借鉴。

在教学改革的过程中，我们也进行了一些有益的探索。我们搭建了一个课程研究的框架。我们实施课程的时候，首先建立了由专家和管理者、专家和教师、教师和学生三个团队组成的项目团队。团队在技术的支持下进行课程的改造。我们老师在现有国家课程的基础上，研究国家的课程标准，然后把课程进行项目化改造，把它变成一个个适合项目式学习的项目包，并进行教学设计。

在项目设计的过程中，我们有几种不同类型的项目，最常见的就是以学科主题为主的一些小项目，比如语文和英语的单元学习。因为一些单元的课程学习本身就是一些相近的主题，所以我们直接把它设计成一些小项目。也有一些贯穿整个学期或整个学年的大项目，聚焦真实问题的解决，例如我们语文科五年级老师们设计的古典经典名著的鉴赏项目就是贯穿了整个五年级一个学年来进行的。

我们在教学过程中遇到的一些教学难点或重点比较难以突破的时候，老师根据这些难点和重点去设计一些与生活实际相关联的真实问题，让学生在一节课或者半节课里面去完成，这样的项目叫做微项目。项目实施的过程中以问题为驱动让学生进行探究活动，最后形成项目的成果，然后通过多个维度的项目评价，完成我们整个项目的实施。

在这个过程中，我们也探索了项目式课程的一个简单模式，也是项目式学习的流程。流程分为启动阶段、探究阶段和评价阶段。在启动阶段我们主要是以问题引领、搭建框架为主。探究阶段是学生自主研究、讨论。在评价的阶段是学生进行成果的展示，互评共进，每一次学生在形成了成果以后，会以小组合作的方式进行汇报，展示他们的成果。

几年下来，我们感受到了项目式学习的几个明显的优势。首先它把以讲授为主的传统课堂变为现在以学生的自主合作为主的课堂，这样一来学生的兴趣就提高了。传授的知识也从单一学科的知识转变成跨学科整合的知识，开阔了学生的视野。从知识的传授到问题的解决的过程，活跃了学生的思维；从记忆应用到创意物化的过程，激发了学生的创造力。

五、协同创新

在项目实施的过程中，我们也需要借助各方面的力量。首先是与高校合作，开展协同研究。在研究的过程中，我们跟华南师范大学、陕西师范大学进行了合作，还借助一些教育行政部门的优势，包括广东省电教馆在内的这些指导单位，跟我们一起开展每个学期学习主题的制定，由专家到学校来引领师生这样的方式进行协同研究。另外我们把各方面的资源，比如社区的资源、家长的资源、学生的资源等各方面的资源整合在一起，作为我们这个协同研究的方式。

最后一点是跟企业进行合作，研发我们的学习平台。在我们这个项目式学习里面，一个非常重要的技术手段就是学习平台。学校跟企业合作，我们提出需求，企业根据我们的需求来进行搭建。每一个项目的学习过程中，参与项目的老师和学生会组建成一个项目学习圈。在这个学习圈里面老师会发布驱动性问题以及支架性的问题，然后观测学生整个学习的过程。

老师们会在学生学习的过程中不断地发布学习情况的资料，发布讨论圈的结果，然后学生们会进行一些互评，浏览其他学生学习的情况。在这个过程中可以做到师生的互动，另外家长也可以进入这个学习圈里面，实时地看到自己的孩子和其他孩子在学习过程中的情况，也可以通过对比了解自己孩子的学习状态以及孩子的学习水平在班级里或者在这个学习圈里处于一种怎么样的水平。

今天跟大家分享的是我们在这几年里进行项目式课程开发的情况。经过这几年的探索，我们感觉到我们所走的路径应该是正确的，符合我们21世纪人才发展、人才培养的需求，也符合我们信息时代对教育改革的要求。所以我们非常有信心在接下来的日子携手共进，把我们的研究继续进行下去。谢谢大家！

智慧管理的迭代与更新

佛山市顺德德胜小学校长　刘宇平

各位好，我演讲的题目是"智慧管理的迭代与更新"。我将分三个阶段与大家一起分享。我把我的管理界定为三个阶段，分别是智慧管理1.0，2.0以及3.0时代。

一、回顾智慧管理1.0时代

时光倒流，我们回到16年前，2002年的9月，嘉信西山小学，也就是现在的德胜小学正式开办。作为一所全寄宿的民办学校，当时我们作为管理团队是相当有压力的。我一直都记得这样一个画面：每天傍晚，我们值周的行政人员都会在一块大黑板上面满满地写上明天的工作安排，第二天一早，我们的老师就会匆匆忙忙地来到这块黑板前面查看工作安排，效率非常低。

每天傍晚都有很多家长来学校看自己的小孩，影响了我们的管理秩序。每天都有很多家长打电话给我们的老师，询问孩子在校的情况，严重地影响了教学秩序。看到这一切，我想必须要改，必须要借助信息技术手段去改变我们学校的管理，去实现跨越式的发展。

扫一扫，观看现场演讲

想法很多，怎么改？2002年，我有缘认识了当时北京师范大学信息学院的黄荣怀老师，黄老师的想法和我们的思路不谋而合。2003年2月，我们与北京师范大学合作签约，建立了嘉信西山小学虚拟学习社区。

学习社区给我们带来了怎样的变化？首先，它改变了学校的管理模式；其次，它改变了教学方式；再次，它架起了家校共建的桥梁。

第一，学习社区改变了学校的管理模式。曾经有一位新加盟的老师在给我的邮件上面写道：工作了17年，第一次碰到您这样的校长，一学期只开两次会，话也不多，但大家都很默契，学校的一切都能够高效、良性地运作。也许他背后的潜台词是这个校长有点懒，但是正是信息技术给了我偷懒的理由。从15年前开始一直到现在，我们的老师每天回到学校第一件事就是打开电脑查看学校的工作，包括每天的工作安排、网上报餐的情况，以及查阅当天收到的邮件。维修组的同事也会上网查看当天的维修任务，各个部门都可以从网上找到他需要的材料。每天值日的行政工作人员在下班前都会把一天的值班情况做一个小结，然后把突出的重点问题打在公告上，并加以引导。就这样慢慢地，一天一天，一点一滴，把学校的办学思想都渗透到里面去，让老师们都认同学校的办学理念，朝着一个方

刘宇平

向共同努力。

第二，学习社区改变了教学方式。首先，它拓宽了学生的学习方式。15年前，我们的老师已经习惯了在网上布置作业，当学生完成作业以后，老师可以在网上进行评价，还可以让学生之间进行互评。评价的主体从以老师为主导转变为师生之间平等的互评，更全面地反映了学生的全面素质。

此外，平台还策动了老师的教学反思。15年前我们已经要求老师把在教育教学过程中的一些心得体会写成博客发表在平台上，其他老师可以在上面加以评论，达到智慧共享、共同提高的目的。这个习惯我们一直坚持了15年，到现在老师们每个月还要完成各自的博客，然后分享到平台上面。

第三，学习社区还架起了家校共建的桥梁。15年前，QQ只有四岁，离微信的诞生还有8年，但是我们已经建立了家校共建的互动平台。我们给每个家长一个固定的账号，家长可以进入学校的平台查看学生在校的生活情况和作业的完成情况，也可以与学生、老师沟通，与其他家长分享自己的家教理念。虚拟学习社区的诞生为家校互动开辟了一个新的天地，为寄宿学校打开了一个家校互动的新模式。

有一位家长曾经在学习社区平台上发表过一首小诗，我在这里与大家分享其中的几句："如果你已经习惯了每天上班第一时间就是打开电脑/如果你习惯了发邮件而不是跑邮局/如果你习惯了逛网上商城/而不是去逛步行街/既然你已经习惯了把咫尺变成天涯/为什么不多养成几个习惯/上学校的平台与老师沟通/上学校的平台与学生沟通/上学校的平台与其他家长沟通/还可以完成你的博客。"这首小诗是2006年写的，它是我们智慧管理1.0时代的一个美好的回忆。

二、发展智慧管理2.0时代

随着时间的推移，我们的智慧管理进入2.0时代。这个时期QQ、微信群已经被广泛地使用，而我们的学习社区也在不断地推陈出新。我们借助信息化技术手段，进一步优化我们的教学管理。

我们自主开发了很多个手机软件应用于教学管理中。例如，1.0时代的选修课报名需要家长和学生报了名以后，班主任再上网输入资料，然后教导处才能够进行分班。这几年我们尝试通过手机去操作。头一两年会碰到因为网络堵车而造成服务器瘫痪的情况，但是这两年经过不断的修改和完善，我们的手机选课系统已经很成熟了。今年学校为每个年级安排了二十多节选修课，在系统开放选课时间后的五秒钟之内，大部分的学生和家长都能够顺利地选上课，这就归功于我们的技术。

我们的英语老师自主开发了英语王国学习平台，在1.0时代只能通过电脑使用，但是现在我们把它升级成手机版。只要有一台手机，无论何时何地，学生都能够进行个性化的英语学习。

在2.0时代，我们还致力于打造智慧课堂实验室的开发与应用。我们引入了全息记录技术，老师进入录播教室，只要一键式操作，系统就能把一节课完整地记录下来。课后，平台就能够生成分析数据，老师们可以把课程视频调出来进行切片分析，集体修改后再授课。

三、展望智慧管理3.0时代

智慧管理2.0，我们还在路上，还有很多的小目标等着我们一个一个去实现。展望3.0，我们能做些什么？我们应该做些什么？这是我一直在思考的问题，也是一个让人困惑的问题。我想也许会有以下五方面的改变。

第一，学校的转型——计划将学校打造成更灵活，更开放的个性教育空间。第二，管理的转型——将由经验型的管理转向基于智慧、科技的管理。第三，教师的转型——将由课堂的授课者向学习活动的设计者去转变。第四，课程的转型——课程将越来越多地变成线上和线下的融合。第五，评价的转型——将借助信息化手段，对学生进行更多样化的评价，跟踪采集学生的知识能力水平，为学生的成长提供更多的可能性。

人工智能时代会有更多的不可想象的东西出现，我们生活在这样一个大时代，我觉得非常幸运。科技进步一日千里，我们作为学校的管理者，要把握好这个时代，不论是现在的山长还是未来的山长，我希望我们都能通过人工智能的协助培育英才，不辜负这个美好的时代。

我的演讲完毕。谢谢！

信息技术赋能下的教与学

佛山市顺德区梁开中学校长　李贤锡

各位领导、各位同仁，上午好！今天我和大家交流的主题是"信息技术赋能下的教与学"。三尺讲台，三支粉笔，三千桃李，这是大家再熟悉不过的场景。老师也很有才，凭着一肚子墨水就可以把一个个的知识点、一道道的难题讲得清清楚楚、明明白白。这里所说的一肚子的墨水，是指老师必须具备相应的人格魅力、知识储备以及教学基本功。作为老师，在教学的过程当中，做到这些是应该的。多少年来，教育都是这么走过来了。到了今天，一台电脑、一部手机连起了整个世界，在这样的历史背景下，单凭老师的一肚子墨水以及黑板加粉笔的组合，能不能大幅度地提升学生的学习能力呢？答案不言而喻。梁开中学也在思考，在当今的时代背景下应该选择怎么样的手段来连接教与学。

一、"玩出来"的积极课堂

2016年9月，梁开中学开始使用云教学平台，打造智慧课堂，助力师生的发展。这是2017年我们学校承办的广东省初三数学复习课信息技术创新教学研讨会活动上吴冰老师执教的多

扫一扫，
观看现场演讲

边形与平行四边形一课。课室里面除了常规的教具，还有人手一台的平板电脑。吴老师点开云教学平台，同学的平板电脑上就显示出每一个同学预习的情况，包括任务完成情况统计、用时统计、得分情况统计等等。在每个同学的名字旁，还有平台对每一个同学预习情况的分层评价。上课了，吴老师根据同学们在预习中所出现的问题进行了授课调整，有侧重地进行了相关讲解，而且利用数字化的教学资源，帮助同学们掌握重点，突破难点。

听课的老师纷纷表示大开眼界，但是心里面也有疑虑，这一节课下来，学生究竟学得怎么样？这时候课堂的检测开始了，吴老师把这一节课的检测题在平台里面推送给学生。时间一分一秒地过去，课室的屏幕上显示出每一个同学所提交的检测结果，而且从这个检测结果可以看到每一个同学的答题情况。下课铃即将响起，吴老师把这节课的微课推送给学生，让还没有完全掌握的同学在下课后还可以继续学习。

这节课我们的学生表现非常棒，在"学"里面"玩"出了精彩。我们看一下同学们所展现的课堂状况：目光炯炯，这是兴趣盎然的眼神；侧耳倾听，这是聚精会神的姿势；全神贯注，这是全情投入的风采。我们利用平板电脑推送习题，学生在课堂里面争先展示。学生的自豪溢满心底，笑容写在脸上。

李贤锡

通过这节课，我们看到信息技术在教学中改变了知识的呈现方式，重构了课堂和教学，支持了差异化的自主学习，及时检测反馈，促进学生掌握重点，突破难点。

二、"玩出来"的创新素养

在梁开中学，信息技术除了与学科教学深度融合之外，还有力地促进了学生创新素养的培养。我们学校长期坚持开展丰富多彩的第二课堂活动。在电脑室里，老师用心地辅导着同学。有的同学在学习趣味编程，他们面前的屏幕不断地跳跃着各种公式和代码；有的同学在学习动漫创作，他们面前的屏幕五彩缤纷，一个个的卡通人物活灵活现。一天天、一月月、一年年，我们的同学都坚持下来了，这种坚持不仅是因为每年能取得不俗的成果，更多的是因为同学们对这项活动的热爱。

幸福来得很突然，顺德区将组队参加国际中学生资讯科技大赛，我们的学生也很想跟外国的高手比一比，检验一下自己坚持了那么久之后，现在的水平究竟是怎么样的。很幸运，我们的作品通过层层筛选，获得了上级部门的认可，得到了大赛组委会的青睐。我们的同学踏上了征程，远赴罗马尼亚参加现场的比赛。作为学校，我们当然也希望同学们能在比赛当中争金夺银，但更为重要的是，我们希望同学们能够通过这次比赛去感受信息技术怎样促进创新，了解信息技术怎样影响未来。在赛场中，我们的同学通过现场作品的展示以及答辩，尽力地展示中国学子的风采，静静地等待比赛结果的到来。非常开心，最终我们获得了梦寐以求的金牌，扬威国际。

成绩永远属于过去，我们不会停止追求的脚步。在同期举行的全国中小学生电脑作品制作比赛中，我们的同学获得了四个一等奖，创了顺德区学校的新高。这一切都源于我们利用信息技术培养了学生的创新素养，让同学们在坚持中"玩"出了精彩。

三、在"变"与"不变"中展望未来

当下教育面临的一个问题是"不变"与"变"，不变的是学校的功能、老师的职责，还有我们所追求的公平与品质。我们所教的内容，教的方式、方法则一直都在变。在互联网＋时代，信息技术的发展为这种"变"提供了技术的支撑，目的是获得更好的"不变"。

　　展望未来，我们认为信息技术不能代替老师的教与学生的学，但一定能更好地助力教学，促进学校的发展。在互联网＋时代，技术一定会成为推动教育发展的推手，最起码能够为解决目前教育所遇到的困难、问题，提供一个有效的解决方案。希望在不久的将来，我们能够利用信息技术实现差异化的"教"，个性化的"学"，智能化的"管"。梁开中学在信息化的道路上已经走了很长的一段路，信息技术与教学的深度融合，凝聚着开中人的深深思考和勇于实践。我们也正乘着信息化这朵美丽的云，坚定地走向未来。谢谢！

创慧世纪，为成长插上翅膀

佛山市顺德区世纪小学校长　孟宪萍

各位领导、专家、同行们，大家上午好。刚才听了几位校长的分享，我很受启发。的确，智慧校园的建设要素非常多，我们可以系统地推进，打组合拳，我们也可以因人、因时、因地，去找准切入点重点突破。但我相信大家应该有一个共识，那就是智慧校园的建设最终的目标导向一直都应该是回归教育的本源。

一、机器人项目的"三多"和"三不多"

科技赋能下，我们聚焦的仍然是人的可能、人的发展、人的成长。在世纪小学，我们选择的切入点是智能技术的学习，并构建相关的课程。我们的主阵地是创客中心，我们在这里开设6门基于普及的、进入课表的普惠课程，开设15门基于特长、促进提高的社团课程，开设3门基于持续发展的、与初高中合作的共建课程。这三个课程让我们2383名世纪的孩子全员、全面地参与到学习当中去。当教育同行到我们这里来交流、参观时，总有人会这样问我："信息化建设的点这么多，在当下大家都在想大数据，想互联网，为什么你们还在做这个点？"也有人问："这些项目我们也在搞，我们会组织孩子们搞第二课堂，我对你们的普惠课和共建课很感兴趣，能说说你们是怎么设计、怎么开展的吗？"所以今天我也想借这个机会跟大家分享和交流一下。

我们先来说第一个问题，为什么选这个点？我们基于两个方面。首先是对校情的调研和分析，第二是对"新时代培养什么样的人"这个问题进行了思考。三年前我来到世纪，首要的任务就是做校情的分析，要找到学校的最近发展区。在信息技术科我发现了机器人这个项目，我也同时发现了它的三多、三不多。

哪"三多"？第一，开展的年头多。2006年我们的崔中红老师就已经在研究足球机器人和灭火机器人了。第二，获得的奖项多，国家级的奖状贴了一墙。第三，培养的孩子很多是冠军，而且他们全面优秀的也非常多。哪"三不多"？场地不多、设施设备不多，孩子们的受惠面不多。我了解到，当时每年只有8到10个孩子参与到机器人项目研究中。大家看，这"三多"让我们感受到、看到的是这个项目之前的发展非常地扎实，我们的老师非常优秀，很棒，最重要的是通过多年的实践证明了智能技术的学习项目对于孩子的成长是有积极的作用的。第一，提高

孟宪萍

了孩子们对智能技术的掌握和应用，让孩子们会用和善用智能设备。第二，能够提升孩子们的智能水平，包括认知智能、情感智能、秩序智能等等。第三，我们发现智能技术的学习可以培养孩子们良好的品性和远大的理想。这一切不正是我们新时代要培养的人才的方向吗？所以经过论证，我们发现这"三多"可以成为我们的切入点。

那"三不多"呢？"三不多"也很有价值，它让我们看到我们发展下去的方向和路径，就是要让更多的孩子参与到学习当中来，进而我们有了普惠课和共建课的思路。说到这儿，我们就来谈一谈普惠课和共建课建设的情况。我想这个问题应该是在思考新时代教育该怎样培养人的问题。我们先说说普惠课。我们是抓住三个方面来开展的，第一个是根据学生的年龄和认知特点，第二个是抓住国家课程的相关设置，第三个是充分地思考学校的场室等资源的现有情况。我们可以看一下，一、二年级的孩子们年龄小，能够使用的设施设备是很有限的，但是我们可以帮助孩子们从一支笔、一张纸、一个手掌印的轮廓开启无限的美术创想。二年级简单的科学方面的小设施，可以让孩子们走进创想的世界。我们再看三、四年级。在座的教育同行都知道，三年级信息技术课已经开了。我们开设了电脑绘画课，孩子们取得的成效也是不错的。四年级开设动漫制作课。这个要作为重点来提，因为动漫是我们大良街道的地方性课程，支持和推进很有力度，孩子们也很喜欢，我们根据实际情况还编写了一套属于世纪小学的动漫校本教材。五年级开展的是之前提到的机器人项目。为什么选五年级开设？因为经过两年信息技术的学习，孩子们可以去摸、去玩机器人了。其实，这个项目的难度非常大，因为涉及场地、器材等问题，我们非常荣幸得到了我们的主管部门的大力支持，主管部门也鼓励我们跟专业的研发团队、高校的实验室取得联系。在大家的共同努力之下，我们有了一间专门的教室，可以容纳50个孩子同时开展机器人学习，实在是太好了。在六年级，我们开设了影视与制作课程。

二、普惠课、共建课的创新与展望

开设了普惠课后，我们就一路走下去，发现孩子们有时会"吃不饱"，很多孩子展现出超前的天赋和潜能。所以我们又在思考跟更专业的团队，比如广工大的数控研究院引进很多项目，我们跟热心公益的企业去谈，给我们资金支持。就这样我们引进了无人机、3D打印、开源硬件、AR、VR等等新的技术，使之成为我们的社团课程，就这样我们走了下来。

坚持下来的六个普惠课程以及不断拓展的社团课程，让我们在实践当中有很多的体会，而这些体会往往来自我们之前的担忧和疑惑。比如说有的老师会问我，校长，我们开普惠课，那些没什么天分的小孩感兴趣吗？听得进去吗？跟得上吗？实践证明，只要我们为孩子们提供好的课程和资源，每一个孩子都会成长，都会成为更好的自己。再比如，我们对国家课程进行整合，我们要编校本教材，我们增设了一些内容，老师们消化得了吗？实践证明，只要给老师们有价值的课程，给老师们可以操作的方法和明确的目标，老师们就会全身心地投入。他们会不断地去学习，去提升和成长，成为更加优秀乃至卓越的老师。再如，我们的课程设置严谨吗？科学吗？经得起论证吗？实践证明，边实践边优化，课程也会成长。最重要的是我们不断地在践行，为每一个阶段的孩子搭建成长的阶梯。这一点太重要了，所以我们一路走了下来。

再说一说共建课。我很关注这方面的资料，比如德国的创新人才培养是阶梯状的，又如2017年5月比尔·盖茨的夫人牵引创新课程计划，把高中生带到大学去学习。各国都在思考人才培养序列的问题，我们现在跟初中以及高中合作共建课程，就是基于这样的一个角度。我们希望，虽然我们是小学，但我们要成为创新人才培养序列里基础但重要的一环。现在我跟大家说的把智能技术当作课程内容，只是1.0时代的一种应用，但是我们清晰地看到它促进了学生、老师和学校的成长。在未来，我们要走向融合创新的2.0时代，我们要做什么？我们在深入地思考创新技术在学科方面，在学生成长方面的融合和应用，我们的思路是想做创客和STEM课程。我们要去展望，相信这一切的展望能够让充满着创新和智慧的世纪校园更加地蓬勃，也希望这一切的探索能够为世纪校园里学生的每一分成长插上一双翅膀，让他们成长得更快，成长得更好，飞得更高。

希望技术的赋能可以推动教育行业的腾飞。我的分享完了。谢谢大家！

智慧学习生态系统的构建

深圳市龙岗区平安里学校校长 毛展煜

尊敬的各位教育同仁，非常荣幸能够在这里分享我对智慧教育的一些理解。每个人对智慧校园可能有不同的理解，不同的专家也曾经做过很多不同的论述。从2012年开始，有关智慧校园建设的维度在不断地变化。我们做了文献对比之后发现，专家们最后都聚焦在这六个方面：智慧的学校管理、智慧的校园环境、智慧的评价模式、智慧的学习发展、智慧的课程管理，还有智慧的教师队伍。

我认为智慧校园要借助现代信息技术手段，充分感知师生的教学行为和学习发展，通过数据的收集和分析，个性化、智能化、精准地配置学习资源、学习方式和管理模式，从而形成最佳的智慧人才培养效果，达到最大的管理效能。今天我将从以下四个方面来讲一讲我对构建智慧校园生态系统的一些理解。

扫一扫，
观看现场演讲

一、资源的整合和管理

首先是资源的整合。国家已经出台了关于智慧校园的国家标准，对"什么是智慧校园"在硬件上已经有了一个初步的、比较科学的评判。根据国家标准，智慧校园框架主要分为四个层面：基础设施层、支撑平台层、应用层、应用终端。那么一定是对这四个层级进行整合和管理才能够最终形成我们的智慧校园。我相信今天来参会的老师、校长所在的学校，不一定是所有层面都能够运作得很好，但是一定已经达到了某一层次。特别是基础层，我相信顺德的学校、我们广东的学校基本上都没问题，但是在支撑平台层和应用层大家的理解和所做的事情不太一样。

我问一下大家，在学校的管理中，是不是用了很多软件？有学籍系统管理软件、财务管理软件、教师职称评定的软件、学生的评价软件、家校联系软件、学生考勤、成绩分析软件，等等。我们每个人的手机里面也会有很多软件。那么对于一个智慧校园来说，最难的是什么？我觉得最难的是软件的背后能发生什么。

举个例子，我作为一个校长跟A公司签了协议，做了一套学习分析系统，可能若干年以后这个公司倒闭了，或者因为各种原因不合作了，我们换了B公司，那么A公司

毛展煜

的数据能不能留给B公司用？我们与不同的平台合作，不同平台之间的数据是要反复地从这个公司到那个公司，不断地去和很多人对接，还是它可以自动地生成？所以我认为在资源整合方面，最重要的就是要做到平台的打通和数据的共享，这样才能够真正产生有效的大数据，而大数据是未来智慧校园、智慧学习最重要的一个基础。

我们数据的收集可以有很多种，比如从日常平板电脑的使用，人脸识别、情绪识别等等很多先进的软件，包括我们的社会性的大数据，我认为对这些数据进行融合才是关键。又如现在我们各个教师可能也会用各种手机端的教学平台，但是这个平台的数据永远是这家公司的，学校很难完整地调用，而将来需要把它打通，这样才能够真正形成大数据，才能够用于我们的智慧教学和智慧管理。我们上面展示的是我们所理解的智慧教学的场景和智慧管理的场景，由于时间关系我就不细细地讲了。

我们学校目前在做的，是打通了数据交换平台，实现了各个平台数据的统一、实时交换。比如说我们的办公系统、人事管理系统、一卡通考评系统、图书借阅系统等等，大家可以在一个平台上进行数据的共享。我们有36个班用了平板电脑教学，每天在发生的一些事情，学生的学习行为、教师的学习效果是什么样子的，背后都有数据可供统计和分析。

二、教师教学方法的改革、创新

第二个方面是教学的变革。应该说在当今的时代下我们的教和学的整个方式，实际上已经从知识传递走上了认知的建构。原来可能以教师为中心，教师不断地去传播知识，现在我们是希望能够更多地借助学生的自主和我们的信息技术能力，让学生达到一个认知的建构。可能有些教师也知道，曾经有过一个对比实验，有个中学让一个教师和AI（人工智能）教师进行教学比赛，最后是AI教师赢了，人工智能辅助下的教学在后面的测试里面是赢了我们教师的教学。

我觉得在这个时代，我们更多的是要让学生掌握、适应信息时代的学习方法。我问一下各位，大家有没有订阅公众号？当初怎么订阅的？我往往是看到一篇文章，或者有时候别人推荐，我就订阅了。刚订阅的时候，觉得很好，我天天会翻它，后来关注的公众号越来越多，你们有没有发现自己关注的公众号看不完？我的公众号永远都看不完。

　　现在是处于一个什么时代？是处于一个信息或者知识过剩、海量的时代，如果你被动接受的话，永远都没办法吸收完。为此，我们需要培养学生的专注力，培养学生的搜索能力。曾经有人提出要培养学生的"搜商"，就是搜索信息这种能力的智商和情商。此外，我们要倡导学生的整体学习、深度思考，还有基于实际的发现问题和解决问题的能力。

　　作为一个学校，教和学的方式一定是围绕着课程的。我们学校的课程项目是深圳市13个课程体系优化项目之一，一年有50万经费资助，连续三年。同时深圳市开展了两轮"好课程"的遴选，我们学校一共有15门"好课程"，而且全部通过了深圳市的验收，每门课程可以获得5万到8万块钱的资助，而且可以面向全市推广。我们也在想，课程应该跟我们的学习方式产生一些连接。所以我们在构建课程体系的时候，基于我们的学习方式做了一个课程体系的重新梳理和构建，形成了"和·融·慧·雅"的课程体系。

　　同时，我们也注重培养学生的自主学习能力。目前，我们学校有36个班使用平板电脑教学，但是使用平板方面，我最反感的是为了"用"而用。我认为能够不用的，普通教学手段能解决的，就没有必要用平板电脑。不是所有的教学都一定要用平板电脑，比如，在平板电脑上抢答和我们现场举手相比，相信老师们会觉得现场举手更有气氛，而像一些分享、调查、自主、个性的学习，普通教学方式做不到的才需要用平板电脑去做。我们开展了许多探索，比如建立了个性化学习系统，每一年提供很多的课程给学生选择，学生都是通过手机端来进行选课报名的。

三、学校管理平台的优化

第三个方面主要分享的是管理的优化。一个学校的管理分为很多方面，包括教务管理、学生管理、教师管理、后勤管理等等。我们当初就碰到过和饭堂合作的饭卡公司换了，竟然连老师吃饭都会成为问题，因为那个公司换了之后后面的很多数据就不通了。所以，我们在智慧管理中，管理优化的前提是要架构一个平台。在我们学校，学校上课使用了数字化教育综合管理平台来进行数字教学，背后有全区的教育云。我们办公有自动化办公系统，有门户网、一卡通、电子班牌、考务系统、评价系统等等。我们进行家校的互动也有专门的软件。最关键的是所有这些都可用同一个账号登录，所有数据是随时可以调用的。我们是统一的身份认证，统一的应用入口，教师们在这个里面就可以做很多工作。

同时我们开发了学生综合素养评价系统，每个教师都可以通过手机端随时随地地给学生做鉴定和记录，进行奖励评价，形成月、学期、学年的综合素质评价报告。学生使用一卡通，在图书馆凭卡自助借阅，借阅的数据会反馈回来，这个学生喜欢借什么书，他每个月或者每个学期的读书量有多少，他看了什么主题的书，都会在后台有数据的跟踪。学生的考勤也是通过刷一卡通来完成的。我们学校有很多选修课，选修课的考勤是一个难点，我们通过让学生刷卡来实行选修课的考勤。如果学生缺勤，我们跟家长、学校、管理人员之间会有一个互动，会有一个提醒。

我们为全校多个班配备了电子班牌，除了把班牌作为一个文化的展示，我们还做了更丰富的运用，比如我们监考的座次表不再贴纸，全部都在班牌上展示。我们搞科技节的比赛，比赛项目的介绍，每个班里面的比赛，也都在班牌里面展示。

学校管理中，教师的职称评定工作一直是一个难点和痛点。我们学校建立了电子化的教师成长档案，实现教师任课、获奖、论文、培训、教学成果等信息的电子化，为教师的综合评估及职称评定提供准确依据。我们教师所有的信息，包括任课量都可以在这个平台上看到，他们平时的调课、请假都可以在线上进行。这样我们在对教师进行综合评估和职称的评定时就可以很准确地看到每个教师一共上了多少节课，一个学期请假多少节课，不需要每个教师站出来说，不用述职，在评价之前看一下就清清楚楚了。

四、智慧教师的作用

最后讲智慧教师。我们刚才讲到，如果AI辅助教学能够比一个真人教师教的班的成绩还好，那教师是不是会觉得很有危机感？但是事实上，我认为老师是不会被替代的，因为教师在智慧环境下已经不仅仅是一个知识的传授者。我们看一下，教师担任了很多职务，这些职务是人工智能做不了的，比如学习设计师、学习指导师、教学评估师、教育活动师，这些永远不是一个机器人或者人工智能程序能简单做到的事情。在我们学校，我们鼓励教师勇于开直播课，全国全球的学生和家长都可以看得见。我们还开展了普及培训，让种子教师来做引领。同时我们还及时给予教师一定的奖励，很好地提高了教师的积极性。

归纳一下今天跟大家分享的四个观点，我们在打造智慧校园的时候要注意这四个方面。一是资源的整合。资源的整合最主要是一个平台，要打造全方位的整合平台，丰富的资源必须采用合适的标签与应用层进行匹配，资源不是越多越好，而要清晰，要精选，要有用。现在我们上网搜，有时候只想搜一个东西，但搜到的东西太多了，多到我们都不知道哪个是真哪个是假，哪个材料才有用。二是教学的变革，要实现我们在技术支持下的育人模式以及教与学的方式的深层变革，更加关注学生的主动探究、动手实践、深层思考、意义构建和创新创造的能力。第三个方面是管理优化，主要就是要让日常和教学的管理能够自动化、智能化，同时也希望家长和社会能够成为数据共享的对象和学校建设的支持力量。最后一点，智慧教师，要让教师成为专业素养和人格魅力齐备的智慧教育者，要通过提升自身的全面素养来影响和引导学生。我相信将来有机会的话，还可以再和大家交流。我今天的分享就到这里。谢谢大家！

为学习而变:"AI+"时代的学习空间重构

广州市越秀区东风东路小学校长 彭娅

扫一扫,观看现场演讲

为学习而变,技术将改变传统的教育,重构我们学习的空间。互联网大数据、人工智能逐步进入了教育领域,影响着教育生态和教育环境。广州市越秀区东风东路小学信息化发展已走过了五个五年的历程,每一个五年都是基于课题来开展的。

多媒体教育1.0,"九五"实验期,以网络学习、打破课堂格局、转变教师教育观念为主。

网络教育2.0,"十五"推广期,以网络教学重构学习空间,革新学习方式为主;"十一五"普及期,我们将技术的优势和传统教学的优势结合,寻求最佳绩效。

互联网教育3.0,"十二五"深化期,我们结合技术优势,从关注技术的转变到关注人的发展。

AI+4.0,"十三五"融合创新期,我们成功申报了国家教育科学"十三五"规划2018年度教育部重点课题"信息技术支撑下的TRSP课堂研究",我们通过对小、中、大三类课堂的研究,打破时空壁垒,重构学习空间,培养孩子们的关键能力。

一、学习空间的含义

学习空间以学习者为实践主体，是学习活动的客观存在场域，具有广延性和伸张性。孩子们在学校的学习空间不仅仅停留在课室，还包括由课内到课外的延伸，线上学习和线下学习的整合，正式学习和非正式学习的交融。

二、"AI+"时代学习空间的新特征

"AI+"时代，我们要将教育目标、学习者和学习空间三者作为整体进行思考，要打破传统的将知识碎片化进行教学的格局。东风东路小学通过学习空间的打造，提出了"办有大格局的教育"。

东风东路小学是一所多学区的学校，学习空间的四个特征在学校的组织管理、跨校区学习、建设教育新生态等方面体现得非常明显。

第一个特征：灵动，创新物理布局，重组学习区域。我们的智慧教室设计了可以自由组合的课桌椅，孩子们根据自己学习的需求重组学习区域，进行自主、合作、探究性学习。

彭娅

第二个特征：个性，智能技术支撑，物联感知。在技术的支持下，我们根据孩子们自主学习的需要，设计了分层推送练习，让孩子们可以根据自己的学习情况，选择学习内容，实现大数据的精准教育和深度学习。

第三个特征：开放，我们将智慧教室、创新学习空间和泛在式进行优化融合，实现技术支撑下空间的延展和伸张。

第四个特征：生态，各空间维度融合创新，重建教育格局。无论是线上线下、校内校外、学习者与环境和技术等各个要素和谐共生。

三、"AI+"时代，重构学习空间的路径

（一）从物理空间到虚拟空间的优化融合

1. 构建云端式个性化智慧学习空间。

目前全校共建成76个BYOD（Bring Your Own Device，携带移动智能终端设备）智慧课室，全校所有的课室均是基于云端环境的个性化学习空间。通过自主开发和共享共建，学校形成以国家课程为基础的资源"智库"。

我们开展学科思维课堂，老师通过面向真实生活创设问题情境，开启整节课的学习。学校在云环境下进行自主合作探索的研究，培养孩子们的整体性思维能力，通过思维导图等工具提升孩子们的高阶思维能力。

我们获得国家立项的TRSP三类课堂分别对应三类学习空间：基于问题解决的思维（Thinking）课堂、基于跨学科融合的研学（Research Study）课堂、基于社会现象的实践（Practice）课堂。其中基于问题解决的思维课堂是国家课程，国家课程中的音体美是以课程超市的形式来开展的，孩子们在网上选课，然后进行走班教学。

2. 探索"创客梦工厂"。

我们学校有"创客梦工厂"，如劳作室、机器人室、

智能图书馆等等。"创客梦工厂"所使用的"智能学习拼桌"是由我们学校的陈柄吏同学设计的，已申请了国家专利。陈柄吏同学在上创客课的时候发现桌面的东西太多太杂了，不方便操作，于是他就设计了具有收纳显示屏和其他物品的功能的桌子。这种桌子还可以进行重组。在创客课程上，教师引导孩子们在做中学，玩中学。

3. 建设智能"共享"图书馆。

我们建立了广州市儿童图书馆的分馆，借用了广州市通借通用的平台，同时通过刷脸识别、语音识别等方式来提高孩子们的好奇心和兴趣，孩子们愿意借阅图书，这就大大提高了图书借阅的阅读量。同时我们还通过AI技术记录了孩子们的阅读轨迹，并以此为基础进行智能的书单推送。

（二）学习空间从学校到社会的拓展延伸

1. 研学课程突破学校空间边界。

东风东路小学的研学课程是如何突破学习空间的？我们将每周两节的综合实践课程集中到一周进行教学，根据孩子们感兴趣的社会现象和生活现象，师生一起研究，定出主题，比如已开展的从一年级到六年级的研学主题有：可爱的我、岭南佳果历险记、垃圾变形记、坐上地铁去旅行、奇妙的建筑、神秘的星空"北斗"。

研学课通过小、中、大不同的课时，以及老师相互之间的合作教学、跨学科融合，培养学生爱科学、学科学、用科学的精神，同时培养学生认识自我的能力。研学课程主要是落实核心素养的自我发展方向。

2. 实践课程展开社会对话。

我们开展了诚信进课堂、健康进课堂、职业进课堂、法制进课堂，把社会专业人士请到学校来给学生授课。另外，我们还带领学生到何镜堂院士工作室、海格通信、科大讯飞开展研学。

3．建立"三位一体"的创新机制。

我们还建立了校内、校外、互联网"三位一体"的创新学习机制和学习空间。

（三）从认知到情意的螺旋式发展

学习者意识的自我建构与发展实则是发生于学习者的头脑里，即精神场域当中。从认知到情意是呈现一种螺旋式上升状态的。老师教给学生知识后，学生在老师的指导和要求下会去记忆、去行动，那么如果上升到情意的状态，学生就会自发主动地去学习，而不是在外力的推动下去开展。

我们构建了支撑小学生"伴随式"德育评价的平台，运用大数据实时记录成长轨迹，正向引导孩子们养成好习惯，培养良好品德。"伴随式"德育评价平台围绕围绕"爱国、诚实、勤奋、尊重、自信、创新"六大品质，构建东风东路小学学生评价指标体系，生成学生行为的"雷达图"，根据雷达图反映的情况，学校和家长配合帮助孩子们取长补短。建立学生德育档案，学生从自己的轨迹中进行自我观察和自我判断，进而自我反应，在知、行、情、意的品德形成过程中，德育行为最终实现从他律走向自律。

AI+时代，我们通过信息技术在德育领域进行融合创新，实现"立德树人"的根本目标。我们的目标是五育并举，培养尊重、自信、创新的优秀东风东人！在全校师生的共同努力下，东风东路小学获得了诸多荣誉。我们出版了专著《AI+学校——面向2035的学习空间与教育创新》，教师团队撰写并发表60余篇相关论文。2015年起，东风东路小学信息化教学成果推广辐射区域分布于广东、江苏、陕西等省份，惠及学校18所，直接受益教师约2300名、学生约43000名。

"变革已至 未来已来"，让我们共同携手，共同创造教育的美好未来！

人工智能陪伴成长

广州市荔湾区西关培正小学校长　简建锋

2017年，对于已经拥有128年办学历史的西关培正小学来说，有了一个新的起点——凯粤湾新校区。新的校舍、新的校区如何在深厚的文化底蕴中，把西关培正小学推上新的征程？这引发了我的深思。

这是一所未来的学校。关于未来学校有很多好的办学观念、办学思想可供借鉴，比如新加坡、台湾地区，他们对于未来学校着眼于把校舍建设得更人性化，孩子们去到学校就可以体验到家的感觉。又比如美国、英国，从课程体系、教学内容当中改革，倡导未来学校的创新和人文关怀。对于我们的未来学校，我思考得更多的是这样一个主题——"家"的一种感觉。

我们很多家庭的孩子都是独生子女，比较孤单。他们需要有陪伴、有朋友，所以我想将来的学校要带给孩子们的是陪伴和成长。关于如何建设未来学校，有两个新的概念。一个是阿里巴巴集团的马云说的"未来30年是一个超速的时代，如果我们在教学方法中不改变，我可以保证，30年后，我们的孩子毕业后是找不到工作的"。这给我的思考提供了一个信息。

扫一扫，
观看现场演讲

另一个是教育部印发了有关新一代人工智能发展规划，里面提到了教育要引进人工智能，这已经是不可逆转的方向。"人工智能"是一个新的概念，为我们教育未来的发展提供了新的机遇和挑战。

人工智能陪伴成长需要有一些条件和基础。首先，每位孩子必须有一个ID身份，就像我们的身份证一样，确认他是独一无二的。这个ID认证的技术现在已经具备了，我们可以利用智能手环进行认证。其次，互联网。互联网是非常强大的互动平台，它能把所有的信息、所有孩子的表现都融合在里面。互联网也提供了这样的一个平台，一个发展的条件。最后，大数据平台分析。大数据平台分析可以把手机、电脑里的所有资料、所有的数据进行处理分析、进行综合的应用反馈。目前大数据平台也基本能够建立了。

以上条件都具备了，我们如何将这些条件、资源整合，变成学校未来发展的一种技术？这是学校在运用人工智能时需要解决的问题。

简建锋

在我看来，主要包括以下几个方面：

首先，人工智能帮助学校进行管理和提醒。学生佩戴智能手环，智能手环记录着学生进出校门的整个轨迹，为学校、家长了解孩子上下学的情况提供了很快的反馈和跟踪。学校有一些危险的场所，比如一些化学实验室，学生不能随便进去，需要教师陪伴才行。如果某个学生不知情跑进去了，就会有一个电子的声音及时提醒他，让他远离危险，这是一种陪伴的提醒。还有，学生想去图书馆借阅他们喜爱的书，但图书馆的书那么多，如何及时有效地借阅？这时，他们可以自己向人工智能陪伴者提出要求，他的陪伴手环就会给予提示，并提供满足要求的图书。这属于基础的应用领域。

人工智能的第二个层次，就是可以帮助和推送信息。比如在课堂上，同学们在分组讨论，人工智能手环可以把整个组中所讨论的问题传送给老师，方便老师及时反馈。如果孩子遇到困难，智能手环也可以及时给予帮助，比如孩子佩戴了这样的智能手环，回到家里学习遇到了困难，可以向手环反馈，智能手环作为陪伴者就会提供帮助和进行信息推送，孩子就像多了一位老师在身边陪伴一样。

另外，人工智能还可以提升孩子的学习能力。比如在整个学习过程当中，学生某一天到了学校的科技馆，觉得这个场所非常好，第二天、第三天继续去，之后我们可以发现，原来孩子特别喜欢科技类的项目。通过了解孩子的学习兴趣，人工智能将在孩子学习过程中推送相关的书籍和信息。如此，孩子在成长过程中就可以得到很大的帮助，获得比书本知识多得多的信息资源。

给孩子戴上手环的同时，学校还可以利用人工智能技术进行更加准确的跟踪和数据的录入。这是一个新的技术应用，只需要通过声音，就可以帮我们准备一些信息推送给对方，然后及时地把信息进行列举和呈现。这些技术很简单，现在已经有许多地方在应用了，只是深入教育领域时，我们还需要进行精细应用和深度处理。

人工智能的第三个层次，是可以通过分析和记录促进教师个性化教学。早期的传统教育是一个教师面对几个孩子，因为面对的孩子比较少，甚至可以做到一对一的教育。到了工业革命后，一位教师面对的是几十个孩子，要求每一位教师真正实现因材施教或者个性化教学，其实比较困难。如果我们有了人工智能的陪伴，所有孩子的学习情况可以作为信息进行记录，推送给教师，教师可以及时地对数据进行分析和分享，由此可以了解到孩子每一方面的情况，从而进行因材施教，对他们施加个性化教学。除此之外，这种推送、分析也可以使家长了解到孩子在学校的各种表现，从而做好相应的家庭教育和教学辅导。

有了人工智能陪伴后，我们可以及时了解信息，更好地知道孩子的具体表现，由此这种分析和记录变得更加重要。试想，这种分析和记录如果从小学一年级入学开始做，孩子所有的学习历程、过程有了这样的记录，到他成长以后，他将得到专属于自己的人生成长档案。这样一来，他上大学以后选专业或者到了找工作的时候，评价的依据就不再是某些老师的一种主观意愿的认可，或者是有些用人单位的主观的认可，而是完全可以通过数据分析。这样，我们了解到这个学生的能力所在，兴趣爱好是什么，为科学选拔人才提供了更多的信息和依据。这正是人工智能为我们带来的优势。

当然，这仅仅是教育中的一个开始，还有许多要做下去、研究下去的内容。我们有信心去迎接人工智能为未来学校带来的新的机遇和挑战。谢谢大家！

智能时代与智慧教育

广东省深圳市南山区文理实验学校（集团）总校长兼党委书记　吴希福

今天我们谈到智能教育和智能时代，一定要知道，世界发生了什么。我今天想通过五个部分和大家分享：一是智能化建设背景分析；二是智能化发展基础设施；三是智能化资源广泛应用；四是智能化人才培养策略；五是智能化探索思考与展望。

一、智能化建设背景分析

1983年邓小平同志提出的"三个面向"，其实已经奠定了中国教育的基本走向。以色列作家尤瓦尔·赫拉利写的《未来简史》提到人工智能和生物科技可能即将彻底变革人类社会和经济，甚至是人的身体和心智！

2018年的《军事瞭望》报道美国将在2020年建成太空部队。中国、日本、欧盟等开发自己的导航系统。从2015年开始，中国就发布了一系列与人工智能有关的国家政策，我们正在从4G时代走向5G时代，而未来也是智能化的时代。

我们知道人工智能（Artificial Intelligence，简称AI）正在影响我们的生活，机器学习、深度学习、大数据等人工智能相关术语也越来越

扫一扫，
观看现场演讲

耳熟能详。

作为学校和教育工作者，我们一定要高度重视智能化给教育带来的影响。第四届互联网大会上有专家指出，教育在大数据技术与理念的冲击下正在发生一场静悄悄的革命，教学范式的转型成为这场革命的先导和核心。

我们再来看看技术的智能性以及教育的科学性的发展进程。在农业时代、工业时代，基本上是经验模范的教学范式；到了信息时代，是计算机辅助我们的教学范式；而进入大数据时代，是数据驱动整个教学范式。

今天的教育要思考培养什么样的人。我个人认为未来真正的核心素养有两个：一是创新能力，二是合作能力。我所在的学校的办学理念是跨界融合，这也是互联网＋的六大特征之一。互联网＋有以下六大特征：跨界融合、创新驱动、重塑结构、尊重人性、开放生态以及连接一切。这些特征都能在我们的教育教学生活、教育创新当中找到一些具体的阐释。

二、智能化基础环境建设

人工智能发展是需要信息化基础的，就学校的智能化教育而言，首先要有移动设备。像我们学校每个老师除了

吴希福

有一台个人电脑以外，还有一台iPad（平板电脑）。其次是要构建教学环境，信息技术与教室的深度融合，以构建全新的教室学习环境来提高学习质量和效率。第三是要有完善的网络设施，无线为主，有线专用，移动网络为补充，为海量资源存取提供安全高效的网络环境。第四是要有丰富的资源系统，我们学校搭建了文理云、线上错题管家、成绩云等平台，很多老师和班级有自己的公众号，各类学科数字平台实现资源的共享和大数据的收集。第五，要有人性化、精细化、高效率的管理、服务系统。

有了以上五方面的硬件设施，我们还要重视不可忽略的基础——人。如果一个学校的校长和他的团队不懂信息技术，也不知道世界发生了什么，我想这所学校的智能化教育发展是会受到制约的。所以，首先要打造智能化管理团队，这非常重要。管理团队要做好自己的定位，在观念上要跟得上信息化的发展，要为学校的智能化发展做好规划、策划、筹划。有了管理团队还不够，我们必须要建立自己的技术团队，技术团队负责引进、筛选、开发资源，给老师们提供广泛的服务。接下来就是应用团队，我们应该如何去学习、去思考、去融合、去创新，应用团队的人可以发挥非常重要的作用。最为关键的是，新信息化发展走到今天，一定要建立出信息文化、智能文化和创新文化。

三、智能化资源广泛应用

技术一定是为学校的教和学服务的，在智能化的应用体系上，我强调以下四个方面：教师、学生、校务、教务。应用的特色是去中心化，这是今天的区块链的一个最重要的特征，所以未来我们不是以校长为核心，也不是以教导主任为核心，也不是以某一个领军人物为核心，谁发挥重要作用，谁就是核心。

另外，智能化应用特色还表现为以下五个方面：首先是不可代替性。第二是增加趣味性。第三是"拿来主义"，我们学校为师生购买各类学习资源账号十余款，这些我们可以"借力"，不一定全部自己开发。第四是按需制定，互联网是开放性、多元性、自主性的，我们可以按需定制，老师们想用什么就用什么。第五是精准服务，通过大数据的采集、分析功能，助力教学精准决策。所以，智能化应用可以重构课堂文化，让技术与学科教学相结合，解决传统教学无法解决的问题。

四、智能化人才培养策略

智能化人才培养的国际发展趋势是以推动科技创新为核心，充分激发创新活力，提升信息素养，发展计算思维，强调数据意识，培养创新能力和信息社会责任感。

新的时代，国家对人才培养也提出了要求。《国务院关于印发新一代人工智能发展规划的通知》指出要实施全民智能教育项目，在中小学阶段设置人工智能相关课程，逐步推广编程教育，鼓励社会力量参与寓教于乐的编程教学软件、游戏的开发和推广。

在我看来，要进行智慧教育、信息化教育，不仅仅是依靠工具，更重要的是一种思维。现在很多学校都设置了"创客课程"，我认为这是非常好的尝试。创客也是人工智能很重要的方面，创客文化与教育的结合，是基于学生兴趣，以项目学习的方式，使用数字化工具，倡导造物，鼓励分享，培养跨学科解决问题的能力、团队协作能力和创新能力的一种素质教育。以我们学校为例，我们有3D打印社、机关王、scratch动画设计、Python编程社、C++编程社等创客课程，这些课程不仅仅是学习工具的使用，更重要的是培养学生的创造思维。

作为基础教育，在人工智能教育上，我们不需要做到多高深，我认为主要还是普及和培养学生对新科技的敏感度和创新意识。但是，学校在开展智能教育的过程中是不是这样？不见得！我作为广东省督学，在调研的过程中发现很多学校请了企业的团队帮忙搭建信息技术版块，然后去参赛、去获奖，但其实师生参与度不高。我个人认为教育一定要像陶行知说的，一定要"求真"。在发展信息化教育的过程中，我们除了要借用外力，更重要的是培养老师和孩子的智能化素养，让他们慢慢积淀，有一天他们终将爆发。

再说到一个比较有争议的话题，就是孩子们热衷于玩游戏，到底该不该禁止他们玩游戏？如果孩子们通过游戏或者一些小应用入门，学习这些技术，培养创新意识和计算思维，我们需要鼓励，但怎么发展、生成更有用的落地作品呢？可能很重要的是要培养孩子们的社会责任感，让孩子们有发现社会中存在问题的眼睛，用技术尝试解决这些问题。

五、智能化探索思考与展望

信息技术有三大重要环节。第一，融合是大趋势。全世界的高科技技术都是你中有我，我中有你，我们要不断地吸收别人先进的东西，然后创造出自己的东西。第二，应用是大道理。无论多么先进的技术和程序，我们不了解、不会用，那也谈不上创新。第三，创新是大发展，是核心。过去的学校就是以教会孩子应用为主，但我们今天的教育除了应用以外，一定要让孩子动手去做、动脑去思考。另外，我们的校长、老师、家长应该走出去看一看，了解世界发生了什么。

那么怎样做好智慧教育？我认为必须要做好教学设计，因为课堂是主阵地，教学是最主要的环节。说到教学设计的原理，我们要注意以下几个方面：教学系统导论，学习和教学的基本过程，教学的输入、输出等系统，并且要进行更深刻的探讨。一个真正研究教育的人，一个真正指向未来的人，一个真正有思考的教育工作者，必须要有系统论、信息论和控制论这三大理论来做指导，否则我们获得的知识都是碎片化的，不成系统的。最简单来讲，就是我们必须要了解国家的政策方针、课程标准、教材等等。

我们再来看看教学管理的发展进程。工业革命时代是科学管理，解决的是解放劳动生产力、提高生产效率的问题。信息革命的时代，解决的是系统化、智能化、数字化的问题。后信息化革命时代，解决的是人与人、人与物、物与物之间的关系问题。所有的这些都是靠技术在往前驱动的。

在教学范式的1.0时代，基本上是教授学+印刷术，也叫做教刷术的时代。2.0时代是"老三样"：黑板、粉笔、课本，后面又出现了新四样：电脑、网络、白板、多媒体。这时候是以教师与知识为中心的课堂教学结构，学习者在整个教学过程中被动接受知识的地位未得到显著性改变，但相比经验模仿教学范式，学习者已经开始体验和参与知识发现与探究的过程。

进入教学范式3.0时代，我们今天的教学媒介、教学者、学习者、教学内容等要依据教育大数据分析开展，我们需要了解孩子学习的需求、学习进度、个性特征和学习过程当中遇到了什么问题，以及我们该如何去分析、去监控，这可能都是未来的趋势。

未来的教学模式应该是科学化、精准化、个性化和智能化的。真实的教学数据不会说假话，它会赋予教师"显微镜"式的观察能力，以及"望远镜"式的预测能力，这就是大数据分析给我们带来的一种判断。所以，从数据的分析、特征的发现、智能的干预，到最后才进入互联网+时代的个性化教学。

在这里我还想和大家分享两个观点。第一，在智能化时代的智慧教育，首先要有"聪明的脑"，是指我们的老师必须要专业、专注，并且勇于创新。那么这就需要我们关注三个问题：教育科研、教学范式、教育技术，这是支撑智能教育发展必不可少的因素。第二，要有一颗"温暖的心"，这种"心"是一种尊重、一种倾听、一种激励，我认为学校要建立这种温暖的文化。

讲到这儿，我突然想到这样两个字，"人"加"山"是什么？是"仙"，"人"加"谷"是"俗"，这两个字的意思就是说，高度不够的话，看到的都是问题；格局太小的话，纠结的都是鸡毛蒜皮。所以，今天我们在探讨智能时代和智慧教育的时候，如果还为一些鸡毛蒜皮的事情耿耿于怀，浪费太多时间的话，那就说明其实我们还没有进入这个时代。

再好的教育也比不上人的内力觉醒。我们做教育要想着为了学校、教师的发展，为了孩子的成长。在我们学校，无论是教师还是学生，我们从唤醒他们的内在动机出发，让他们找到特长、兴趣、梦想，从而自觉地去地进行自我提升和总结，我想真正的教育就应该是这样子。

欲变世界，先变其身。不同地区的不同学校起步、条件、环境都不一样。也许有人会说，深圳经济实力雄厚，学校好、老师素质高，教育资源更占有优势，我认为这些固然重要，但并不是最重要的，最重要的是我们能做多少，我们就做多少，不断地往前走，我们才能够到达理想彼岸。如果我们一味地抱怨，一味地依靠，一味地懒惰，可能什么也做不到。

所以，现在凡是有学校组织老师到我们学校里参观，我就问他们三个问题：第一，你有兴趣吗？第二，你听得懂吗？第三，你回去愿不愿意实践？有的人觉得出去交流的时候，就是转一转，看一看，聊一聊，但到我们学校就不是这样的。记住这三点，参观完之后一定有收获。欢迎大家到文理实验学校（集团）来参观。谢谢大家！

基于智慧校园的教育教学改革

广东省基础教育与信息化研究院副院长　林君芬

什么是智慧？"智者，识其相，慧者，明其理"，真正有智慧的人实际上是有洞察力的人。

那我们如何用技术使教育更有洞察力呢？我给大家分享一篇孟增辉先生写的文章《知识定义及其转化研究》，这篇文章非常值得我们从事教育信息化或者智慧校园、智慧教育研究的同行们去读。

我们将更多的形式化知识传递给孩子，孩子们就会拥有更多的智慧吗？不会。我们用技术堆起来的教育体系，是不是就有了教育的智慧呢？也不是。我们现在都讲大数据时代，那所有的信息和数据能产生智慧吗？也不能。只有当形式化的知识通过信息化变成个体的知识，并且用个体的知识来改进一个人的行动，转化为个体的价值观，这时候的知识才变成你的智慧。

因此，我们在探讨智慧校园的时候，要超越技术的架构去思考，努力利用技术让知识、数据、客观世界与个体以及个体的价值观发生关联，改进人的行动，形成个人的价值观和思维方式，这就是我们做中小学智慧校园指南的基本立场和出发点。

那么智慧校园和数字校园的区别在哪？我们先来看看这两者有什么样的特点。数字校园强调以应用为导向，以系统集成为主，规模化应用，互联互通。智慧校园以服务为导向，智能泛在化了，注重的是融合创新，不再是简单的应用，而是以创造为主，另外，教育信息化把教育的封闭体系给打破了，变得更加开放协同了。所以说，智慧校园是教育的系统变革。

联合国教科文组织发布的《教育2030行动框架》里提出了五个"更加"：更加人本的、更加适合的、更加开放的、更加平等的、更加持续的教育。显然当下现有的教育想要做到这五个"更加"，还需要作出非常多的努力。那么我们如何用智慧校园来解决这些问题？

我们提出了这样一个智慧校园的建设框架，这是我们广东省本土化的智慧校园建设框架，包括以下几个部分：智慧学习环境是基础，知识共享服务体系是关键，智慧应用是核心，特色创新是标志，智慧型人才培养是目的。在这个过程当中，我们希望学校能够形成自己的教育品质。

物联感知的智慧学习环境，是可感知、可分析、可干预、可自愈的，包含智慧教室、创新空间、泛在学习中

林君芬

心、物联校园等方面。知识共享服务体系是集约、体系、开放的，这是一个个性化的网络学习空间，提供体系化的优质数字教育资源服务，是一个协作学习社群。智慧应用是一种模式的创新，包含智慧教学、智慧教研、智慧治理、智慧服务、智慧评价等各个方面。

我们这次在做智慧校园指南的时候，花了非常多的精力，希望构建广东基础教育课程改革和教学方式改革的一条路径，就是说我们智慧校园的建设要把空间、教与学方式以及课程打通、联通。

那我们就构建了这么一个体系：四类学习空间（智慧教室、智慧教室+网络学习空间、创新实验室、泛在学习中心），支持四类教与学的学习方式（互动式教学、探究式学习、创造式学习、开放式学习），以及四类课程（基础型课程、拓展型课程、创新型课程、开放型课程）。

那作为校长如何做好智慧校园的建设？我在这里提供四种解决方案的思考，也是四种可选择的路径。

第一种路径是建设面向教学质量提升的智慧校园。教育的痛点在哪？每个孩子的痛点问题在哪？怎么样才能有效解决每个孩子的痛点问题？我们得精准地找到那个人，为他提供适配的个性化学习，我认为这就是痛点。而解决痛点的方式有很多，条条大路通罗马，关键是要选择适合的那条路。目前大多数人选择的学习方式是基于学习分析的掌握式教学。这是一种被动的学习，以学科知识为基础，适应和接受周围的环境，主要的学习结果类型是掌握基本知识和技能。

技术支持下的高效智慧课堂要求我们必须要有数据思维，有了数据，课堂生态一定要改变。改变成什么样的生态？比如说老师从"你说得对，请坐下""你说得不对，请再想想"，变成"你为什么这么想？""你有什么看法"，引导学生发表自己的见解，这样的一种课堂生态也会推动学生思维品质的改变。

面向教学质量提升的智慧校园要有100%实现交互式

的智慧教室，部分一对多式的智慧教室，在知识共享服务体系里面，我们要实现国家课程的数字化的推送。另外，我们还要有一套学习分析系统，要全面实现基于学习分析的掌握式教学的互动教学。

第二种路径是建设技术赋能教育的智慧校园。赋什么能？这里我希望大家关注的是教育品质，那么教育品质的锚点是什么？我们要看到教育4.0：从三维目标到核心素养，核心素养提出来最大价值的贡献是什么？是从"把一个孩子从一个知识和技能导向、工具理性的人变成一个全面的人、全人格的人"来考虑，因此我们要从自主学习、文化基础和社会参与这三个要素来思考学生可以怎么发展。这就要求在选择学习方式的时候，应该是基于情境的体验式学习和基于问题的探究式学习，学生可以主动参与和探究，嵌入已知情境和问题情境中。这可以培养学生的技能和价值观念，培养学生的思维、能力和品格。像我们现在有的学校实行的"面向高阶思维的问题设计"实际上就是基于问题的探究式学习。

技术赋能教育的智慧校园首先需要有100%的网络学习空间，还需要逐步推广BYOD。第二，学校要在国家课程的基础型课程上，构建出自己的拓展型课程和少量的创新型课程以及互联网+课程，还可以创建基于SWOT（态势分析法）的走班选课，满足学生的锚点。学生有自己的锚点，你没有办法去回答某一个学生的锚点是什么，所以要让学生有得选择。也就是说，在技术赋能的智慧教育里面，要有选择性。

第三种路径是建设未来面向创新的智慧校园。如果说前两类更多的是关注当前能够给学生什么，那么第三类学校的教育设计应该是指向孩子的未来发展。我们需要找出教育理想的奇点。奇点是什么？在数学领域，奇点就是不可知的。我们可以看到互联网世界带来的是"知识巨塔"。两个人交互只能两个人分享，当出现第三个人的时候，就不再是平面的。大家想想，如果是十几个人一起，那能产生多少知识连接？这里面就会产生出大量的不可见的、跨界的知识。我们带给学生的到底是什么？美国心理学家霍华德·加德纳写了一本书，叫《奔向未来的人》，提出了多元智能理论。他提到5种心智能帮助你自如应对未来社会：学术专业之智、综合统筹之智、开拓创新之智、尊重包容之心、责任道德之心。

未来面向创新的智慧校园的设计，我们更多需要的是什么？是一种新的学习范式：基于项目的创造式学习，这是一种主动的学习，要培养孩子的学习能力、解决问题的能力、创新能力和合作能力，因此需要我们的课程进行结构化的调整、体系化的重组，也就是课程不再是满足选择性问题，而是着力于培养能够面向未来的创新型人才。我们的学习方式开始转向跨学科学习和基于项目的创造式学习。

未来面向创新的智慧校园要有互联网+协作社群，BYOD大面积甚至100%覆盖，在基础型课程的基础上，学校要构建出自己的拓展型课程、创新型课程和开放型课程，同时实施项目式教学，要注重跨学科学习，要有"2+多"：泛在阅读、校史中心+多个创新学习空间。

第四种路径是面向系统变革的智慧校园。对于这种智慧校园，我们需要找到教育发展的拐点，拐点指的是教育发展的思维方式。我们的教育不再局限于学校内部，而需要向社会打开，也就是说把学校的教育作为整个社会的子系统来考虑，而不仅仅是学校本身。在这里，我举一个成都一所学校的例子。这所学校的校长提出这样的一个理念，叫"10万学子上名校"。他是怎么做的？他让老师把最好的、最得意的课程上线。上线干什么？让农村的孩子们有机会观看。他要让老师用一种大的格局，用一种大教育的情怀去从事教育工作。这种大情怀、大格局会给孩子们带来什么影响？教师在共享的过程中会创生出新的教育智慧。这就是我们所说的互联网思维，共享共创共生。

还有上海的一所学校，它改变学生的学习生态，让孩子特别愿意到学校来。学校在课室的桌子、椅子上放了很多任务二维码，学生扫一扫就可以根据提示去做任务，去玩，去体验，学校就是实验室，就是博物馆。这样的学习打破了空间的界限，学习不仅仅是在教室发生。我们认为，这就是把学校变成了场景化的学习空间。上海这所学校的做法，值得我们学习。

广东省教育厅正在推动"爱种子"教学改革行动，就是用互联网的思维，聚合了政府部门、学术机构、相关产业以及名校名师的资源，构建"爱种子"教学模式。这种模式是基于互联网时代的教学新范式和学习新范式的基础构建起来的，希望能够让学校体系化地推动教学改革，也就是要用技术思维、技术力量来撬动我们教育的供给侧改革。

而面向系统变革的智慧校园，是100%的物联网，要有100%的基础型＋拓展型＋创新型＋开放型课程，要面向社会空间的开放学习，还有就是要基于大数据的教育治理。

各位校长，技术总是向前发展的，技术发展的速度也远远超出我们的预期，而预测未来的最佳方式，就是创造未来。我们期待现在的这些孩子们不是一群注意力不持久、不会与人交往、被宠坏了的、对屏幕上瘾的年轻人，而是能够成为用革命性的新方法去思考、工作以及社交的新鲜生命，这是我们教育的使命。

第七章 尊重学生的个性化发展

学校教育当下的需求/陈　晓

在学校，遇见未来/陈秋兰

守候差异，适性发展/黄丽芳

『善正教育』激扬学生生命张力/吕　超

最美课堂在懂得/韩宜奋

学校教育当下的需求

越秀区教育局党组成员、副局长　陈晓

各位领导、各位教育同行，大家下午好！

在开讲之前，我想分享我昨天看到的新华社的一个报道：伦敦地铁推行无性别问候，把原来的"女士们，先生们"改为"大家"，其目的是为了让跨性别的人士不被排除在外。这是伦敦市市长为了表现这个城市的包容和文化的多样性所做的改变。近年来，英国学校已经倡导把原来的"男孩子"和"女孩子"改为"大家"，目的同样是尊重和包容跨性别者。

这个新闻给予我的启发是，当今的社会环境越来越尊重个体、提倡包容和个性化。在这样的大环境下，当下的教育应该做什么？我跟各位分享三个观点：学校的教育要更公平，学校的教育要更科学，学校的教育要更广阔。只有这样，学校才能培养当代社会所需要的人才。让学校教育更公平，其目的是关注个体；让学校教育更科学是为了让我们遵循规律；让学校教育更广阔是为了让我们的教育能够面向未来。

扫一扫，
观看现场演讲

陈晓，演讲时任广东省广州市越秀区东风东路小学校长，广州市越秀区教育局党组成员、副调研员。

为什么会分享这三个观点？因为我们的社会已经个性化和多元化，同时我一直认为这种个性化的程度能反映社会的发展程度，而教育是对人进行工作的，而人无论是长相、气质、性格，外在和内在的条件都是最具个性化的。那么，面对这种个性化，实施个性化的教育就变成教育工作者共同的主题。

第一，让学校教育更公平。其实，在两千多年前，孔子已经提出了个性化教育的目标——因材施教。但是，当下在我们这种大班教学，教材统一、教学模式统一的前提下，我们如何因材施教，如何做到教育的公平？

学校教育的公平分成两个领域：共享性的公平和差异性的公平。就东风东路小学而言，我是2009年2月任东风东路小学校长的，到2017年已经有九个年头。关于共享性公平，东风东路小学提出让每个孩子都成为优秀的东风东路人。而差异性公平，就是要尊重个体的差异和尊重他们的禀赋。

如何实现共享性公平？以东风东路小学为例，结合核心素养的架构体系，我们构建了做一名优秀的东风东路人的培养目标，从几个维度实现共享公平，在文化基础、社会参与、自主发展三个层面希望每个孩子都能成为一名优

陈晓

秀的东风东路人，希望他们在学校的六年中能培养必备的品格和关键的能力。

接下来，我想谈谈差异性公平。上个月我买了一个电子炖盅，原来用一个大炖锅，一家人只能喝一种汤品，但是现在买的电子炖盅里有几个小炖盅，每个人可以根据自己的需求来选择煲什么汤，一家三口每人都能喝不一样的盅汤。从这里，我思考在学校如何让孩子们也能享受这种个性化的服务。

微信上有两张非常火的图。第一张图中三个人的身高不一样的，我们提供相同高度的砖给他们，但是他们看到的仍是不一样的风景。第二张图是同样的三个人，根据不同的身高给他们提供了不同高度的砖，看似不平等，但是却让每个人都看到了一样的风景。

我们更容易忽略的，是学校教育中的这种差异性的公平。

实现差异性的公平要从态度上尊重差异，发掘学生的禀赋与特长，然后满足每个学生发展的需求，从而实现素质教育提到的"两全"——让全体学生全面发展。其实现在的核心素养只是素质教育的螺旋式上升，素质教育提到的是让全体学生全面发展，核心素养提到的是让所有的孩子都有必备的品格和关键的能力。

就东风东路小学而言，我们如何关注这种差异性的公平？首先，一定要植根于课程，因为孩子的成长一定是通过课程实现的，所以我们建构了在云环境下的德育课程、学科课程、超市课程，其目的就是通过课程让每个孩子成为优秀的东风东路人，最终提高其核心素养。

下面我想跟大家分享的是超市课程。一看超市，我们都很容易理解，就是你需要什么就拿什么，我们做了这样一个尝试。从2014年2月起步，一直走到2015年9月，已经实现了三大学科的课程超市开发。音乐方面，四、五、六年级的孩子每周会有2节由学生自由选择的音乐课，美术课与体育课也采取了同样的方式。这个学期开始，我们将会把科学和信息技术两个学科同样以课程超市的方式推送给孩子们，孩子们可以根据自己的兴趣爱好选取自己喜欢的课程，这种走班上课的模式，其实也扩大了孩子们的朋友圈。

另外，我们还设置了职业规划课程。2017年1月的寒假作业我们就布置了"童心看职业"，利用寒假时间让孩子了解他感兴趣的职业，用图片或者调查报告的方式呈现出来。开学第一天，我们就让孩子设计自己未来的职业的服装。4月份我们组织了"职业进课堂"，目的是让孩子们对职业的选择有一个概念。

在"职业进课堂"中，我们邀请了37位各行各业的家长代表走进了4个校区的71个班，为三千多个孩子讲课。

第二，让学校教育更科学。这里包括两个领域：一是课题的研究更科学，二是教育的实践更科学。如何让教育更科学？我认为应该以驱动力3.0的科学理论去破解教师的职业倦怠问题，在课堂上以"元认知"的理论提升教学品质。

第三，让学校教育更广阔。这包括让时空更广阔，让目标更广阔。时空是物理的时空，也是虚拟的时空。万维的空间和原来的三尺讲堂在PK，孩子们学习的空间无限，没有进教室之前，已经看到他们用各种各样的移动终端学习自己感兴趣的知识。物理空间的广阔是指教育不仅仅在学校，还包括家庭、社会、国际等等。而虚拟时空更广阔恰恰是东风东路小学的亮点。东风东路小学于2012年12月被评为国家教育部首批教育信息化试点单位，2016年12月，广东省教育厅对首批教育信息化单位做了全评，全省只有7个单位被评为优秀，其中包括中山大学、华南师范大学、深圳市南山区教育局、佛山市南海区教育局，以及一所中学和一所技工学校，唯一的一所小学就是东风东路小学。在教育部的复评中，东风东路小学再次被评为优秀，并且作为典型案例向全国推广。我们构建了云环境下的个性化学习体系，包括环境的建设、课程的构建、资源的整合、教与学活动方式的改变以及评价关系的革新。

除了空间以外，目标也更广阔。人的胸怀取决于他的视野，所以我们更多做的是让家长进课堂，包括寒暑假作业，也是要让家长更多地参与其中。

预见，方能遇见；超越，方可卓越。不同的学校有不同的土壤和不同的文化，但是只要向前走，一定有风景。谢谢！

在学校，遇见未来

广州市荔湾区教育发展研究院院长　陈秋兰

各位山长，大家好！我和所有的山长一样，每天都会思考很多问题，而其中最重要的问题就是我要办一所什么样的学校，如何为孩子提供更好的学习生态，让他们在学校遇见更好的自己。望向社会，互联网飞速发展的今天，技术革新、知识裂变、全球化、大数据等都在告诉我们，快速发展的社会正在到来。

联合国发布的《学习的一代》报告预测，随着人工智能、自动化等大潮汹涌而至，到2030年，全球大约一半的工作机会将会消失。如果目前的教育模式不改变，到2030年，全球大约有一半的年轻人没办法适应职场需要，甚至无法适应社会。当我们思考要办一所什么样的学校的时候，当我们又看到社会在对人才提出更高的要求的时候，一种危机感和使命感油然而生。我们要为在未来接受挑战的孩子们提供什么样的教育生态？

学校的生态孕育着孩子们的未来，孩子们的未来孕育于今天的教育。如果我们今天的教

扫一扫，观看现场演讲

陈秋兰，演讲时任广州市真光中学校长。

育不指向未来，未来的学生可能就只能生活在过去。所以我们努力让教育不仅关注当下，更重要的是望向未来。我们的孩子在学校求学三年，我们要为他未来的三十年着想。道理虽然易懂，但行动却不易。

这是高二（七）班的冯迪隆同学，他已到真光中学求学两年，是宿舍部部长、侦探社成员、高一（七）班辅导员。他在真光的这两年和他的小伙伴们有着怎样与众不同的经历和体验？

首先，青涩而腼腆的他聆听了一场国家职业生涯规划师的讲座，他懂得了人生需要一个良好的自我设计。接着，在老师的指导下，他完成了200道题的测试，经过数据模型的分析，一份天赋才干测试数据放到了他的面前。透过这份数据，他对自己有了更深的认识，知道自己比较关注人与人之间的不同，他内心有强烈的成就欲望，他渴望超越，喜欢竞争，同时他还喜欢排难，设身处地地为别人着想，在帮助别人中享受到快乐。在学习类型的分析中，他的强项是类型智能、人际智能和逻辑数学。根据测试，他最适合的学习方式是思维导图和小组合作。有了这样的基础，他的高一生涯顺风顺水。

进入高二，他凭着良好的人际关系和组织能力成功当

陈秋兰

选学生会宿舍部部长。高二上学期，职业分享活动进校园，在28个最受关注的职业中，他因为对销售感兴趣，选择了销售经理和市场营销，聆听了学校特聘的职业导师对职业魅力、价值以及人才需求等知识的阐释。

高二的寒假，他与小伙伴们走进职场体验。在体验当中，他发现他特别享受销售的过程，他觉得他可以通过观察别人的神情、语言和说话的内容去分辨这个客户喜欢什么样的产品并进行相应的推荐。他不仅完成了工作任务，而且交到了朋友。

有了这样的经历，他对未来更加清晰。在学校模拟的职业招聘会上，他接受了职业礼仪培训，穿上正装，拿着自己设计的模拟求职简历，在10大领域、68家企业、200多个职位当中，选了其中的3家进行竞聘。他在简历上是这样介绍自己的：持续工作不会累的"机器人"，做好计划、追求完美的"诸葛亮"，勇于创新、不甘平凡的"冒险家"，同时还有人际关系的"润滑剂"。他在面试时的自我表述中说他是苹果的配置，三星的外表，同时又有小米的性价比。这个表述让面试官对他留下了深刻的印象，应聘的3家公司均表示愿意录用他。当然，模拟招聘会中被多家公司录取的同学大有人在，被评为职场精英的同学被高达6所公司录取。

在模拟招聘会中，迪隆同学最大的感受是"所谓的铁饭碗不是你在一个地方不会饿死，而是你走到哪里都有饭吃"，有的同学在职场经历当中看到了未来的影子，有的同学在这次模拟招聘中明白了高一所经历的写文案、写策划、参加合唱团的意义，一切的努力和付出不只是在当下，而在未来。他们感受到所走的每一步都会成为未来的财富，而面试官在最后也给他们一个总结："你们现在持的是未来的简历，成功的同学要努力，要把简历上的资历变成真实的竞争力。而暂时没有成功的同学要更加努力，弥补不足，提升自己的竞争力。"

迪隆和小伙伴们的这个经历正是真光中学在2015年启动实施的学业和生涯规划课程。生有涯，教须育。这个课程涵盖着与学生发展相关的学业、能力、品行和兴趣，我们希望以这个课程作为切入口努力地做致力于学生未来的教育，我们认为未来的教育应该是为唤醒而做的教育。为什么是唤醒？

苏格拉底的父亲是一个非常有名的雕刻师，苏格拉底非常善问，小时候他看见父亲在雕刻，于是问："怎么样才能成为一个好的雕刻师？"父亲捏着即将成型的狮子回答："我并不是在捏这只狮子，我只是在唤醒它，狮子本身就是在石头的禁锢当中，我只是把它唤醒而已。"这个回答颇具想象力，因为他用的词是唤醒，而不是雕刻。在他看来，石狮并不是没有灵魂的石块，只是被石头禁锢在这沉重之物中罢了。

而教师被称为人类灵魂的工程师，我们要做的不是按照我们的想象去雕刻孩子们的灵魂，我们要做的是唤醒。是的，致力于未来的教育应该是为唤醒而做的教育，我们把每个孩子视为等待被唤醒的种子，学生的内需力就深藏在他们的内心世界里，需要我们去开启。而我们的教育方式并不是把种子从土壤里拔出来，我们要做的是为他们创造合适的生态，然后唤醒、点燃和激发他们。

至于未来的教育，首先要唤醒的是孩子们对于自我的认知，我们要告诉他们，每一个生命都是宇宙的独一无二，都有自己的潜能和优势，短板理论已死，我们要做的是扬长。这是一个悦纳自己的过程。接着要唤醒的是孩子们对自我的设计：我的未来在哪里？我要往哪里去？我的实践路径是什么？我现在要做的是什么？我们还要唤醒的是自我的成就和行动。自我的认识是一种自知、自察和自信，自我的设计是一种自主、自觉和自动的过程，行动则是一种自学、自为和自能的过程。所有的都指向自己，唤醒的是自己，是自我，是自觉，是每一个孩子内在的动力。

我们的成长不是因着家长的期许，不是因着教师的目标，而是为"我"的成长，成为我理想的模样。花有花的美，叶有叶的绿，树有树的高。我们认为致力于未来的教育应该是为连接所做的教育，这个连接把教育与世界相连接，把现在与未来相连接，把自我与社会相连接。因为连接，所以我们面对的世界空间变大，视野变宽，时间变长，我们的学习不再是以书本作为世界，而是以世界作为书本。因为连接，学习不再是远离生活和社会的学习，而是建立在体验、感悟和面向未来成长上的学习；因为连接，变化会不断地发生，一切皆有可能。孩子们会在游泳当中学会游泳，会在应对变化当中提升应对未来变化的能力。

　　致力于未来的教育，着力于给孩子留下什么？我想要留下的就是方向和动力。方向和动力是孩子成长发展的核动力，内在的核动力被唤醒、点燃和激发，我想全世界都会为他让步。探索的过程极为艰辛，但是真光中学愿在学生走向未来的路上做脚前的灯，路上的光。

守候差异，适性发展

广州市越秀区文德路小学校长　黄丽芳

众所周知，世界上没有两片完全相同的叶子，不管是植物、动物还是人，个体的差异是一种自然的规律。既然是自然的规律，我们就得遵循规律，得关注孩子的需要，注重他们的差异，所以我们应该守候差异。

差异包括准备上的差异、学习兴趣上的差异、智力上的差异、学习风格上的差异。由于生活经验、知识储备的不同，准备上的差异对学习生活会起到重大的影响，而兴趣的差异直接影响学习过程的坚持和努力的程度，智力上的差异直接决定了学习速度，学习风格上的差异，对学生的参与和调节也会起到一定的作用。

我们的孩子就是带着这样巨大的差异进入学校，开始学习的。面对差异明显的鲜活的个体，我们要给予他们什么样的守候？孩子们身上的潜质、特异和创造力是我们无法预测、孩子们也无法知晓的，我们只有理解、欣赏孩子们的差异，主动关注和发展他们的差异，才可以让每个孩子的潜力得到最大限度的发挥，实

黄丽芳，演讲时任广州市越秀区雅荷塘小学校长。

扫一扫，
观看现场演讲

现充分发展。

教育的最大价值就是促进每个孩子的充分发展。我们学校在2012年坚定地走上了小班化教育的研究之路，确立了"立荷之品，育雅之行"的办学理念，基于"尊重个别差异，提供适性教育"的理念，提出"让每个孩子像荷花一样自然绽放"的培养目标，努力为孩子们创设个性化学习环境，满足多元化学习需求，实现每一个孩子的适性成长和适性发展。

如何让每一个孩子都能够适性发展？我们确立了尊重差异、利用差异、发展差异的教育策略。要使这些理念和策略得以实施和实行，它的着力点、立脚点在哪？肯定是在课堂。

所以我们着力于国家课程的校本化实施和校本课程的特色化开挖。关于国家课程的校本化实施，我们构建因材施教课堂，如气质差异课、双师双班、运动处方，实施多元大小课以及全面多元评价，开发适性教育课程。

气质差异课方面，我们为男孩开设武术课程，练就阳刚之气，为女孩开设形体课程，塑造优雅之质。气质差异课的目的就是塑造每朵"小荷花"的与众不同。双师双班就是把两个小班合起来，由两位老师以双师双主体的

黄丽芳

形式共同进行授课的课堂模式，不分主次，老师们根据教学风格和个人优势进行分工，从内容、学情、设计多媒体制作、授课等各个环节不断地磨合和融合。比如，有的老师思维敏捷、善于拓展，有的老师耐心细致、善于辅导，有的老师善于指导写画，有的老师善于讲评写画，那么我们就按照老师的优势进行分工，让老师直接参与到教学中去，促进老师的专业发展。通过这样的模式，学生也可以享受到双倍的优质教师资源。

我们会根据孩子的学习基础、认知特点和兴趣来分类，进行异质分组、同质分组、同质走班。我们会利用差异开展合作学习、发展差异，这样更有利于促进孩子的个性化学习。我们的双师双班有同学科的双师双班，有跨学科的双师双班，还有实践课的双师双班。探索双师双班，我们力求通过课堂组织形式的变革和学习内容的选择，保证多教学向纵深发展，希望孩子能够根据自己的学习速度和深度来理解关键的知识，并选择感兴趣的领域来拓展学习的深度，实现既能体现共同要求，又能够满足个体差异的教育，最终促进孩子的适性发展。

又比如运动处方课程。我们为每一个孩子量身定做运动处方，这是雅荷塘小学把孩子的身心健康作为第一要求而落地的策略。我们希望孩子们能够通过科学的锻炼更好地茁壮成长，使体育锻炼更加个性化、常态化、科学化。从2012年开始，我们就实施了运动处方课来提升孩子们的身体素质。怎么做？通过体质测试，然后开出属于孩子个人的运动"专属处方"。在教育局的关心指导下，现在我们进行了互联网+大数据，不仅有体质测试的数据采集，还有孩子在学校运动过程的数据采集，然后通过数据分析进行个性化教学方案匹配，再进行课题与课堂的教学改革以及家庭的锻炼指导，两方面同时促进孩子的身心健康发展。

以跳绳为例。上课的时候，孩子先戴上脚环准备测试，跳绳之后马上有数据记录，然后把脚环上的数据进行上传，老师马上就可以根据这个数据来指导下面的锻炼。具体来说，这个数据上传后，就有一个全班的综合素质分析，从五个维度进行：力量、速度、灵敏、耐力、活跃度；除了综合素质分析，还可以通过数据记录个人运动过程的情况：学生个人跳绳的次数与全班的次数的对比，整个学期跳绳成绩的记录，跳绳的次数、中断的次数、最后的分数都有数据，记录得清清楚楚。

那么运动过程是怎样的？比如说一分钟的跳绳，第一个15秒是多少下、第二个15秒是多少下……老师马上可以从这些数字当中分析，这个孩子一分钟跳绳是没有中断的，说明他的跳绳技术可好了！但是他每15秒的跳绳次数都会降低，说明他的耐力还有待提高，那么老师就可以根据数据对孩子们进行课堂上的指导。基于以上的数据分析，就可以匹配每个人的运动处方。这个运动处方既有共性，也有个性，有适合各个年龄阶段的，还有针对个人特质的个性运动处方。

运动处方不但可以指导体育课堂教学，还可以给家长提供指导孩子锻炼的正确方案。在孩子健康成长的路上，通过这样的方式，家校的融合会达到更高的统一。

不管是双师双班，还是个性化运动处方，我们都从这里面感受到，其实孩子的差异是一种财富、一种资源，我们只有从理论上深刻认识，从操作上准确把握，才能够促进孩子的适性发展，才能够给他们创设个性化的学习环境。

又比如多元大小课。体育大课体现共同的要求，总体的该怎么样去做，而小课就可以满足个体的差异，进行同质的分组、精准的指导，或者兴趣分组、选择性学习。还有书法大小课，对书法课"每周一节"和"每天午写"相结合，每天一练，让孩子们每天都能练习书法，修身养性。

遵循教育规律和学生的身心发展规律，为孩子营造个性化的学习环境，满足孩子多元化的学习需求，从而实现孩子全面而有个性的发展，这是我的教育追求。"守候差异，适性发展"，相信只要继续往前走，一定有风景。谢谢！

"善正教育"激扬学生生命张力

广州市培正中学校长　吕超

今天我将从以下两个方面展开我的演讲：作为一个校长，我是怎么去看个性化发展和个性化教育的；站在学校的角度，谈谈学校的个性化教育。

首先，我是怎么看待国际视野下学生的个性化发展的。个性化这个词来源于personal，它的对立面是共性。我们先来回顾一下19世纪末的中国教育是什么样的。当时在教育上也有一次重要的变革，那就是废私塾、建学堂，越秀区的很多百年老校都经历过。

私塾教学可以理解为私人家庭教师的教学模式，从个性化教育的角度，我认为这是最个性的。我们很熟悉的电影《唐伯虎点秋香》里的唐伯虎其实就是家庭教师。但是，随着社会的发展，这样一种教育模式满足不了社会的需求了。所以，培正中学在1889年创校的时候就已经掀起了一股热潮，即"废私塾，办学堂"。学校引进西方的先进学科课程，包括音乐和自然等学科，这是我们传统的私塾所缺乏的。

从工业革命到今天的信息化、智能化，时代进步的步伐是不可阻挡的。在这个发展的过

扫一扫，
观看现场演讲

程中，要求得到教育的人会越来越多，学堂也满足不了大家热切盼望接受教育的愿望，所以就有了学校这样一种"年级、班际"的教育组织方式，每个班四五十人，让更多人都能够接受教育。但"年级、班际"的教育组织形式意味着个性化会减少，共性的东西会增多。采用"填鸭式"教学模式，无法满足时代不断变化和发展的需要。

我们来看两个例子。上个星期，"天河二号"总设计师给我们讲课。大家知道，"天河二号"的运算速度在全世界也是数一数二的。设计师说在前段时间，他们用了六个月的时间，利用"天河二号"就把中国全年的天气状况统计完了，并且制作成了数据。这盘数据送到了国家气象局，它预测到今年华北地区会出现暖冬，可能雾霾会更加严重，华南地区也会出现暖冬。大家看看接下来几个月是不是这样，看看结果与预测实际是否对应。以往要用两年的时间进行大数据的基础分析，来分析大飞机的风洞试验，但"天河二号"用四个小时就可以完成。所以随着时代的不同，很多东西都在改变。技术在发展，行业的分工越来越细。

那么，在这样的大背景下，未来的教育该怎么去走？面对时代的变化，如果我们还不去改变过于追求分数的教育，我想教育是很难走下去的。

吕超

这是一个老话题，其实问题还是在于我们的体制以及我们对分数的过分追求。在这样的教育体制下，学生的创造力、想象力得不到很好的培养，因为学生所处的教育环境连想象的空间和时间都没有，又怎么去谈创新和创造呢？培正的校友丘成桐，也是世界著名的科学家之一，我跟他有过多次对话。丘成桐先生说："你的学生没有想象力，你都没办法去培养他的想象力，他哪有创造性？"

但教育怎么才能够做到开放与创新？站在学校的角度，我们该如何更好地培养学生的个性化？

下面，就以上问题谈谈我的观点。在今天早上越秀区第六届教育学术节暨专家报告会上，几位专家都在台上做了精彩的分享，其中就有上海格致中学的张志敏校长。我之前在上海也和张校长聊过，今天张校长一进培正中学的门口，我就给他介绍了学校的基本情况。张校长说了一句话，他说："一进到这个学校，我就感觉到这个学校的文化，这个学校的文化不是几栋大楼就可以形成的。"

当然大楼也有起作用，我们学校所有的大楼都是以前华侨捐建的，他们的情怀、他们的情感、他们的成就都影响着培正学子。教学楼是美洲华侨捐钱建的，宿舍楼是澳洲华侨捐钱建的。这个学校有一种开放包容的情怀，这是物质文化对学生情操的熏陶。当然，培正中学也得益于与港澳学校以及国外学校的联系，活动相当多，社团也很多。在这些活动里，对学生也是一种文化的熏陶。所以，我们学校的人文气息是非常浓郁的。

谈了学校的文化，再来谈谈我们的课堂。在整个课程框架里，国家的课程大概占了80%，还有20%的空间来做校本化的、个性化的课程，当然也可以把这个空间继续扩大一下，这样会发展得更好。我们怎么去关注课堂的个性？培正中学推行了六年的"生命化课堂"，收到了非常好的效果。

为什么要推"生命化课堂"呢？我们的课堂很多时候都是教师讲得太多，对学生的关注肯定就会少，导致教师没办法去关注到学生的个性，更别说培养学生的思维活动了，这是大环境造成的。

而"生命化课堂"是以让课堂有生命，让课堂有快乐，让课堂成为生命延续的地方为出发点，以思维发展、情感发展、潜力发展为课堂目标，运用有效教学、成功教育等方法与策略开展的一种课堂教学。通过"生命化课堂"教学，课堂教学效果有效提高，形成了学科教学特色，培育了学校教学文化。用生命定义课堂，我们的目的就是要挖掘学生的潜力。

有了前面的基础，还是要构建完整的课程体系来实现我们的这种教育理想。2017年11月29日至30日，广东省中小学特色课程建设展示暨优秀成果交流会在深圳龙华盛大举行。会议盛况空前，产生了比较大的影响。培正中学的"善正教育"高中特色课程获广东省中小学特色课程建设一等奖。广州市有华南师范大学附属中学、培正中学、华阳小学三所学校获得了特色课程建设一等奖。

培正中学在课程构建的过程中特别强调人文素养和科学素养并重。给大家讲一个小例子，我与培正中学校友、国际著名华人数学家丘成桐聊天时，他跟我说了一句话，让我印象非常深刻。他说，在整个金字塔上大概有四五百人跟他一样对数学非常热爱，数学学得很好，在数学方面的能力一点都没有差异。但是有些人在数学的大海里穷尽四十年之力，却一点成果都没有。为什么？因为缺乏人文素养。我们在关注一个人的个性的时候，不能忽略了他的人文素养。比如说一个学生数学很好，你可能拼命地关注他的数学，让他考得更好，但是事实上缺了人文，对他将来的成功是有所影响的。

什么是个性？就是他个人的、与众不同的东西，形象点说就是只有他自己才知道那双鞋合不合他的脚。我们可以指导他去设计，但是由他自己选择。他足球踢得很好，你却要他选芭蕾舞，他芭蕾舞跳得不够好，他就不会选。

在教育一线耕耘了33年，我深深地感受到我们不应该用教育选择学生，而应该让学生去选择教育，这才是最美好的，因为学生一定会选择最适合他自己的。作为教育工作者，我们也应该为学生创造这样的环境。让我们一起努力！谢谢大家！

最美课堂在懂得

中山纪念中学特级教师　韩宜奋

一、"不乖"的老师也能出好成绩

我今天要讲的话题是"最美课堂在懂得"。先向大家做一个自我介绍。如果用一个评语评价一个老师,我大概就是特别"不乖"、特别"不听话"的老师。但我这个不好的老师也能干出好成绩,我先简单地跟大家说一下我的成绩。

迄今为止我已经工作34个年头了。不说远的,我就讲最近的12年,因为刚好这12年我教了四届学生,从高一到高三。在我的这四届学生中,没有加分,没有竞赛,裸分考上清华北大的,一共有15人。

今年我们班有三位同学高考成绩被屏蔽了,这三位同学都排在全省的前24名,而且语文科全省最高分143分也在我们班。在这四届毕业班中,全省70多万高考考生,曾经有一届,不但是前三名,前六名都在我们班。我想我敢站在这里说,这个"不乖"的老师也能够出成绩。那么我怎么"不乖"?怎么又能够出成绩?

扫一扫,
观看现场演讲

二、教学的密钥：在情，在理，在懂得

我是一个特别"懒"的人，又特别"爱玩""爱舒服"，但是，在学校里成绩不好是很糟糕的，那你就要想办法，要怎么样才能够既教得舒服，学生成绩又好呢？

我想，其实人世间所有的事情用两个字就可以概括，一是"情"，二是"理"，我认为最好的事情是合情合理的，最好的人是通情达理的。如果一个班级、一个学校制定了很多制度，但它不通情达理，不讲人情、不通人性的话，学生表面上很听话，但实际上不快乐。如果师生之间能够建立深厚的感情，彼此之间能够相互懂得，那么事情会不会变得简单一点？

正因为这样，我催生了一种教育的自觉，它会让我思考我的学生在想什么，他们需要什么，他们要什么样的情和什么样的理。又因为教育教学的自觉，我走上了自由的王国。自由到什么程度？我们校长曾经这么跟我说："韩老师，你想干什么就干什么，你想怎么干就怎么干。"我在学校里是一个没人管，"无法无天"，敢说敢做，"不听话"的老师，但是我很幸福，我的学生也很快乐。刚才我故意放了很多照片，从这些照片中你们可以看到这些高中生脸上充满着微笑，这种幸福你们平时看得见吗？

韩宜奋

最美的课堂应该是事半功倍的，是温暖的，是轻松快乐的，是有成长的，而不是只考虑高考的。我要求自己要真正清楚什么叫懂得：懂自己、懂学生、懂学科、懂科学、懂时代、懂未来。正因为这样的懂得，我跟学生就走上了一条没有障碍的沟通之路。

三、己昭昭方使人昭昭（懂自己）

先说说懂自己。我发现很多老师是不懂自己的，不管是无意也好，有意也好，撞进了教师的行当，很多人就自觉地把自己变成了学校的传声筒、变成了知识的灌输器。究竟为什么要给学生灌这样的知识？其实很多老师自己是不太清楚的。更重要的一点是，我们现在评职称，要求所有的老师都要做课题，都要写论文，但我自己没有什么了不起的课题，也没有写什么了不起的论文，我工作第三年以后我就不再看教学论文，因为我发现很多内容基本没有发展，没有进步。当然，教育要与时俱进，要进行教育改革，但我认为，做教育最重要的还是要先回归教育的初心，然后再谈其他，否则，忘了初心只会"谬之千里。"

如果一个老师能够成长，喜欢学习、自愿学习，并且能在学习中获得快乐，而不是被压迫、被管制，这才是真真正正的老师。所以我就问自己，我有什么"必杀技"，我有什么短板，所谓的教改是不是我要的，我做的每一件事情是不是有意义的，不浪费青春的？尤其是现在，我还有一年就退休了，我觉得这时间尤其宝贵。如今我还在做班主任，我是主动申请要当班主任的。我很喜欢上课，铃声一响我就会激动，站在讲台上我就兴奋，包括现在，我很开心，我不会背稿子，我也从来没有稿子，我讲的每一句话都是我自己在做的事情，所以我从来不怕创新，从来不怕被领导批评。

我如今做了30多年的语文老师，最后的目标就是希望孩子们"干掉"我，孩子们不要我了，那就对了。所以我就一直要求自己有两种特质：一个是质疑的特质，一个是批判的特质。领导们要求我做什么，我都要问自己，应该吗？这样对吗？

四、满足人性真懂得（懂学生）

老师要懂学生。老师都喜欢对学生成绩不好的孩子说"你学习态度不好，你不认真学习"，但我从来不会这样说我的学生，为什么？你们知不知道，不认真的背后是不爱，学习不好的背后是他的无奈，我认为学生不会态度不好，是我们从不告诉学生怎么样才能够态度好。

我懂孩子们的天性，既然我们了解人性包含这些，一个十几岁的孩子没有办法去改，那怎么办？我就顺应而为，我满足你所有人性的弱点，34年来我从来没有批评过学生，从来没有罚过学生，因为如果两个人对立起来了，就没办法沟通了。

我和学生之间不做斗争的对立面，而是构建命运共同体。为什么说是命运的共同体？如果学生好了，我不也好了吗？我好了，学生不也好了吗？学生有表扬了我也有表扬，学生成绩提高了我也是个好老师。师生之间是相依相存的，我不能把我的共同体、"战友"给"打掉"了，让他变成我的"敌人"，所以我从来不看"班主任兵法"这种书。如果你把他当成"敌人"了，那不就是要用兵法？而我和我的学生之间都是"爱来爱去"的。

因此，我给学生做什么？满足你，不辛苦、不累、好玩，然后有爱、有情、有掌控力；教你科学的东西，那么学习就变得很简单了。所以，我们班的孩子从来不需要我逼他做什么。在高一高二的时候，我们就已经完成了整个高中三年所需要进行的思维训练、学习方法的构建等等，所以到了高三，学生会很轻松，我也会很自在。到了高三，我就会长胖，我就会"无聊"，我就会没事干，因为所有的事情学生都干了，他们上课，他们做题，他们改卷，他们讲评，我就来看看。我们的学生上课，有理论、有方法、有深度，他们已经习惯了，因为我们高一高二就是这样过来的，这就是高中的课堂，你们能想象到吗？

而且我们班是人手一台平板电脑，全方位24小时无限制的无线上网，当然这只有我们班可以这样，因为学校已经说了，就韩宜奋可以这样做。所以，我觉得一个老师，如果你有自己的本事，你有自己的东西，你就会很快乐，也很自由，你就发现你有无穷的创造力。

五、学科滋味在生活（懂学科）

再说懂学科。我举一个例子，就说高考数学，学生花了那么多时间去做题，为什么数学高考平均分才60多分？就这个问题，我也问过数学老师，数学老师说，做题没有做够。我想，这不是题没有做够，而是没有做对。学生花了那么多的时间，而回报率如此低，那就肯定是老师出问题了。你懂学科吗？你知道这个学科有什么可爱之处吗？这个学科究竟有什么美好？你是不是这个学科的代言人？今天我站在这里，我就觉得我是足够漂亮的，我是足够自信的，我也是足够可爱的，因为我是语文老师，我就是语文科的代言人，学生们就知道，一个人学了语文以后，就跟"韩旺旺"一样如此可爱。

只要科学规划，时间也会用不完。从高一到高三，我们的孩子能看70多部电影，每看完一部电影后写一篇作文。这些作文大家看看，这就是他们的作文卷子，当场写的作文，没有任何一个字的涂改，每一篇都如此。

我们全班每一个同学人人一手好字、一口好话、一篇好文章和一腔情怀。这样的文章太多了，我没有办法给你们一一展现，他们写得很好很好，好到我每次改作文都很感动，也很羡慕，羡慕他们，他们这个时候遇到了我，而我从来没有遇到过这样的老师。

六、科学在前勤殿后（懂科学）

懂科学，我们提出的是"能否少做一道题"，但前提是要有知识的存折。学生能批能评才是真正的懂，要建立学习和资源的互换。我需要学生每做一道题，都要有个悟，这个悟是顿悟也好，慢悟也好，但不能够随便做题。所以我经常问他们，你能不能以一顶十，少做一道题？那么学生慢慢地尝试，真的可以学会"悟"，做到"以一顶十，少做一道题"，我们就省出很多时间来。

七、职业生涯真规划（懂未来）

真正的懂未来是懂自己、懂世界、懂生活、懂爱、懂科学，然后才有职业规划，否则职业规划是无从谈起的。因此我的口号就是"科学在前，勤奋殿后"，从来不做盲目的勤奋。"天道酬勤"这句话是假的，因为天道从来不酬不动脑筋的勤，它只酬科学的勤，所以是科学在前，勤奋殿后，以智为翅，以勤为膀，比翼而飞，才能够一飞冲天。最后我们来看一段视频。

中山电视台对我进行了一次专访，我带着我们全班20多个学生一起去做了一档节目，叫做《"玩着玩着"过高中》，有高考任务的中学应该是没有人敢这样做的。

我给自己做一下广告，给教育做一下广告，给美好做一下广告，你们有兴趣的话可以去看看，非常好看。今天我的演讲到此结束。谢谢大家。

第八章 百年名校的传承与创新

坚守教育的信、望、爱/刘晓玲

小学校，大格局/姚 丹

从同文走向未来/孔 虹

寻根与变革/黄灿明

坚守教育的信、望、爱

广州市西关培英中学校长　刘晓玲

尊敬的各位校长、各位来宾，大家好！我是广州市西关培英中学的校长刘晓玲。我来自浙江，出生在一个教育世家，有三十多年的教龄，10年的校长工作经历，担任了三届市、区的人大代表、人大常委后，现在是广州市政协委员。

今天，我们非常荣幸地迎来了在座的各位教育界同仁，西关培英中学因各位的莅临而蓬荜生辉，各位的到来更为培英的校庆增姿添色！在此，请允许我代表西关培英中学全校师生和员工，对莅临我校的各位校长、各位来宾表示热烈的欢迎和诚挚的谢意！同时感谢广东省中小学校长联合会发起的"山长讲坛"活动走进了这所百年老校。这是西关培英中学发展史上的一件盛事，是全体培英人的光荣！

西关培英中学位于广州老城区，坐落在荔湾湖畔、昌华苑前，有超过百年的办学历史，是著名的培英体系中的一员。1866年，校祖那夏礼牧师带着妹妹一行，乘坐小型帆船，历经109天，从美国纽约抵达香港，随即来到广州，先帮妹妹创办了真光书院，后在1879年创办了一所男子小

扫一扫，
观看现场演讲

学堂——安和堂。这就是今天培英体系的开端。

一、培英校友遍布世界，四海之内，白绿一家

如今培英体系枝繁叶茂，全世界已有45个培英校友会。培英体系包括西关培英、广州培英、台山培英、江门培英、香港培英、香港沙田培英。四海之内，白绿一家。

四年前，我收到池元坚校友的一封来信。他是我校1954年宪社的毕业生，是一名医生，他一家三代都是培英人。这封信是他托同学捎给我的，信中说到他想回到母校教学弟学妹弹奏夏威夷吉他。弹奏夏威夷吉他是他的业余爱好，他从小跟着他父亲学的，但现在快失传了，他希望能够"薪火相传"下去。我们都被他的热情所感动，但又有些担心。考虑到他年纪大且路途远，学校决定组建夏威夷吉他社，每周二下午的4~6点，由他授课。老人家从香港来回广州，一天路上需要花8小时左右。这是一名普普通通的校友，但我们西培人，无论居于何位，身在何处，都情牵母校。

二、百年老校，人才辈出

这是一所沉淀着历史的老校。创办于1904年的坤维女学是西关培英中学的前身之一。过去，这里是培养西关小

刘晓玲

姐的地方。西关小姐以独立、自信、优雅而著称。同时，这也是一所英雄的母校。《刑场上的婚礼》的主角陈铁军烈士就是勇敢的西关小姐的典型代表，她完美地展现了我们广州人、西关人坚毅、忠诚、无畏的崇高品质。夏礼楼、念久楼、院士楼、英才楼、蒋光鼐楼、礼智楼、铁三楼……每一个楼名都有一个故事。如夏礼楼，用的是校祖那夏礼的名字，是为了永远纪念他筚路蓝缕、艰苦奋斗创办培英的事迹。

对于一所百年老校而言，应该传承什么？答案就是传承优秀的学校文化和办学传统。西关培英校园虽不大，却是一个英才辈出之地。在这一百多年中，西关培英涌现出许许多多的学者、艺术家、企业家和体坛明星。如中国工程院院士罗绍基，国际欧亚科学院院士何建邦，中国跳水之父梁伯熙，全国劳模罗颂平，香港著名实业家蔡建中，著名画家伍启中、叶献民等等。

明天的校庆活动，培英体系兄弟学校将一起参加，由我校承办。不同的是，我们的校庆活动除了校庆庆典以外，还有摄影展、美术作品展，特别是还有一场11支球队参加的"培英杯"排球赛。虽说这只是培英体系各校参加的排球赛，但水平却不一般，因为香港培英是香港的冠军队，台山培英也是经常夺得全省第一的球队，广州培英是广州市一流的球队。排球是培英的优秀传统项目，一百年前，广州是中国排球运动的中心，许多国球手都从广州队中选拔，其中培英的学生尤其多。当他们出征远东运动会凯旋之时，整个广州城为之沸腾。

三、校训"信、望、爱"的新时代内涵

各位来宾，进入西关培英，首先映入眼帘的就是我们的校训：信、望、爱。办学之初，我校是教会学校，校训"信、望、爱"来自《圣经》。新中国成立后，在秉承传统的前提下，我们西培人对"信、望、爱"校训的解读是与时俱进的。

信：本意是不疑，有诚信、守信、言必由衷之意。能不疑人，不被疑，方可称为"信"。古语有云"人之所助者，信也"，一个没有"信"的人是难以立足于社会的。今天我们秉承的信是：诚信、信念、自信。我们希望学子们不但要坚守诚信的品质，而且要秉承高远的信念，自强不息、自信从容地追寻生命的真谛。

望：为人所仰。从古字字形看，"望"字的上面是"臣"，像眼睛，下面是"壬"，像一个人站在土地上远望。小篆的话，又加"月"字，指望的对象。一个人脚踏大地，仰望皓月，这是一幅多么令人遐想的画面！而这种境界正是我们希望学子们能达到的澄明心境。今天我们的"望"包括了希望、守望、回望。背负着百年盛誉，脚踩着时代厚土，我们希望学子们能对未来充满希望，相信远方、相信未来，同时守望着自己的梦想，携手并肩，并学会回望过去，感恩岁月，感恩师长。

爱：仁之发也。内心有爱，才能体味世间万物之真善美，并播撒爱的种子。爱是一种感受，更是一种行动。当年的培英人养育恩慈，心怀苍生，今天我们秉承的"爱"是博爱，爱国，爱校，自爱。作为百年老校，应该有自爱的责任，有辐射的热力，也有开拓的使命，因为爱本质上是一种润泽万物的胸襟。就在上星期，广州一中的巫芷欣同学因家中煤气爆炸而大面积烧伤，生命危在旦夕，我们的学生自发组织在芳村码头举行义演筹款活动，其实很多同学和她并不相识。这就是西培人的大爱。

四、以"全人教育"理念为引领，努力不让一个孩子掉队

正如校歌所唱，"信望与爱，陶铸英才为国用，鹰扬长空，广沐化雨春风"。为了更好地传承这一教育理念，如今学校也已开设了"信、望、爱"特色课程。正是怀揣着"信、望、爱"的精神，百年培英以全人教育为办学理念。

早在1879年，校祖创办培英中学以来，就倡导全人教育的理念。全人教育的智慧来自古今中外的哲学家、教育家、政治家，他们的思想是全人教育的智慧之源。孔子、

孟子、蔡元培、陶行知、柏拉图、亚里士多德、杜威、马克思、毛泽东的教育思想，都蕴含着全人教育思想。这是一种理想的教育观念，也是中外教育家的理想追求。

一直以来，全人教育的理念强调了教育的范畴应该是整体性的、全面性的，同时考虑到受教育者的发展学习需要与顺序，这样培养出来的学习者才能在心智及体魄等方面得到健全均衡的发展。

简单地说，"全人教育"就是全面育人，育全体的人。结合学校的实际，我们将其具体阐释为以人为本、全体发展、全面发展、和谐发展、个性发展，并以弘扬白绿精神、坚持全人教育、培育现代英才为办学理念，这正与校祖提出的教育原则一脉相承，并符合当前全面推进素质教育和关注学生核心素养培养的新课程理念，为培英的教育事业奠定了发展的基石。

我们以"全人教育"理念为引领，在传承中发展，坚持德、智、体、美、劳、群、艺全面育人。学校因学生而存在，教师也因学生而存在。我们关注每一个孩子，努力不让一个孩子掉队，给每个孩子以希望与梦想。

有时候我们只为一两个孩子就开设了课程，比如，只为一个学生，学校就购置了古筝。

我们很多学生，入校园的时候因学校校园面积小而抱怨。但不到一个月，他们就会因我们优秀的师资队伍、温馨而多彩的校园文化而慢慢爱上西培。到毕业时，他们依依不舍，并说西关培英是他们永远的牵挂。一所老城区的公办学校，我没有能力去征地，但我可以打造幸福校园，让老师们愉快地生活与工作，让孩子们健康快乐全面地成长。正如一个人生在寒门，依然可以创造幸福的生活。

学校致力于培养研究型的教师，让我们的老师不但有教学的能力，还有教育研究的能力。这里有一批南粤优秀教师、市名教师、市骨干教师、市特约教研员、高级教师、拥有研究生学历的教师占35%。就在最近，我收到了美国国际教育委员会的来信，我校的赵忻老师将去美国进行历时一年的"汉语和中国文化"教学工作，这是在全国1000名申请的教师中优选出来的17名教师之一，也是广州市唯一一名入选的教师。

近六年的高考中，我们五次实现了100%上线，让"不让一个孩子掉队"的教育愿景成为现实。课堂教学改革取得丰硕的成果，"以人为本、自主合作、和谐互动、全面发展"的教学理念深入人心。老师们走出校门，奔赴清华大学、国家图书馆、北京师范大学、贵州、连州等地，推广"四合一"主体教学模式等课堂教学改革的实验成果。

为践行全人教育，致力于开发学生潜能，我们组建了30多个学生社团，那是学生发展的另一舞台。武术团在广东省中学生武术项目锦标赛中，又一次展示了培英雄风，仅2017年，就获得金牌、银牌、铜牌共计32枚奖牌。白绿摄影社、游泳队、管弦乐团、排球队、合唱团、机器人社、辩论社、烘焙社、主持人社、足球队尽显白绿儿女的英姿。"白社"邓家慧同学在高二时就完成了17万字的长篇小说《樱花的第七音符》的撰写，并由海南出版社出版，现在，她在暨南大学深造。

我们有自己的节日，如西培母亲节、西培敬师节、历时两个月的艺术节等等。这是一个师生间、同学间充满浓浓亲情的幸福校园。这就是白绿儿女弥足珍贵的精神财富。

我想，坚守教育的信、望、爱，坚持全人教育，唤醒、传承、发展学校优秀文化，并不是一种简单的传承和创新，而是坚守一种教育的信仰和良知。坚守它们，既是学校发展的使命，也是时代给予我们的命题。我将带领西关培英中学牢记历史，继往开来，开拓创新！培英有语：一日培英，一生培英。从今以后我们都是培英人！祝福各位！谢谢各位！

小学校，大格局

广州市沙面小学校长　姚丹

各位校长、各位嘉宾，早上好！去年毕业季的时候，我收到毕业班孩子们的信件，这些信件特别真实，那些真挚的句子印记在我的心里，很多信里都有一句特别撼动我的话："我相信，在未来，您一定可以为沙面小学付出更多，为沙面的未来创造辉煌！加油！"

这是孩子们在信中给我的一句话，在我给予孩子们更多期望的同时，我的学生、我的孩子们也给予了我一份期待、一份信任，这更是一份责任，这一份责任是如此地厚重，我思考着作为校长，我能为孩子们做什么？我们的老师能为孩子们做什么？我们的学校能为孩子们做什么？

一、回望——孩子的信任带给我无穷的力量

教育，源于生命的成长与追求，尊重生命、呵护生命、守望生命，让每一个生命成为最好的自己。2017年2月，因为脚伤，我拄着拐杖回到了阔别18年的沙面小学，久别重逢，感慨万千。相信再次的相遇、相识和相知让我和

扫一扫，
观看现场演讲

沙面人共同参与历史的变革，共同承担起新的使命，共同迎接和面对各种机遇和挑战。在这里，在这所学校，我感受到学校带给我的力量，感受到孩子们带给我的力量。

二、追问——支撑着沙面小学发展的力量源泉是什么

教育，不仅仅是一份职业，更是一份赋予了教育情怀、历史使命、社会责任的职业，更是教师与学生相长、相伴与相助的职业。沙面岛是一个神奇的地方，在这里，我们可以感受到这座岛上的魅力，我们可以看到过往租界的耻辱和今天城市的名片。这里既有被历史碾压的痕迹，也有社会发展的印记。

这里是中西文化的汇聚地，也是广州商贸的集散地，更是风景优美的旅游胜地。坐落在风光与古建筑林立的岛上的小学，更多地染上了一层年代久远的色彩，在华丽的古建筑群里面，显示出的更多的是深沉和稳重。我们可以看到错落有致的街道、漫天的大树，这些都成为我们沙面小学的第二校园。

环境是最好的教育资源，接受中西文化的熏陶、见证共和国的发展、亲历学校办学的辉煌，沙面学子不仅曾受

姚丹

到国家领导人的接见，历届毕业学生也蜚声海外……到底是什么一直支撑着沙面小学在近百年历史中孕育了多名优秀学子？她的力量源泉是什么呢？在社会进步和发展中，这所小学传递着、传承着中华民族友善、坚韧、向上、无惧的精神，也培育着有生命的格局。

三、抓住关键时刻——破译成就"格局"的密码

地处荔湾的沙面小学既是最小的学校，又是最大的学校。以我们的沙面校区为例，单纯以校舍面积来算，它只是一间麻雀学校。但身处中西文化交汇之地，古树底下的小鸟学生也能有大胸怀，小学校也能成就大格局。如何成就"格局"呢？成就"格局"的密码在哪里呢？下面我跟大家分享几个不可错过的关键时刻。

（一）携手成长——不错过孩子成长的关键时刻

教育，就是关键时刻成就格局。携手成长，我们不错过孩子们成长的关键时刻，在这样一个花园式的学校里面，我们的孩子快乐地成长着。一年级的孩子走入学校，和他们的爸爸妈妈共同参与入学典礼，接受校训、校风的洗礼，感受校歌中学校的温度，与老师们共同写下未来的承诺。毕业典礼的时候，我们沙面的孩子和老师、家长齐聚沙面岛，共同进行沙面星光夜里的毕业典礼，留下不舍，表彰辉煌的学习成绩。

六一儿童节这一天，我们的孩子们想到的是身边的群体，用自己排练的儿童剧做义演，为广州市盲校的孩子们筹钱建图书馆，这些募捐而来的钱承载着我们沙面学子的爱心，承载着孩子们的这份厚爱。这就是在关键的时刻，我们不错过孩子们的成长。

（二）与时代同行——不错过学校发展的关键时刻

相生相长，在学校发展的关键时刻，我们依然相伴。我们没有忘记学校发展的轨迹，在传承的过程中，沙面小学依然将小班教学、双师制和走班制全面落地，同时在教育改革的浪潮里，我们没有收线。

围绕着学生核心素养的培养，我们构建了适合学生、满足学生发展的课程，在这里，我们可以看到我们的孩子们接受了机器人课、艺术课、微工程课、博古课……在这里，孩子们学习游泳、学习科学……孩子们在课程群里面乐此不疲，享受其中。在学校发展的过程里面，我们和我们的孩子们从来没有错过。

（三）有我，更精彩——不错过城市发展的关键时刻

如今，沙面小学五个校区在教育改革的浪潮里面并驾齐驱，不错过城市发展的关键时刻。由于沙面特殊的地理位置和历史原因，沙面小学拥有得天独厚的中西文化的熏陶元素，从办学到现在，它成了广州市的一张名片。在这张名片里面，我们沙面的孩子们广泛地与各国友好团体进行交流，在这样特殊的环境里，沙面的学子见识更广、视野更宽，在城市建设过程中的关键时刻，有我在！

2017年，《财富》全球论坛期间，沙面小学承担了多项任务，我们的孩子们与苹果CEO库克在一起，在十分钟的"编程一小时"的活动里，展现了我们沙面学子的风采，令库克赞叹不已！

同时，在沙面岛上我们也承担了传承中华传统文化的任务，空竹课程为嘉宾们带来了惊喜，孩子们轻松地用英语介绍我们空竹课程的玩法和技巧，同时教外宾学习空竹。我们的孩子们不仅仅展现了他们空竹的技巧，更多的是传递中华文化，传递我们广州文化的这张名片。在《财富》论坛晚上的广州迎接酒会里，代表着西关小姐的学子用最好的形象展现了广州的这张名片，顺利地完成了这次接待外宾的重任。

四、小学校，大格局——沙面小学在传承和创新中不断前行

不错过孩子们成长的关键时刻，这就是我们所做的，也是我们沙面小学一直在传承和创新中坚守的。沙面小学

一如既往，坚持并且不断地大步前行，在学校的办学过程中不断地培养着我们沙面人的格局。

小学校，大名气；小面积，大资源；小年龄，大胸怀；小学校，大格局。这是我们沙面小学的目标。心中有他人，眼中有世界，手中有力量，脑中有思考，是我们沙面小学需要培养的学生。

我想起这样一个故事，小鹰问老鹰："我能飞多远？"老鹰说："你能看多远？"小鹰问："我能飞多高？"老鹰说："你能展翅多远？"小鹰接着问："我能飞多久？"老鹰说："地平线有多远？"小鹰接着问："我有多少成就？"老鹰说："你有多少信念？"这个故事告诉我们，当你充满了信念，也就有了无限的可能，这就是格局。

这样的一个格局让我们沙面小学一如既往地坚守着，这个格局决定了一所学校的层次、高度和成就！沙面小学在这个过程里一路前行，历久常青，我们传承着，并且前行着。是什么样的力量源泉支撑着我们走到今天？是什么样的支撑点让我们有了今天？我想说的是：有了格局，你就能海纳百川；有了格局，你就能海阔天空！谢谢！

从同文走向未来

广州市朝天小学校长　孔虹

感谢"山长讲坛"给予我机会来到广州市西关培英中学参加今天的讲坛活动。在这里，我想先揭开一个小秘密，我是广州市西关培英中学84届初中的学生，很高兴再次回到母校，进行演讲。而且，今天来到现场的还有我们朝天小学的老校长李顺松校长。欢迎李顺松校长，感谢李顺松校长！

回忆起几年前，刚走进朝小，我就感受到朝小具有非常深厚的历史和文化。那么，我们这一代人应该传承什么、继承什么？对此，我做了深入地思考。我深刻地感受到，继承有时候比创新更重要、更有价值，继承更需要有智慧和勇气。我想借着我自己对朝天小学历史的认识，和大家进行分享。

其实，我和朝小有着很深的渊源，我的实习以及我任校长前的跟岗都是在朝小，我是一直跟着我们老校长学习成长过来的。新时期走进朝小，我站在三棵榕树下，备受感动。

我也常常在想，我们的根在哪？经过深入了解，我认为朝小的根在"同文"。"同文"就是同文馆，是清政府批办的学校，当时在全

扫一扫，观看现场演讲

国只有三家，北上广同根同宗，是最早的外国语学校。广州同文馆始建于1864年，可以说是广州乃至广东省最老的、最早的外国语学校，也是岭南第一所近代的新学堂。学校开设了外语、汉语、算学、天文以及科技等科目。

在离学校不到50米的位置，有一座怀圣寺光塔，是珠江古道航线上的一座航灯。相传这座航灯立在此地已有上千年，作为海上的航灯，它是古代海上丝绸之路的一个交通点。阿拉伯人、波斯人通过珠江口岸看到塔顶航灯的时候，就知道已经来到了广州。

这样的历史环境和地理环境，给了朝天小学很好的文化积淀。广州同文的开放、引领、包容，奠基了朝天人自信合群、思辨创新的家国心、世界情。

在这样的根基下，我们通过学校的课程让孩子们感受到同文的气息，感受到自己的同文根，感受到古代海上丝绸之路留给我们的世界情。

朝天小学的每个同学都要诵读朝天史，这是我们每一位同学每一年的学习任务。我们通过经典诵读，让孩子们用不同的形式、用自己的理解来表达对朝天小学的敬爱。我们老师也通过学习朝天的历史，把校友的成就、把学校的历史融在了学科的教学中。我们将国家课程校本化，把

孔虹

校史作为我们语文课和数学课的学习资源。我们通过广府文化项目学习，让孩子们通过了解和学习广府文化，成为传承广府文化的使者。我们还开设了粤语讲古、榄雕、广绣等课程，让孩子们在这些课程里亲身体验广府文化的魅力，孩子们越学越爱。

21世纪，"一带一路"已经启动。作为传承着古代海上丝绸之路精神的朝天人，我们有责任让广府文化走向世界。2017年，"一带一路"国际合作高峰论坛会议召开以后，我就在想，如何让孩子们感受到"一带一路"就在我们身边？我组织了老师和家长一起研讨"一带一路"的学习课程，以儿童的视角、从孩子们的认知去设计"一带一路"的研学课程。

我们把对广州中药的理解、对岭南建筑的理解、对交通工具的理解、对粤剧的学习等主题课程分布在六个年级里，利用一个学期来进行实践。孩子们在老师的引领下，开始制订研学方案、梳理研学清单、讨论研学过程，老师们充分尊重孩子们的意见，老师们和孩子们一起学习，让孩子们根据小主题来进行分组讨论，并实现了在年级里面走班讨论学习。孩子们在这样的一个研学过程里，通过具体的研学内容，深刻地认识、了解了"一带一路"，家长也从中得到了启发，增长了见识。老师和家长都说出了一句心里话："我们和孩子同成长！"

根据研究实践，我们在小学这个层面上用研学的方式来开展学习活动，是非常有成效的。这样的学习方式使孩子们亲自参与其中，发挥自己的智慧，孩子们学得很开心，也有所收获。

除了"一路一带"研学课程，我们还开设了围棋研学课程，在一、二年级普及围棋的学习，同时让孩子们进行大比赛、千人围棋赛。此外，我们还开设了外国历史的研学课程。每一年按照不同的主题，针对外国文化历史设计不同的主题进行研究。

作为对外交流的一面旗帜，朝天小学从20世纪80年代开始就是接待外宾的重点指定单位。我们每一年的开笔礼都会邀请我们的姊妹学校的校董主席、新西兰驻穗的领事馆领事来参加，每次的开笔礼上，朝小的学生都给客人留下深刻的印象。他们认为，教孩子们写好"人"字，非常重要。而我们不仅是入学写好"人"字，我们还在努力实践，期待我们的孩子能写好"仁"字，实现朝天的校训——明德归仁。

朝天人从历史中走来，在新的时代，我们还需要做更多的创新。我们朝天人一直在践行着"创新第一，示范引领"的核心价值观。期待在未来的时间，我们朝天人的道路越走越广阔。谢谢大家！

寻根与变革

东莞中学校长　黄灿明

1922年秋天，考古学家罗振玉先生在他天津的家里迎来了一位来自东莞的青年，当时这位年轻人带来了三大册、1200页的金文编手稿。罗先生一看，非常激动，说："年轻人，这个就是我一直想做但还没有做成的事情啊！"他叮嘱年轻人"务尽其诚"，后来他把这个年轻人介绍给了北京大学的马衡和沈兼士两位教授，他在推荐信里是这样写的"容庚新从广东来，治古金文，可造就也"。就这样，这位只有初中学历的年轻人被北京大学研究所国学门破格录取为研究生。

这位被国学大师王国维称赞为"古文字学四少年"之一的容庚，曾是东莞中学的一名教师。容庚15岁时，在他的舅父、书法篆刻家邓尔雅的启蒙下，对古文字产生了兴趣。1913年，容庚进入东莞中学就读，课余时间，他待在邓尔雅的家里，也就是今天东莞中学校园内的一处进士故居里，潜心研治古文字。1916年，容庚从东莞中学毕业后留校担任国文教师。

1921年发生了一件对东莞中学来说非常重要的事件。当时的广东教育委员会主任陈独秀

扫一扫，
观看现场演讲

派了一位北大毕业的学生来东莞中学担任校长，他叫黎樾廷。那一年东莞中学开始招收女生，那是破天荒的大事。以包容著称的北京大学是1920年开始招收女生的，我记得广雅中学应该也是1920年开始招收女生的，我们东莞中学是1921年。当时一大批非常顽固的士绅坚决反对，黎校长上任不到一年就被撤掉了，没再当校长了。当时容庚和弟弟容肇祖都在莞中当老师，他们非常支持黎校长的做法，所以校长被撤了以后，他们就愤怒地离开东莞中学北上求学。可以说，这个金文编是容庚在东莞中学当学生、当老师时就写出来的。

又过了60年，东莞中学又出了一个非常有名气的校友，他就是王志东。可能今天很多人特别是年轻人都不认识他了，但是我们年龄稍大的知道，新浪网的第一任总裁就是他，中文之星的软件就是他开发出来的。在他开发出中文之星软件之前，我们上网是不能用中文的。所以从某个角度来说，他解决了"从零到一"的问题，可以说他在电脑界、IT界是一个划时代的人物。

王志东在东莞中学读书时醉心于无线电研究，偏科非常厉害，但学校没有去强制矫正他的学习，反而为他专门提供了一个实验室，把当时港澳校友捐赠给学校的各种仪器与设备给他随意使用，并允许他不上数学课和物理课。

黄灿明

1984年，对王志东来说也是非常幸运的，因为那一年的高考题特别难，特别是数学，偏偏他的数学科考了130多分，数学科一拉，他就进北京大学了。

进了北大以后，他在中学打下的基础对他在北大的学习非常有利，在北大读了两年后，他觉得大学没什么东西可以学了，就去中关村开发软件。后来，王志东回到学校跟师弟师妹交流分享时，说"东莞中学宽松包容，鼓励学生个性发展的氛围给我提供了独立思考、发展创作的广阔天地"。他经常说，他之所以有今天的成就，在东莞中学求学的三年对他来说至关重要。

2001年，我回到东莞中学，担任副校长，其中一项工作就是负责筹备2002年学校的百年大庆。在回望与追溯东莞中学百年的发展历史时，我再次重温了容庚与王志东的成长经历。我忽然意识到，宽松、包容、多元，保护和鼓励学生独立思考、自主选择、个性发展，已经成为东莞中学独特的精神基因与文化气质。

也是从那个时候起，我开始认识到：不同的历史造就不同的文化，不同的文化产生不同的教育行为。要办好一所百年学校，就必须从学校历史中寻找其发展轨迹，探寻其成长历程。也只有从自己的学校历史与传统中挖掘出来的东西才能深入人心，才是学校持续发展的动力，才是学校建设的根基。所以，2004年我当了校长之后做了两件事情：第一件事情就是寻根，寻找学校历史发展的进程，挖掘学校发展的精神资源和内在动力；第二件事情就是变革，在梳理盘活历史经验过程中，努力寻找学校现实变革的抓手和路径。

一、寻找文化原乡

我记得去年11月份，华南师范大学基础教育培训与研究院有一个校长班，其中的7位校长来东莞中学挂职交流一周。在挂职交流结束的总结会上，一位来自揭阳的校长说："在东莞中学的一个星期里，我每天都被这里的人和事感动着、震撼着。我参观过不少百年老校、百年名校，但那些学校的历史和文化,要么是无迹可寻,要么就是躺在故纸堆里灰头土脸。但莞中不同,莞中的历史文化是鲜活的,是流动的,就像空气一样弥散在校园里,浸染着每一位师生甚至是外来者。"这位校长的话反映了我们这些年来在学校历史文化方面所做工作的成效。

这些年来,我们整理出版了《东莞中学前五十年史料编年》《东莞中学校史图册》《光辉历程》《尘封的璞玉》《莞中往事》《师生名录》等共十几套校史校情读本。另外,我们也做了校友墙,这个校友墙是在一百年校庆时做的,把莞中一百多年来的学生和老师的名字放在里面。当时我们的老校长说:"我们的校庆怎样彰显一种人人平等的理念?"我们做一个校友墙,不管你的官有多大、你的钱有多少、你读六年还是一年,还是一天,你的名字都是一样大小的。现在这个校友墙也成了每一位校友回来首先要看的一个地方,非常有震撼力。

我们也修缮了进士故居。这位进士叫邓镜蓉,是广雅书院第四任山长,也是邓尔雅的父亲,容庚的外公。我们每年开展一期"杰出校友报告会",包括我们又一位杰出校友何镜堂,让新老莞中人在直接对话交流中实现莞中精神的传递并提升为理性的思考。所有这些,为的就是讲好历史深处的莞中故事,让莞中师生从中触摸到有血有肉的莞中精神与传统。

在梳理莞中的历史和莞中校友的发展时,我们把莞中的做法归结为穿越学生生命历程的教育视线。只有用这样的教育视线去关注学生,我们的教育才能走得更远。这里包含两个方面的价值取向:一是要把学校教育的关怀指向在校学习和生活的每一个学生,使他们都能获得最适合于自身发展的最好教育;二是要把学校教育的视线穿越学生生命发展的全程,为学生一生的可持续发展奠定思想基础、能力基础、情感基础、生活基础。

二、构建文化新格局

前一段时间,我们学校老师的朋友圈被一封学生的信刷屏了。那是我们一个高三毕业生写给饭堂阿姨的一封信，其中有这么几句话："迈入莞中的大门，不知不觉已经三载了，这里的砖瓦草木，这里的食物器皿，这里长久而盈溢的历史，这里发生的种种故事，皆参与到我人格的塑造与成长中来，可最令我不能忘却的，终归是人的风景。"我们一个老师在他的朋友圈里说了这么一句话："因为有这样的学生，所以我们才有底气说莞中是一所令人向往的学校。"

莞中就是要对教育、对校园里每一个鲜活的生命给予无限的尊重。在我们学校里，我们创办了校友会文艺晚会、校友足球联赛、篮球联赛、排球联赛、羽毛球联赛、网球联赛、书画作品展等。我们这样做的目的就是要把学校打造成莞中人永远的精神家园。

我们还不断地提升我们的艺术节、科技节、体育节、毕业典礼、成人礼，"三节两礼"也成为莞中学生充分展示个性的重要平台。我们还把交响乐、歌剧、芭蕾舞等高雅艺术引进校园，让我们的孩子在美的享受中提升素质。我们还举办了职业博览会，让我们的孩子尽快明确目标和方向，规划人生，发展自我。

我们认为，一所好的学校应该是能让每一个从里面出去的学生在漫长生命过程中时时能够驻足回望的，能够成为其精神归属的地方。在这里，我们经常讲，我们的教育不仅仅是捧出一张张大学录取通知书，同时也要捧出一个个具有鲜活个性的学生。东莞中学就是要把学生培养成令我们骄傲的人。

"青山依旧在，砥砺踏歌行"，这是东莞中学116年来执着坚守的信念，也是我始终不渝的使命。感谢大家的聆听，谢谢！

第九章 大湾区教育的国际化发展

中国根基的国际化学校之路/陈 峰

中国教育的国际借鉴/辛 颖

讲述『古风·蓝韵』的故事/陈祥春

以顶层设计推动龙华教育跨越式发展/王玉玺

课程构建助推粤港澳文化深度融合/龚德万

中国根基的国际化学校之路

广州市华美英语实验学校校长　陈峰

在座的各位朋友们，如果要你们把中国的中小学分为三类，你会怎么样来分？高中、初中、小学？公立、私立、外国人子女学校？好、中、差学校？我是从课程开设的维度上来分：一是完整执行国家课程的普通中小学；二是全部开设国外课程的外国人子女学校，也叫国际学校；还有第三种，就是如华美学校这样属于"第三条道路"的学校，基于中国课程，融入西方课程的学校，叫做国际化学校。国际化学校发端于民办学校，已经延展到外国语学校和一些公办学校。国际化学校成为教育重要的发展方向。

一、从国际化学校迭代到"融创"时代

1993年，几位志同道合的归国留学生，基于为了孩子的想法，希望办一所加强英语教学、打开国际视野、全面提升学生素质的好学校。于是，改革开放后广东乃至全国的第一所国际化中小学就这样诞生了！

华美学校的国际化是从1993年聘请外教、1997年引入加拿大安大略省课程开始的，到

2005年吸收来华留学生，从"单面"迭代到"双面"，走向全面。"道生之、德蓄之、物行之、势成之"，《道德经》的智慧启迪我们：国际化学校演变背后的"道"是什么呢？

我把国际化学校的发展分为三个阶段。

1.0时代，关键词是"教育搬运"。把西方的课程、教师搬到中国的校园内。从英国搬，从美国搬，从加拿大搬。这个阶段的国际化学校将来自国外的教育资源假设是优质的，忽略搬运过程之中的"掉包""缩水""变质"，忽略移植到中国后的水土不服，忽略教育部门监管。

2.0时代，关键词是"混合运算"。把搬来的课程和中国的课程"加减乘除"，组合成为新的课程体系。这是许多学校现在的做法，也呼唤着规范、升华的力量。

到2049年，中国将成为世界的教育中心，中国的教育标准将成为世界的标准。教育部陈宝生部长去年十月的这番言论，引起热议。这有可能吗？我认为有可能，国际化学校要升级到3.0。

3.0时代的国际化学校，关键词是"融创"。我们不禁要问，何为融创？为何融创？何以融创？融创成何？所

陈峰

谓"融创"，是指以中国课程和教育传统为基础，融合西方教育理念和课程资源，创造出新的教育体系。体系化的融创包含四个层面，一是在教育思想和价值观上的汲取；二是在教学、管理方法论、策略、技艺层面的兼收；三是在课程实践中的校本化整合；四是在学校文化与学生发展结果层面上的创新。

那么，国际化学校融创成何样？一句话，与IB（International Baccalaureate，国际文凭）课程（国际文凭组织为全球学生开设的课程）从幼儿园到大学预科并驾齐驱的CB（Chinese Baccalaureate，中国文凭）融创教育体系。到时候，就不是加拿大哈勃总理来广州看他的加拿大学校，而是中国领导人去境外看开中国课程的CB学校了。

总之，我们处于国际化学校三代并存的时代，主动走向融创，主动在中国教育传统基础上融创，就会生长出有中国根基的CB教育体系。

这一体系的关键、核心和底层逻辑是什么？

二、"融创"的关键是育"心"化人

小时候，父母和老师教导我们千万不要人穷志短，所以我们用心读书、升学，靠知识改变了命运。

记得我五岁的时候，身为浏阳一中老师的父亲，在一天中午饭后，掏出2分钱给我，出了一个题目：如何用这2分钱把一个房间装满？面对这样一个不可思议的问题，我苦苦尝试，答案都被爸爸一一否定。一直到吃晚饭，还是得不到肯定的答案。晚饭后，天渐渐黑了，父亲把我带到卧室，在那个黑屋子里面，掏出花了2分钱买来的火柴，划燃了一根，整个房间亮堂了起来。"这不，光线不是装满了整个房间？！"原来还可以这样想问题的呀！"遇到问题时，你的心要打开一些，要用脑子想象，要创新。"一颗好奇、创新的心就这样被打开。探索的种子就这样种植在我的心田，直到现在还在生长。育人的关键就在于"育心"！

每一个学生的生命都是由身体、智慧和心灵组成的。身体健康很重要，智慧更加珍贵。比智慧还珍贵的是心灵，是胸怀、美德、格局及其所形成的能量。所以，心好，就什么都好。如果我们错过了在孩子纯洁的心田里面种上美好种子的时光，他们的心中就可能长满杂草。如果我们种对了种子，就会种瓜得瓜、种豆得豆。

儒家说要存心，道家提倡修心，佛家希望明心。老祖宗留下的文化传统说的都是"心"的培育。因此，教育就是要帮助孩子诚意、正心、明心，以心明道，厚德载物，提升修身齐家治国平天下的心性。这样的教育就是具有中国文化根基的"心"的教育。

种树灌溉要在根上，立德树人要在心上。身为父母、教师，要先做好人师，点亮学生的心灯，化育学生的心灵，帮他们立志，帮他们辨志、明志、笃志而行。

立足于学生的百年人生，小学生在《经典诵读》中养育"天人合一"的胸襟；中学生在《豪放诗词》和"立志节"里，种下天地万物为一体的大仁之心。在6月8日刚刚过去的高三毕业典礼上，我们的同学、老师、家长、校友开始组建"华美终身学习共同体"，约定一起学习五十年。

抓住了心，道的掌握、德的熏陶、行为习惯的养成就水到渠成。这就是我国教育传统中可能走向国际舞台的教育基因：心—道—德—行。抓住了心，学生从心出发，循心—道—德—行的大道，持续地向上、向善。这就是国际化精品学校应该追求的有品位的教育质量。抓住了心—道—德—行的育人逻辑，以育心化人为核心，国际化学校的融创就有了中国根基。

那么，如何落地到学校？就是追求苟日新、日日新的成长，酿造每天更美的文化！

三、"融创"的成长文化——每天更美

在学校，20世纪出生的老师在教21世纪出生的学生，世纪的代沟横亘在师生之间。比两个世纪的代沟更严重的

问题恐怕是以考为法宝的教育制度。语、数、英、理、化、生等学科的考试如同学生们的跑道，孩子们向着1000米、750分的设定值奔跑，无暇顾及过程的享受及周边风景的美好。奔跑完之后，没有几个人愿意再跑步。人生的跑道上又何尝不是如此？好多人年纪轻轻就开始油腻了，早早地走向了人生的下坡路。

这如何破解？

教育面向未来，就要帮助孩子适应变化的未来，适应近期（3~10年）的未来、中期（10~20年）的未来、长期的未来（20~80年）！为此，学校教育要着力于三个面向：面向学生的全部身心世界、面向学生当下的学习与生活状态、面向学生未来的职业生活与终身幸福。

人生可能是一场超级马拉松。人生还可能是在河里游、海里漂、天上飞、太空行走。每一个孩子生命的长度、宽度、高度都是不一样的。

华美学校的解决方案就是在华美，每天更美！一天，几个孩子笑嘻嘻地问我："校长，今天你更美了吗？"孩子们挂在嘴巴上的，和画在墙报上的，最终会落到行动上。路遥知马力，日久见人心。有中国根基的国际化学校，一定要从"心"出发，在孩子的心上装上"永动机"，帮孩子建设好属于自己的"知行合一""每天更美"的小生态。

培育学生持续成长的心态和生态的"心"教育体系，包含立志、勤学、改过、责善的内容循环，包含自设目标、自选路径、自我监控、自我调节的过程机制，包含做人、学习、生活、做事好习惯养成的不断迭代。

带上这个自制的好心态、好生态，孩子们就会从"心"出发，在持续的每天更美中，成长为具有全球视野的终身学习者、具有家国情怀的国际化精英，并且拥有美好的生活、幸福的人生。

中国的国际化学校是一种特别的存在，在这个多形态并存的时代，世界舞台上国际化学校需要有中国的国际化学校，中国的国际化学校需要主动走向"融创"，生成有中国根基的CB教育体系，从而发出中国的教育声音，贡献出中国的教育智慧。

从"心"开始，遵循心、道、德、行的育人逻辑，应该是"融创"型国际化学校建设的中国根基，应该是具有中国教育传统特色的国际化学校建设的中国方案。建构"知行合一""每天更美"的学生个性化成长生态，是中国根基的CB教育体系"融创"的支点，也是"融创"型国际化学校建设实践的杠杆，撬动着每个学生各美其美、美美与共。

让我们一群志同道合的国际教育人，为学生百年人生的美好生活，为中国根基的国际化学校"融创"样板，为中国根基的CB教育体系的蜕变，携手起来，走得更远！

中国教育的国际借鉴

东莞市松山湖清澜山学校校长　辛颖

我今天跟大家分享的主题是"中国教育的国际借鉴",分为以下四个内容:第一、教学方法;第二、学习方法;第三、评价方式;第四、课程理念。

首先,我来讲一下背景。我在来松山湖之前,担任清华附中上地学校的校长,它是清华附中接管的一所薄弱公办学校。2017年,我又兼任了清澜山学校的校长。这两所学校有着不同的性质,清华附中上地学校是一所公办的初中,清澜山学校则是一所民办国际化学校,学制是从幼儿园一直到十二年级,学生人数和教师人数的比在3∶4之间,是一所师生比非常高的学校。

正因为我兼任这两所学校的校长,所以在工作的过程中,我经常会进行一些对比,这些对比也会引发一些思考。

一、教学方法的借鉴

在传统的课堂中,教师是要掌控课堂的。评价一个教师的课上得好不好,我们通常看他的课堂控制力好不好,是不是引领学生在进行

扫一扫,观看现场演讲

学习。课堂以讲授为主，课堂容量很大，整个课堂知识体系非常完整。我们通常在接下来的评价过程当中就看这个教师是不是完成了他教案上所写的那些教学任务，在整个评价过程当中是不是非常关注学生思维品质的培养。

而在国际化的课堂中，教师是课堂的管理者，需要在课堂上引导学生进行思考和讨论，课堂容量较小，学生的发言较多，课堂上也较耗时，学生在一堂课内所得到的知识方面的信息是比较少的，但是十分关注学生思维品质的培养。

孔子说："学而不思则罔，思而不学则殆。"实际上，在学习和思考两方面，我们应该是一边进行学习，一边进行思考。通过思考产生新的学习欲望再去学习，学习之后再进行思考，周而复始，这应该是一个比较合理的教和学的过程。

我们的传统课堂是否能够在引发学生的思考以及思维品质的培养上更加注重一些？反过来，我们的国际化课堂在学生知识容量的学习上是不是也能更加注重一下，使得两种教学均向更好的方向发展？

辛颖

二、学习方式的借鉴

正因为教的方式不同，学的方式也会有所不同。传统的学习方式以听讲为主，学生要在课堂上掌握知识点，在课后要反复训练应用这些知识点，这样他对知识掌握的效率确实是非常高的。学生在听完一节特别优秀的教师的课之后，会觉得特别解渴，但是整个学习过程对他本身思维品质训练的效率是非常低的。

而国际化教育强调自主学习，强调小组的合作探究，学生通常在完成项目的过程中进行学习。因为完成项目是需要讨论和尝试的，所以他对知识掌握的效率就会比较低，同时可能知识的系统性也会稍微差一些，不像传统教材的第一册到第几册，第一单元、第二单元、第三单元等那样，知识系统性非常强。通过项目进行学习，很有可能会遗漏掉一系列知识当中的某一点，知识系统性低一些，但是它对学生思维品质的训练效率是非常高的。

这里我想讲一个故事。我有一个学生，是清华附中毕业的，成绩非常优秀，他被耶鲁大学录取了。他说："我在耶鲁大学的前两年真的非常痛苦，我经常在课堂上问我自己，为什么我的同学们都能问出那么有深度、那么有水平的问题，而我却只会问这是什么、那是什么、这个怎么用、那个怎么用。"他跟我讲这些的时候，我心里在想，这很有可能是因为他在过去十二年所接受的教育当中，教师在课堂上的提问通常也是这是什么、那是什么、这个怎么用、那个怎么用，所以他在学习的过程当中只能提这种水平的问题。而他的那些在国外接受教育的同学可能接受了一些更高级的思维品质的训练，所以他们在一起讨论问题时，别的同学就能提出有水平、有深度的问题，而他不能。

我们国际化学校的孩子们是要去海外与来自各个国家、接受不同教育的孩子去同台竞争的，我们拿什么去跟人家竞争？现在中国孩子比较占优势的是他们的知识水平比较高，可能数学或别的理科特别好，但我的这个学生出去后学的恰好是历史，学的是文科，所以他在思维水平上就受到了非常大的挑战。当然他最后挺过来了，他说："我们学校每年都有三分之一的中国学生或退学或休学或不能毕业。"

尽管他们进入好的大学，我们应该欣喜，但是我们更应该关注的是他接下来的发展，乃至他整个人生的发展。

三、评价方式的借鉴

传统的评价是结果导向的，是用成绩给学生做一个终结性的评价，我们的大学录取也主要是靠最终的考试成绩，手段非常单一。只有当我们的大学在录取学生时能够考虑学生的综合素质时，我们的整个教和学的方式才会发生改变。我们教和学的方式是受评价方式影响的，因为你这样考，我才需要这样教、这样学。

综合素质评价在中国刚刚起步，清华附中曾做了综合素质评价系统，我们这个课题还获得了北京市特等奖的第一名，我也是研究团队里的一员。但是也不能说我们就取得了一定的成果。我们只是有了综合素质评价系统，但是没有多少人用、还没有被大学所采纳，所以我说我们的综合素质评价刚刚起步。而国际化的评价是过程导向的，非常注重孩子们平时的表现，是过程和考试相结合的综合的考察。在海外，大学的录取中综合评价已经是主流。

在这里，我想讲讲我们清澜山学校学生的成绩组成。我们一学年的成绩分为上下两个学期的评价，各占50%。上学期的成绩分为期中和期末的评价，50%的期中评价加上50%的期末评价构成了学期成绩。每一次期中、期末的成绩中平时成绩占80%，考试成绩只占20%。那么一个学年有4次测验的成绩，分别是上学期的期中、期末，下学期的期中、期末，而4次测验成绩的平均分占到整个评价的20%。举个例子，比如在某一次测试，我考了0分，你考了100分，在总评里你只比我多5分，这就使得考试的成绩被弱化了。它的理念就是，如果这个孩子平时认认真真地跟着教师走，每一个任务都能完成、每一次作业都能按时交、每一次小的项目都能做好，那么我相信他的考试成绩就不会差，万一考差了、失误了，他也不应该承担那么严重的后果。这就是我们整个评价的指导思想。因此，学生在考试之前，并不需要特别紧张地去准备、去应付。

在公办学校，有的学生每到考试就生病，这是心理原因导致的。因为考试对他们来说太重要了，比平时的表现重要得多。我认为国际化评价更注重过程，我们的学生提交给海外大学的成绩就是我们综合评价之后的成绩，海外大学参考托福的成绩以及综合评价的成绩来确定是否录取。

四、课程理念的借鉴

传统的课程体系是比较刚性的，必修课占据主要的部分。当然，经过一次一次的课改，选修课的比例正在逐渐增加，这是一个好的现象。它对学生都有统一的要求，不管你的基础好坏，最后整体划一条线来作为统一的要求。

比如说有的学生本身就很会跑步，体育很擅长，可是有的孩子确实是不够协调，但是100米及格的分数线是一样的，不管你平时多么苦练，你只要100米不是这个秒数，你的体育就不及格，这其实就是评价的一种。而国际化评价是自己跟自己比，要看的是你的增量。传统的课程体系的优点是非常系统和完整，毕竟是举国家之力编制的课程体系，而国际化的课程体系非常丰富。我们现在有IB的，有AP（全美大学预修课程）的，有A-level（英国大学入学考试课程）的，还有中加课程，给学生提供了多样化的选择。国际化的课程体系里有相当一部分比例是选修课程，即使是必修课程，也是分层次的，分为标准课程和荣誉课程。国际化课程的综合性和自由多元既是优点，也是缺点，会导致有的课程还不是那么成熟。

我们认为每个人身边都有好的教师，有的好教师其实根本没有出过国。所以我认为好的教育应该是殊途同归的，不见得非得有海外留学经历的老师或者外国人创办的学校才是国际化的学校。民办教育和国际教育就好比中国教育的两个翅膀，只有相互扶持、共同发展，中国的教育才能腾飞。谢谢大家！

讲述"古风·蓝韵"的故事

广州市南武中学校长　陈祥春

首先祝贺广州市华美英语实验学校25年华诞。我今天演讲主题的是"讲述'古风·蓝韵'的故事"。

我校这几年就是按照"古风·蓝韵"的特色定位来发展我们的国际教育基因，按照"古风·蓝韵"的主题来传承、蜕变南武的内涵发展的。"古风"指古朴典雅之风。百年南武习尚质朴淳古，文化底蕴深厚独特。以"古风"为办学特色，意为绵延南武的传统文化特色。"蓝韵"指中西合璧之韵。以"蓝韵"为办学特色，意味着百年南武融合中西，扬长补短，发展自我，超越自我。所以，"古风·蓝韵"是我校教育国际化的一种南武表述。

一百多年前，南武中学的前身南武公学会的会歌最后一句话是"携手同登世界大舞台，增吾南武之璀玮"，足以看出百年之前，南武人已经描绘出了南武的世纪梦想。同时，1905年南武两等小学堂开办，办学方针是"中学为体，西学为用"，而且专门引《诗经·大雅·下武》里的一句话"昭兹来许，绳厥祖武"古训，告诫我们的后人勿忘始祖。

扫一扫，
观看现场演讲

南武中学以"古风·蓝韵"为发展特色,让学生传承南武的深厚文化,激发学生的爱国精神和民族情怀;借中西合璧的教育风韵,拓展每个学生的潜能,扩大学生的国际视野;培养既饱含民族情怀、又具有国际视野的文雅南武学子。

2012年10月,广州市大力提倡普通高中要创办特色学校,广州的特色学校跟其他地区的特色学校相比,最大的不同就是学校的特色建设一定要基于学校的文脉及发展定位,而且要求每个特色学校要有特色课程作为支撑。所以,我们就定位为"古风·蓝韵",并进行"古风·蓝韵"的特色课程体系的建设。

对于语文学科,我们强调阅读,对一般的语文进行改造和提升,创设了图书馆语文。对于英语学科,我们强调跨文化的理解,英语不仅仅是语言工具,而更应该是一种交流工具,是一种文化的理解、包容和认同,为此我们创设了蓝韵英语。而数学强调的是数学四大能力的培养,基于此,我们开设了逻辑数学。此外,我们想推行政、史、地、理、化、生跨学科学习,用一个主题来进行整合,我们设计了相关课程,并出版了教材。

2013年,我们到美国去考察,参观了一些非营利教育

陈祥春

机构，遇到了齐红老师，她给我们介绍了一个在美国得到大力推广的课程，这个课程就是STEM课程。在齐红老师的推荐下，经过两年的运作，2015年，广州市南武中学完整地、全版地引进了STEM课程。我们建了三间教室作为学创空间，按照美国STEM课程教室的样子来建，可以同时满足100个人上课，而且还完整地引进了STEM课程的6大类、80多门课程，作为选修课。

开展STEM课程，最主要的是教师，目前在中国的公立学校最紧缺的是具有这方面教学能力的教师。为了培养这样一支教师队伍，我们从各学科抽了1到2个教师组成STEM课程的导师团队，共13人，把他们送到美国去培训，他们回来又组织研究探讨，再学习，研究怎么样把这个课程上好。

正是因为我们有STEM课程，建立了学创空间，所以我们学校的学习方式跟上了国际的步伐。在STEM的基础上，我们有了项目学习，也有了跨学科综合学习的完整的学习理念。也正是因为有了STEM课程，我们学校的教学内容、学生学习的知识应该说贴近了当今世界科技的最前沿。

于是接下来我们就有了和斯坦福大学的合作机会，有了斯坦福创新人才培养联动实验室课程；和北京大学合作，我们有了无人机与北斗导航创新实验室课程；我们还引进了机器人和人工智能课程等一系列科技含量较高的、紧跟国际科技教育潮流与步伐的课程。

正是因为有了这几年对课程国际化的探索，我们建立起了具有南武特色的课程体系。这是国际借鉴的本土化，或者说叫中国课程的国际化，国际课程的本土化。南武在这几年形成了这样一个课程体系——南武GLT（'古风·蓝韵'拓潜），我认为这个课程兼具国际视野、中国传统、南武特色，为学生的选择和发展打下了坚实的基础。

这个课程有几个特色：第一，坚持了中国的教育必须重视国家课程标准，必须要上好，还要优化。第二，对国家课程进行二次开发，对学生思维能力的训练是我们的一个落脚点，必须坚守。第三，就是我们的特色课程。第四，就是我们的荣誉课程。我们的课程理念是通过开设百年南武、古风蓝韵的课程，培养有灵魂的文雅南武人，培养"善、思、雅、新"的南武人。南武为每一个学生定制了南武中学"古风·蓝韵"拓潜课程手册，每个学生一本，从高一开始，指导学生进入高中以后进行选课。

这可以说是课程融合给我们学校带来的最大的一个蜕变。在这个过程中，我提出：要有中国教育的自信心，要坚守"立德树人"的党性，要坚定"培养建设者和接班人"的方向性，要坚持"文化滋养有灵魂教育"的民族性。我们可以引进一些国际课程，但我们必须要有自己的课程标准。教育部部长陈宝生说："2049年，中国教育将稳稳地立于世界教育的中心，引领世界教育发展的潮流。到那个时候，中国的标准将成为世界的标准。"

我们做的第二个探索是课堂。南武最大的特色是国际交流活动比较多，我们把我校课堂中最难上的内容与外国课堂教学进行比较，看看大家各自有什么不同的借鉴，有什么不同的处理。通过比较，我们发现这些理念值得借鉴和学习：学知识，悟智慧，重探究，重过程，重思考、思想、思维，这是中外课堂共同追求的一种价值观，或者说是一种优秀的理念。我们开设了思维课堂，培养学生的学习习惯和良好的思维品质。最后一个探索就是CCAE（即中美高中教育融合英语）班。关于这个班的理念，王红教授给我们的定位是：你不一定要出国，但你必须具备国际视野！所以我们这个班就是以上课程建设的试验田，是思维课堂教学的样板田。

经过了这几年的探索及国际化的基因的传承，我把它归纳为这三句话：第一，学生不一定出国，但必须具备国际视野。第二，创建有思考的力度，有思想的深度，有思维的高度的课堂。第三，坚守"古风·蓝韵"，拓展潜能的南武办学特色。

教育国际化重在"化"，理念学习、文化理解、价值借鉴。教育国际化，我们一定要守住底线，它是"使我们教育具有……特色""彰显……特色""突出……特色"，而不是"成为什么""为了什么"，更不是"输出""引入"的问题。

最后，引用柳斌主任的一句话：现在我们国际化教育都要培养世界公民，但是，从来没有"世界公民"这一说法。所以，中国的教育到底要培养什么样的人，我们应该理直气壮地提出来，要培养体格、心智健全的中国公民。如果我们连这个目标都忘记了，还谈什么教育，还谈什么中国的教育？

谢谢各位！

以顶层设计推动龙华教育跨越式发展

深圳市龙华区教育局局长　王玉玺

龙华区成立于2017年1月，位于深圳市城市中轴，是粤港澳大湾区的中心枢纽。目前，龙华区共有办学单位321家，其中公办学校51所（含深圳市艺术高中），民办学校33所，幼儿园237所。全区在校学生、幼儿共计25万，专任教师共计15000余名，教育体量居全市第三。

"实现深圳中轴教育崛起"是龙华区委区政府为龙华教育擘画的蓝图。如何满足人民群众对美好生活的需求？如何实现政府对龙华教育的殷切希望？如何面对一浪高过一浪的科技浪潮？龙华教育人立志践行积极教育，努力打造幸福龙华，活力新区。

博采厚蕴，自强不息，实施积极教育，可以克服龙华教育的先天不足，激发龙华教育的生机和活力，打通从宏观到微观，从顶层到基层的实施路径。

我们认为：积极教育，就是用积极的方法、策略、手段去实施我们的教育，培养积极的人。近三年来，我们以积极教育为引领，坚持立德树人的根本任务，以未来学校的积极创新为支点，以积极的教育者培养更积极的学

扫一扫，观看现场演讲

生，对标完成了龙华教育事业未来10~15年发展的整体布局。

一、多渠道加大教育资源供给

教育是最大的民生。我们立足龙华教育发展实际，及时转换思路、创新举措，一方面继续大力推进学校建设，另一方面通过原有学校扩班办学、租赁厂房改造、建设新型易建学校、借址办学等方式加快学位供给。

一是挖潜存量，实施扩班办学。我们积极协调有条件的公办学校在保证办学标准和质量的前提下进一步挖潜增容、调整招生计划。今年通过架空层改造、功能室临时调配等方式扩班178个，解决学位超过8000个。

二是科学规划，推进借址办学。在前期分析研判的基础上，推进规划新建学校先行采取借址办学的方式实现提前办学，今年6所学校借址办学提前开班已解决学位2700多个。

三是盘活资源，尝试租赁办学。在全市率先探索制定租赁物业办学办法，实现园区资源高效盘活、规划学校快速投用。今年，行知学校复制2018年租赁办学的经验，提前开班，解决学位近300个。

王玉玺

四是创新模式，探索易建办学。采取新型易建办学的方式提前开办2所学校，建筑均由新型轻质钢和玻璃构成，有效杜绝甲醛释放源。两校易建办学解决学位近700个。此外，我们还立足教育发展的实际，在全市率先制定了《龙华区普通中小学校建设标准指引》等，进一步提高学校建设标准，促进教育用地资源高效集约利用。

三年来，我们共顺利完成新建、改扩建学校27所，新增公办学位超2.37万个，增幅全市领先；新增幼儿园62所，新增学位25020个，极大地缓解了学位需求。

教育成就民生幸福。2020年，我们计划开工建设11所学校，总投资192912万元，建成后预计新增学位17100个。到2025年新改扩建中小学42所以上，新增学位7.4万个以上。多举措建设公办幼儿园，力争到2020年公办幼儿园在园幼儿占比50%以上，努力提升老百姓对教育的获得感和认同感。

二、内培外引铸人才高地

教育，就是要用优秀的人去培养更优秀的人。任何时代，人才都是第一资源。所以我们科学谋划了教育人才战略的顶层设计，通过内培外引两手抓，打造教育人才梯队，为未来10~15年提供充足的人才保障。

前段时间，"龙华区高薪聘请中小学教师"再度引起全民热议，微博超话阅读量达2.7亿次，人民日报等媒体关注报道，肯定了龙华育才引才的先进做法。

近三年来，我们共引进高层次人才95人，其中享受国务院特殊津贴3人、正高级教师37人、省级名校长11人、特级教师46人、博士8人；6次定点招聘，招收高学历、高素质的名校毕业生1641人。仅2019年，我们就招聘应届毕业生807人，其中研究生及以上学历占82.2%，毕业于A类双一流、部属师范、世界前100名高校的占89%，本硕毕业于A类双一流高校的共280人，占比35%。

但我们不唯北大清华论，我们要用优秀的人培养更优秀的人，让更适合做教育的人加入我们的教育队伍。怎么能把人才引得进来，留得住，培养得好？这也是我们一直思考的问题。我们采取了一系列的"组合拳"，让他们成长有平台，发展有空间。

我们专门出台了《龙华区新教师三年专业发展培训的指导意见》，明确成长要求，引用积极教育、正面管教等专业化培训模式和方法，建立多元培训评估体系，系统构建成才体系；建立全程关注跟踪培养体系，构建新教师培训基地浸润、教科院集中培训、学校跟岗实践和团队自修的四维成长助推器，加大联盟教研培训力度，促进新教师"学习共同体、生活共同体和生命共同体"建设。

现在来看，博士硕士毕业生去教中小学并不是"大材小用"，因为教育，就是要用优秀的人去培养更优秀的人。以龙华区外国语学校为例，这所创办仅三年的学校，累计引入高层次人才4人、北京大学和清华大学毕业生35人、世界前100名名校毕业生22人、教育部部属师范院校毕业生32人。素质高、结构优的教师队伍，使该校创办短短三年就成果显著、名校气质尽显：获评国家级教育信息化示范单位，学生舞蹈团代表深圳入选央视春晚，师生累计斩获国家级奖项21项、省级奖项71项、市级奖项8项。

在引才的同时，我们也没有停止培养本土人才的脚步。截至目前，我们共培养了5名正高级教师、4名特级教师，30名本土教师成功认定为区"龙舞华章"成长型高层次人才。利用"三名工程"评选了区级以上名师276人，带动全区近1500名教学骨干迅速成长；在全市率先实施"未来教育家"工程，开展航标、铸将、撷英三大工程，计划用三年时间，立体化培养30名领航校长、90名校级后备、270名中层后备，为龙华教育未来的发展储备一批优秀的管理干部。教育人才高地蔚然成形。

龙华的学校是实现每一位教师青春梦想的沃土，这里有成长平台，有发展空间，有干事创业的良好氛围。明年，我们还将引进应届毕业生300名、高层次人才10名。教育就是要有高人，放眼未来10到15年，龙华的教育人才红利一定会完全地释放出来。

三、推动教育优质均衡发展

如果说公平是教育的起点，那么质量就是教育的生命线。学校和学生的发展，最能检验教育的质量。三年来，我们积极推进龙华教育优质均衡发展，"学有优教"的梦想在一项项坚定而扎实的改革中走进现实。

（一）推进"集团化、联盟式"办学改革

针对区域教育发展不平衡和校际办学不平衡的现状，我们围绕"1+4+N"模式打造学校系列化联盟式发展模式。开展百年老校焕新行动，借改扩建契机对观澜中心小学等百年老校进行全方位提升。同时打造外国语、行知、实验、教科院附属四大学校联盟。

今年上半年，我们成立了龙华历史上首个教育集团——民治中学教育集团，并以此为开端，逐步推进龙华教育集团化、联盟式办学，发挥集群优势，促进均衡布局，推动优质教育资源共享。龙华区还根据实际情况，探索突破传统的"六三三"学制限制，试行"五四三"学制，以改革提高学生的学习效能。

（二）搭建成长平台，提升综合素质

我们积极筹建龙华区少年国学院、龙华区少年科技创新学院，制定教育信息化、中小学家庭教育三年行动计划和教育国际化行动方案，深入实施体艺"4+2"工程、"三维悦读"工程、"四个一"进校园等项目；成功承办全国青少年校园足球比赛等活动；积极推进生涯规划和心理健康、家庭教育，出台职业生涯规划教育实施指引和行动计划，指导15所公办、民办学校启动生涯规划教育试点；努力为孩子们搭建健康成长平台。

（三）改革教育评价，发挥导向作用

为扭转不科学的教育评价导向，去除唯分数、唯升学

论等顽瘴痼疾，探索从根本上解决教育评价指挥棒问题。在教育质量监测方面，龙华教育先行一步，牵手知名专业智库，合作开展国际学校评价监测项目。2019年4月2日，龙华区义务教育质量监测三年工作规划通过专家论证。

另外，我们结合龙华学情，着力探索义务教育阶段学生综合素养区域测评的有效途径，全面记录学生成长过程，形成全面、绿色、阳光的教育评价体系。

未来，我们还将积极探索启动建设未来学校联盟、观澜教育联盟。打破传统年级划分，探索研究新的学段。幼儿园方面也将探索发展新路径，通过"名园+""名园长+"模式，与新建公办园、民办园转型的公办园，组建公办园集团；组建公办、民办幼儿园学区联盟。同时努力探索推动"K15"贯通培养改革，解决从学前教育到高中教育全贯通、全衔接的"K15"改革。

四、构建未来学校新范式

龙华教育局着眼于未来，在未来教育方面也着力进行了长远布局。2017年以来，我们建设了信息全感知的智慧教室，打造了全国首个基于IPv6（互联网协议第6版）的下一代城域网项目，预计2020年前将在全区普及，建成全球首个5G网络教育应用示范区。

此外，我们以"三龙五校一中心"为抓手，积极探索"教育+人工智能"教育新形态，与腾讯实施"龙腾计划"，与科大讯飞开启"龙飞行动"，成立"教育+人工智能"研发中心；与华为推进"龙为工程"，建设以全光网为基础的信息化支撑环境。

我们与北京师范大学、东北师范大学等五所中国顶级师范教育院校合作，为龙华未来学校设计全国一流的教学课题和主张；与中国教科院未来学校实验室共建全国首家"未来学校协同创新中心"，作为未来学校的孵化器；与中国联通深圳分公司签署战略合作协议，建设全国首个5G区域学校全覆盖示范区，全区所有公办、民办学校将在年底全部实现5G网络全覆盖；与中国农业银行、腾讯合作共建"教育金融智能"项目，探索"金融+教育"合作模式。

接下来，我们还要依托人工智能领域先进的主体企业，发挥"教育+人工智能"研发中心作用，加快"教育+人工智能"模式探索。实施智慧教育项目，实现跨部门、跨平台、跨终端的智慧教育云；推动大数据平台应用，通过未来教室等示范工程推动未来学校的建设，推动优质教育在校际的流动，打造一个无边界的学习环境。我们还要在未来学校创建上形成新的龙华范式。

风正时济，自当破浪扬帆；任重道远，还需策马扬鞭！龙华区教育局成立三年来，成功实现"一年新气象、两年大变样"的历史性突破。2019年，龙华教育将对标社会主义先行示范区，坚持问题导向，努力实现龙华教育的跨越式发展。虽然我们做出了一点成绩，但还远远不够，我们还有很多的事要做，很长的路要走，但我们坚定不移，对自己充满了信心，请大家拭目以待。

课程构建助推粤港澳文化深度融合

珠海市香洲区教育局副局长　龚德万

一、课题研究的萌芽和高规格启航

2019年2月18日，中共中央、国务院印发了《粤港澳大湾区发展规划纲要》，纲要中明确要求打造教育高地和人才高地，体现了中共中央对教育优先发展的殷切希望。同时纲要还提出要加强基础教育的交流与合作，也体现了教育在经济发展过程中的支撑和保障地位。

北京师范大学－香港浸会大学联合国际学院的前校长吴清辉指出，"粤港澳大湾区经济腾飞，人才是关键，教育是基础"。任正非先生也说，"教育才是未来"。《光明日报》直接阐述为"抓住了教育和人才，就是牢牢抓住了粤港澳大湾区的未来"。

在湾区建设的过程中，香洲教育人能做什么？香洲在粤港澳大湾区中所处的地位是什么？香洲区地处珠江口西岸，地理位置优越，是珠海市主城区，常年承担着全市一半以上的基础教育重任。全区现有中小学校81所，幼教机构175所，在校学生约18万人，教职员工1.4万余人。

扫一扫，
观看现场演讲

近年来，在党中央优先发展教育的号召下，珠海市香洲区区委区政府高度重视教育事业，近年来更是着力于将教育打造成"美丽香洲"的第一品牌，也让作为香洲教育人的我们立足大湾区建设这个大背景，有了更充分的自信，也有了更强的责任感与担当意识。

我们将充分发挥区位优势和资源优势，在更高起点、更高层次、更高目标上谋划香洲教育发展新蓝图，"向最好的学、跟最优的比"，积极创建现代化教育示范区，形成与大湾区功能相匹配的高水平、有特色、开放式、现代化、市场化、国际化的教育新格局，打造能够服务于大湾区未来发展的人才高地。

我们反复研读《粤港澳大湾区发展规划纲要》，探索教育问题，瞄准教育融合中文化融合背景下的课程研究。同时，对标教育部可持续发展的研究目的，打造香洲优质均衡的教育先行示范区，我们有以下三点思考。

第一，文化融合是大湾区建设和发展的必然趋势。

粤港澳大湾区中香港、澳门、广州同根同源，地缘相近，血脉相继。大家拥有共同的语言——粤语。暨南大学澳门研究院院长叶农认为，粤语是粤港澳地区居民相互认同的基本纽带。多位学者呼吁：要大力推动大湾区文化融

龚德万

合，让文化融合充当经济合作的"润滑剂"。

第二，香洲在大湾区文化融合上具有独特优势。

教育是经济的保障和支撑。香洲在文化融合中能够起到什么作用？香洲区有它独特的优势，地理上东桥连香港，南壤接澳门，是内地唯一与港澳水陆相连的城区。港珠澳大桥通车后，香洲在开展交流与合作方面更是有着得天独厚的优势，以及广阔的前景和丰富的内涵。可以说，香洲就是粤港澳文化融合的"桥头堡"。

第三，教育是大湾区文化融合的最有力抓手。

习总书记指出教育要回答"培养什么人、怎样培养人、为谁培养人"的根本问题。而学校教育的重任就是传承文化、培养技能，教学内容的选择说到底是一种文化的选择。香洲的各个学校作为传承发展的重要基地，文化传承的主战场，应当承担起大湾区文化融合的历史使命。

所以说基于以上三点考虑，2019年4月，在教育部绿色可持续发展课题珠海研讨会上，我们对"粤港澳文化融合背景下课程建设的研究"项目作了专题汇报，得到了国家教育咨询委员会委员谈松华、上海市基础教育国际课程比较研究所所长唐盛昌等专家的高度认可。

专家们在点评交流环节中提出，这个依托粤港澳文化融合的选题立意深远，含金量非常高，过程有意义，研究的成果更是让人期待。

二、课题研究的谋划与大力推进

我们的基本逻辑是顺应文化融合的"接触—撞击和筛选—整合"步骤开展研究。

首先是缔结姊妹学校、组织联谊活动、开展协同教研等活动，与香港、澳门教育界进行亲密接触，在这个过程中，很多思想、文化、技术差异会逐步呈现，在不同中撞击，在不同中融合，在不同中完善，再通过多方沙龙、圆桌会议等形式，整合生成完整的课程结构。

课题组先后召开了120余场多层次的研讨会。全区27所学校先后与香港、澳门的学校亲密接触，缔结"姊妹学校"，并进行了珠港澳文化融合课程的初步尝试。香洲区各中小学幼儿园目前已有37个子项目在"粤港澳文化融合背景下课程建设的研究"总课题的引领下开展研究，在全区教育系统掀起大湾区教育研究热潮。

二是开展了多个珠港澳教师培训项目。首先，开展网络教研。2018年11月27日，"粤港澳同一堂课·走进大湾区"网络教研活动在珠海市文园中学举行，开展了初中数学教学教研深度融合课程，师生通过同一张屏幕和分屏网上直播的形式，突破了时间和地点的局限。该次活动的点击量达到近60万人次。其次，开展互派交流。澳门妇联学校与香洲区第一小学在2018年11月开展互派交流活动，2019年2月，澳门妇联学校又再派几位老师到香洲区第一小学进行观摩学习交流，深入彼此课堂，开展体验式、浸入式的师资培训。这种师资培训也为大湾区师资培训提供了新的途径。

三是强化了学科教学交流。2019年5月，珠海市第五中学的教师与澳门濠江中学的教师进行同课异构，珠澳55万师生同上一节课，共读鲁迅经典。香洲区景园小学老师与香港老师同上一节课。学生们可以体验和感受到珠海、香港不同的教育风格和教育理念。珠海市九洲中学和澳门濠江中学80名师生同堂学习，让濠江中学的同学感受珠海的教育氛围和大陆的教育理念，增强学生的爱国情、报国志。

四是携手开展了STEAM课程探索。2018年，拱北中学与澳门大学建立STEAM教育基地，在同年11月珠海市第一届机器人大会上，珠海学生与澳门学生同台竞技，同时召开机器人学生论坛，两地学生共同探讨感兴趣的科研话题。

五是举办了精彩的文化共享活动。珠海市香山学校与香港东华三院李赐豪小学开展了书法、体育、诗歌朗诵等交流活动。珠海市九洲中学与澳门濠江中学进行了校际文艺交流。

三、课题研究的创新与阶段性成果

课题研究之初，我们确立了课题研究目标，培养既有国家认同又有国际视野的中国人。国家认同是基础、是前提，国际视野是拓展、是提升。对标教育部的绿色可持续发展，绿色课程也是国际视野其中的一个项目。

（一）国家认同课程

我们做了三方面的探索。第一是开发爱国主义课程，激发珠港澳学生对祖国的热爱之情。

香洲区甄贤小学作为容国团的母校，开发了小球转大球课程，与姊妹学校开展"粤港澳银河杯少儿乒乓球比赛"活动，利用乒乓球、小球转大球的课程提升学生的爱国情和报国志。珠海市启雅幼儿园对比了粤港澳幼儿园礼仪习惯养成机制的差异，开发了幼儿文明礼仪课程，提升学生的学习文化认知，坚定文化自信。

第二是深入挖掘中华传统文化课程，培养三地孩子的民族自豪感。

香洲区景园小学构建了粤港澳文化融合背景下国学经典课程，讲国学经典的诗文，读国学经典的绘本，挖掘传统文化，培养三地民族的自豪感。香洲区拱北小学开发了粤港澳的二十四节气课程，课程蕴含了大量中华民族经典内容和内涵。香洲区第二十一小学构建了小学粤剧课程。粤语在讲粤语的人的心中是一种永远的情结，无论人走到哪里，祖国都在他的心中。

第三是挖掘乡土文化课程，增强对脚下土地的历史维度的认知。

珠海市九洲中学构建了粤港澳历史名人课程。香洲区广生小学继承和发扬了非物质文化遗产——沙田民歌，开发了沙田神韵课程。珠海市第十一中学与港澳姊妹学校开发了当校园遇见武术课程。香洲区荣泰小学开展了粤港澳背景下的岭南茶文化研究课程。珠海市紫荆中学开发了香山文化课程。

（二）国际视野课程

一是开设"两文三语"课程，其中"两文"是指中文、英文，"三语"是指普通话、英语（葡萄牙语）、粤语，通过"两文三语"课程增强国际适应性和胜任力。这些课程构建均立足于大湾区的方言特色，再根植于课堂实践中，很容易在大湾区进行推广复制。

二是利用粤港澳大湾区高校资源，深入开展STEAM课程。香洲区金太阳幼儿园与香港中文大学校友联合会张煊昌幼稚园结为姊妹园，开展STEAM教育。从中小学到幼儿园，全区90多所中小幼都开展了STEAM教育活动，通过探究性学习、基于项目的学习和基于设计的学习等学习方式，培养学生运用跨学科的知识和跨学科的思维能力解决真实情境中的问题的能力，激发学生的创新思维、提升学生的创造能力，培养适应粤港澳大湾区未来所需的，既具有国家认同又有国际视野的复合型、国际化人才。

第十章 他山之石

成就未来教师/罗滨

与校长一起成长/刘莉莉

培训如何助力校长远行/毛亚庆

百年老校的活力与重生/余强

想象与实践——国际化教育背后的引领之志/沈丽琳

面向世界,教育应有怎样的追求/唐江澎

何谓高素质、专业化、创新型的教师/刘良华

把丢掉的东西捡回来/张基广

成就未来教师

北京市海淀区教师进修学校校长　罗滨

尊敬的各位教育同行、各位朋友，下午好！首先感谢广东省中小学校长联合会邀请我参加山长讲坛，让我有机会与大家一起探讨我们共同关心的问题。今天我与大家交流的主题是"成就未来教师"。

十多年前，当我们拥有第一台手机的时候，我们是很幸福的！当时我想，这台手机我可以用一辈子！但是现在，我们的手机已经换了好几代了。这样的快速变化，让我们感到无法预想未来，迭代发展让我们时刻感受到跨界的创新。我今天跟大家交流三个方面的内容。

一、我们处在一个什么样的时代

前人的发现和发明，对人类文明和历史进程产生了巨大的影响。去年年底有一句话风靡网络："抬走，下一个"，2016年以来，神舟十一号，全面二孩，G20来杭州，高考改革……一系列的重大变化让我们感受到技术的发展、时代的冲击。原来的开疆辟土、国家的发展依靠的是战略，现在依靠的是技术和知识创新。以前是以重压轻，现在是以轻带重。

扫一扫，
观看现场演讲

在互联网时代，数字技术一日千里，信息传播无处不在，金融资本的流量神通广大，变化快速的时代来到了。很多的事情在昨天还令全民沸腾，转眼间就烟消云散，快到人们几乎没有工夫去记住昨天的事情。这是一个什么样的时代？这是一个巨变的时代，是"智能+"的时代，社会迅猛发展，国际竞争日趋激烈，国际格局不断变化，这一切都需要我们去面对。

回到我们的学科教学，从建国到现在，学科育人的目标不断升级，已经进入到3.0版，从开始的"双基"——基础知识、基础技能，到第八轮课改的"三维目标"，以及现在的核心素养，不断地升级，每次都在往前走一步。育人应该是面向未来的，是为了未来的，是要培养未来人的。在国内外涌现出了一些未来学校，它的任务是什么？是培养人，培养具有正确的价值观念、必备品格、关键能力的人。现在核心素养特别强调的是个人价值和社会价值的统一。

二、如何面对这个时代

我们的教师该如何面对这样的一个时代？未来学校的学习是什么样子的？如果说原来我们的学生是在固定的时间用固定的方式学习固定的内容，朝固定的方向努力，那

罗滨

么未来的学生则将在不同的时间用不同的方式学习不同的内容，达到自己的最高水平。未来一定不是通过死记硬背和反复训练来谋取高分，未来应该是激发学生的好奇心、想象力、求知欲，激发他们再发现、再创造，激励他们期待明天，愿意为明天而努力的。这样的学校对老师的要求是什么？

（一）转变育人理念

从规模化的培养走向规模化与个性化并重，关键有四个要素：再造学习空间、重构课程体系、改革学习方式和组织管理转型。在学习空间上，原来为集体授课而建，未来为个性学习而组建开放多元的学习空间，给学生提供书本世界，还有真实世界和虚拟世界。学习空间里的配置可以选择、可以移动、可以组合、可以转化。对学生的学习，教师是支持他们、帮助他们去体验，帮助他们设计学习方案，在过程当中收集他们的学习信息、评估他们的学习特征、帮助他们发现自己的学习潜能，这是我们教师要做的，所以第一个挑战是转变育人理念。

（二）提升课程育人能力

重构课程体系需要关注学生的共性和个性的需求。很多学校有课程超市，课程超市里面的课程质量如何提高？内容如何丰富？如何走向私人订制？如何满足学生的个性化需求？这一切都是给我们的挑战。通过学科知识以及链接真实世界，实现大结构向小碎片的学习、跨学科的学习转换，需要教师提升的是课程育人的能力。

（三）变革教与学的方式

学习方式的变革是关键。未来教师需要将课时学习转化成单元学习。它的特征是学生们的主动学习、实践性学习。学习方式可采用项目式学习、深度学习、无边界学习等等。

在教育部基础教育课程教材发展中心的牵头下，我们研发了深度学习项目。在深度学习的实践模型当中，首先要确定单元学习主题，第二要确定深度学习的目标，第三要进行学习活动的设计和实施，第四要有持续性的评价，不断地调整和优化。

在这个过程当中，探索学科的学习方式特别重要，我们要采用与这个学科相适应的方式来学习。比如语文，它强调语言的积累、强调文化，语文的学习应该在言语活动中学习，这是它的特点；又如思想政治，它强调的是在议中学，在活动当中用辨析的方法来学习。这要求教师在教与学方式的变革上要不断探索。又比如发展学生的核心素养，如何评价学生的素养？评价是基于证据的推理，基于什么证据？我们怎样引发学生的思考？又如何收集证据，如何进行研判？这一些都需要教师在分析和教学改进方面的能力有所加强。

三、我们应该如何成就未来教师

我来自北京海淀区教师进修学校，我们做的工作是教研和培训。作为研修机构，我们如何成就未来教师？目标是什么？未来教师应该具备什么样的能力？现在的教师已经有了什么样的能力？阶段性目标是什么？这些都需要我们不断研讨。除问卷调查和访谈以外，我们还分组进行观察，对教师的需求做了一系列的调研工作，得出的结论就是只有专业才能成就未来教师，有情感温度才能够成就未来教师，需要专业的人员做专业的工作。以下是我们的三个思考：

第一，对教师职业的认识。教师，应当教书育人。我今天有一个重要的核心观点：做教师，课堂教学特别重要。但是教学是学术，不是简单的技能，教学能力是一种实践性很强的学术能力，是教师在教学实践中表现出来的素质，是传播知识的学术，更是促进学生核心素养发展的学术。

第二，对教师学习的专业认识。教师教学能力的获得，应该是解决教育教学问题能力的获得，而这种能力应该是教师带得走的，也就是所谓的"造血"，教师愿意主动做，愿意自我提升。教师的教学有很强的现场性、不确定性、独特性和主观性，每一届学生、每一个班都不一样，工作场所也极其个性化，教师的教学是非常有创造性的工作。教学既然是学术，就应该有学术研究，教师所获得的学科教学能力，在实践当中提升的教学实践智慧，就是我们学术研究非常重要的内容。我们现在要做的是从"学科教学"走向"学科育人"，提升教师的课程育人能力。在国外，我们已经看到很多这方面的研究，但国内还没有专门的研究机构，缺乏持续的研究。我想广东省应该是很好的基地。

教师学习的内容，过去关注的是学科专业逻辑，然后是教学的技能，现在还有两点需要关注：学生认知逻辑和课堂教学逻辑。一个教师只具备学科知识未必是好教师，当然没有学科知识也是不行的。

第三，对教研和培训的专业认识。国家政策应该是鼓励优秀的人成为教师，那我们的工作就是要让成为教师的人更加优秀。具体的工作方面，我们的教研和培训应该是基于共同体的研修，应该是基于标准的研修、实践的研修、也是基于证据的研修，教师的教学改进提升应该是不断的持续的提升过程，他们需要证据，而不只是经验。

最后，学习科学是基础，需要每一位教师和研修者共同关注。要提升教研人员的素养，通过研修转型成就未来教师，把我们的教研活动转化成研修课程，有目的、有课程内容、有实施策略、有评估反馈，让教师成为学习主体的主题学习就是我们要做的，因此研修转型需要我们共同来做，让我们共同成就未来教师。谢谢大家！

与校长一起成长

华东师范大学教育学部教授、博士生导师　刘莉莉

和校长一起成长，这种成长很特别。18年前博士后出站后，我留校从事校长培训工作，有幸走近国内著名中学的校长。当时的我踌躇满志，自以为读了几本教育学名著，知道几位教育家，掌握了教育学、心理学的一点知识，足以从容地应对校长培训工作。但是不到半年的时间，那份自信全然消失，取而代之的是紧张、惶恐、慌乱；特别是校长们善意的提醒："老师你说话太快，那是不自信的表现。""老师你真的年轻，年轻真好。"有的校长更加坦诚地告诉我："老师，我们对'地对空导弹'不稀罕，您的'空对空'我们也没感觉，我们需要一点'空对地导弹'。"听着这些话语，我真的有些茫然。其实，培训不应该是居高临下的知识传递，校长培训要遵循成人学习的规律，在回归教育场域中实现生命的共同成长。

一、在倾听中成长

回想这十多年来，校长真的是我们这些培训者的导师。他们不仅比我们多一些经验，还比我们更懂老师和学生，更贴近真实的教育，

扫一扫，
观看现场演讲

他们跟老师和孩子们在一起的岁月比我们多，因此他们对教育有很多自己的理解。随着我慢慢地走近校长，我越发感受到校长是一本厚厚的书。学校地域不同、层次不同、发展阶段不同，校长们看教育的视角也不同。我从一本本精彩纷呈的书中，看到了校长的使命自觉与责任担当，所以我开始学会倾听。倾听是日常生活的一部分，更是教育生活的一部分。在教育生活中，人被倾听是一种心理需求，在这种心理需求中，被倾听者会有存在感，能激发他更强的主体性。

我虔诚地倾听校长们讲述属于他们的故事，这其中有成功也有失败，不变的是校长们对每个孩子的细心呵护和对老师们的百般照顾。我们需要让校长自信满满地讲述他们的故事，释放教育的激情。校长在升学竞争中的搏击、在规模扩张中的无奈、在集团管理中的担当，不仅折射出中国基础教育改革的缩影，也凸显着校长们的教育情怀与智慧。广东广雅中学叶丽琳校长说："孩子们在我们学校3年，可是我们要管他们30年。"七宝中学的校长说："作为校长，我们要常怀感恩之心，与人为善，成人之美。"这样的情怀与境界怎能不让我们敬仰？

刘莉莉

二、在对话中成长

校长们的话语汇成一幅幅生动的画面,鲜活而有温度。然而,现实中繁杂琐碎的工作容易使校长陷入被动应对,甚至沉浸在不能自拔的盲目情绪中,为此培训者在倾听的同时还需要为校长们搭建彼此沟通、思想碰撞的平台。校长们要走出自我的舒适圈,就需要通过彼此间的对话以及自我对话,甚至激烈地交锋,学会反思,作出改变。

首先,校长要学会在战略规划中实现角色的转变。校长不应该满足于劳动模范、救火队员、协调者的角色,校长还应该是学校发展的规划者和师生精神的引领者。校长应从战术选择走向战略管理。

其次,校长要学会发挥自身学科教学的优势,提升课程领导力。校长们作为名师、学科带头人、特级教师,有着自己学科上的辉煌。当走进课堂,他们也曾经迷茫:我是一个英语老师,我不懂数学,我能对数学老师指手画脚吗?我是一个数学老师,我又怎能对语文老师说三道四?事实上,教育、教学之所以是科学的,是因为它们有内在的规律。校长需要找寻教育、教学和课程重构中的共性,从研讨教什么到怎么教,从单元设计到学科课程整合,引导教研文化的转变。校长们需要围绕学校特色重构课程,也需要走进不同的教室,在课堂当中与老师、学生有精神上的相遇。

第三,校长要学会在构筑团队中提升教育实践智慧。校长对自己的教育理想有追求,对自己的教育实践有期许。理想是浪漫的,理想和现实的结合才是灿烂的!校长们在转化教育的实践中有很多的选择,最重要的是要依靠团队的力量,要把不同角色的成员的目标与愿景统一起来,把发展学校变成所有人共同的梦想,让每一个人乐在教育、教学之中,实现教育管理的真谛。

三、在传播中成长

在这个过程当中，我们都在成长。在成长当中我们也会发现，校长愿意讲故事，也讲得出感人的故事，可是我们需要让校长学会把故事讲得更精彩。《百年孤独》的作者马尔克斯告诉我们，人活着不是记录自己活过的日子，人要记录的是能够记住的那些日子，我们要讲述记忆中可以重现的日子。校长要学会让故事有思想和灵魂。在学校里每天都有故事，校长们也会有各种遇见。如何让校园的相遇和故事的发生都不是一种偶然，如何让更多孩子因为这份独特的经历改变自己的人生？

首先，校长们的教育智慧和思想需要提炼并分享和传播出去。我们之所以需要分享思想，是因为人的思想是强大的。人就像有思想的芦苇，即使世间所有的东西都被灭掉，有思想的芦苇依然可以顽强地活下来。我们存在的尊严就在于思想，思想高贵才能让人尊重。所以，人在活着的岁月需要把自己的思想传播出来。

其次，让思想激励更多校长的成长。从倾听到对话到传播，我想对校长们说，你们就是教育家，你们有鲜活的教育实践，我们作为培训工作者需要帮助你们走出原来的思维定式，理性审视教育实践。华东师范大学教育部中学校长培训中心搭建了各种各样的平台，先后分享了100多位校长的教育思想，从西子湖畔到雪域高原，从茫茫的内蒙古草原到美丽的羊城，校长们的教育思想汇聚成智慧的画卷。广州执信中学何勇校长提出的"构建师生完整的精神生活"，镇海中学吴国平校长提出的"教育自觉"，东北育才学校高琛校长提出的"构筑师生成长的生命场域"……他们的思想促使着校长们超越眼前的忙碌，开始关注诗和远方。

第三，校长们的教育思想与实践正在构筑中国教育的品质。今天，校长们不仅走出了生源的争夺，也走出了千方百计挖教师的困境，正在走向一种新的教育生态！他们追问着优秀教师应该怎样练就，高品质教育的内涵如何挖掘，世界一流的教育应该是怎样的。其实，校长们已经以他们的探索与实践有力地回应了上述所有的追问。教育家就在当今的校长之中，他们不是传说而是缔造中国基础教育传奇的人。今天，中国有自己的教育追求。我们的教育追求有着独特的魅力，比如教师工作坊、骨干教师成长阶梯、制度化的教研活动，所有的这些不仅仅是实践的创新，还形成了一道独特的风景线，它代表着中国基础教育的品质，我们也希望铸就中国教育的世界品牌！

  在和校长同行之中，我没有消失，我陪伴在校长的身边，和校长们一起成长。从稚嫩到成熟，在校长培训的这条路上，我越走越坚定。我有我的理论兴趣，我关注校长的人格特质和成长机制，我更期待通过我们共同的努力，构筑中国教育的品质！谢谢大家！

培训如何助力校长远行

北京师范大学校长领导力研究中心主任、教授 毛亚庆

非常感谢广东中小学校长联合会搭建这样的平台，特别感谢王红教授的邀请。我今天演讲的主题是"培训如何助力校长远行"，我更多的是从教育管理的研究和培训的角度谈自己的看法。我主要从以下三个方面展开我的演讲：在新的时代背景下，教育呈现出哪些新的特点，新的特点下对校长的专业发展有什么样的需求，以及在这种需求下对培训的重新定位。

一、新的时代背景下，教育呈现的新特点

目前中国社会使用频率非常高的一个词叫新常态，新常态最初是在经济领域提出来的，但我觉得这个词对我们重新思考中国社会的整体发展非常适用。所谓新常态，不仅在经济上需要建立新常态，整个中国的社会发展也应该进入新的历史发展时期，也需要建立新常态。新常态的"新"是什么呢？我认为，"新"是指中国社会发展应该从仅注重经济建设转向关注包括社会建设在内的整体建设，从只关注如何丰富物质层面的建设阶段进入到同时关注如何提升精神层面的建设阶段。

扫一扫，
观看现场演讲

基于上述背景，中国社会的发展模式需要在这种新常态下发生转变，我们的发展模式需要从注重数量扩张转换到注重质量提升的发展模式。

相应地，整个中国社会发展的评价方式也需要转变，应该告别以前只重国民生产总值（以下简称GDP）、只要GDP，对社会其他方面的发展忽略不计的状况。GDP的增长不能再等同于中国社会的全面发展，社会的发展方式也需要发生变化，需要从关注外延走到关注未来。这将是中国社会的新常态。

新常态下对教育的理解也势必发生变化。教育不仅要追求品质，同时还要追求品位。学校的发展不仅要追求"颜值"，更要追求气质。学生的发展不仅要追求素质，更要追求素养。这是新常态下对教育提出的新要求。这个新要求需要我们思考教育未来的发展，未来的教育应该更关注学生，注重给学生打下全面的基础，促进学生的全面发展。

二、新特点下对校长的专业发展的需求

在新的时代特点下，校长的专业发展也呈现出新的趋势。我认为这种新趋势主要体现在以下几个方面：

毛亚庆

第一，体现为校长对学生发展的认知，不仅要让孩子获得知识，让孩子掌握知识，更要让孩子获得良知，获得人生未来发展的东西。"知识就是力量"这一说法是有道理的，它回应了当时的时代理念，是人的主体性的显现，是对理性的追求。现代教育的发展，某种程度体现了西方世界对人性的彰显，是人的理性的获得，使自然打上了人的烙印。那个时候，我们更注重知识的输送，更关注学生发展中的理性定位和学生掌握知识的情况。

但现在我们必须认识到，如果孩子发展的方向出了问题，孩子的人生会怎么样？新的时代背景下，我们培养的孩子不仅要掌握知识，同时要获得良知，把握人生未来的方向。我们要警惕现在基础教育存在的"只教书不育人"的状况。在这样的状况下，孩子的知识水平得到提升，但是他作为人的社会性在一定程度上被漠视，孩子的人性彰显是不够的。

第二，体现在校长对学校发展的理解，不仅要使学校走得快，而且要使学校走得远；不仅要多出人才、快出人才，同时还要出好人才。学校发展的定位在发生变化。我们要重新思考学校"今天"和"明天"的问题，不能只追求学生的分数，也要注重学生作为合格的社会成员应有的社会性发展和人性的提升。

第三，学校管理也出现了新期许，我们希望校长不仅能干事、干成事、会干事，还需要干好事。怎样干好事？在学校管理上需要发生根本性的变化，我们不仅要讲集中，同时也要讲民主。正如老一辈革命家的一句话，不说集中，我们办不成事情；不讲民主，我们可能办不好事情。如果学校既想办成事又想办好事，就必须既讲集中又讲民主，这样学校才能有更好的发展。

第四，从校长自身专业发展的趋势来说，校长在工作中不仅要仰望星空，更要脚踏实地。当前的学校管理中，学校工作都在"墙化"，这个"墙"，不是加强的强，而是上墙的墙。我曾经指导一位学校校长，我跟他聊了半天，他说今天跟你聊了以后，我才知道什么叫办学思想总结。他原来理解的办学思想总结就是把自己的理念上墙，就算总结出来了。但是他忘了办学思想总结怎么现实化，怎么在学校方方面面的工作中落地。学校不缺制度，缺的是实实在在地把思想、理念在现实中生根发芽的行动。所以，校长不仅要仰望星空，更要脚踏实地。

校长的领导力体现在什么地方？校长的领导力不仅要找到正确的方向，更重要的是把正确的方向转化为组织成员共同认可的学校环境。只有这样，学校的文化才会发生根本性的变化，学校的文化就不再讲求被动地接受，而是基于共同认可的目标，大家自愿竭尽全力为这个目标去奋斗。这一点对学校的发展，特别是对校长的未来发展非常重要，怎么形成共同愿景，是校长领导力的核心。

三、在新的需求下，对培训的重新定位

面对新的时代，新的教育特征以及对校长专业发展提出的新需求，作为促进校长专业发展的培训机构应该扮演什么样的角色，也需要重新思考。许多校长说，名校长、教育家不是培训出来的。我觉得如果培训的定位只是注重技巧或技能，只是考虑到经济效益，那么这句话是有道理的。但是，我们所希望的校长培训不是培训，而是培养、陪伴。

我们对培训的定位应该是职后的人才培养。职后的人才培养更需要专业性，必须体现现代培训的理念。从这个角度讲，校长培训机构应从这样几个方面思考自身的定位。

第一，培训机构应该搭什么样的台子，也就是培训机构的定位是什么。培训机构最终要促进校长自我意识的觉醒。以往的学校管理更多地靠经验，而不是领导主体性的彰显。因此，校长培训机构要能够体现现代培训理念，使教师、校长在思想上"站起来"。

第二，培训机构要搭什么样的班子。要能够基于现代培训理念，从培训环境与空间的设计、培训模块与培训方式的开发、机构组织成员的角色意识与能力提升等方面去

思考，我们到底应该在当下为中国基础教育发展，为中国基础教育走向世界建立一种什么样的培训机构。

第三，培训机构到底要铺什么样的摊子。要认真地思考培养模式、培训方式、培训理念、培训空间等是否能够体现现代理念。

第四，我们要走出什么样的路子，搭建什么样的促进校长成长的平台。

最后，希望有真正引领性的培训机构能够探索中国基础教育背景下促进校长专业发展的路径。

如今各行各业都在谈中国梦。作为一个教育培训者、教育改革发展的参与者，我的梦想是什么？那就是我们的培训如何为校长助力，帮助他们远行，使校长不仅能够奋力飞翔，而且飞行的方向不出现偏差。我们的培训机构要成为校长远行的平台。我们也愿意实现这样的定位，使我们能够成为引领中国基础教育培训的引领者。我的演讲到此结束，谢谢大家！

百年老校的活力与重生

余强

中国近几十年的教育，发展迅速。一些百年名校在发展的过程中，优秀的办学资料疏于收集、整理、总结；优秀的文化来不及挖掘、继承和发扬光大，所剩无几。只有极少数的百年老校既能继承优秀的传统文化，又能与时俱进，保持着跨越时代的风采，一路欢歌。

一、百年老校不"名"的历史追溯

我们先说说百年老校存在的三种情况：百年老校开办之后，就没有出名过；出名过一段时间之后就不出名了；还有一种情况就是一直"名"到今天。

成为名校的往往是办学者一开始就有或逐步有要办好学校的意识，有较高的办学起点和持续的资源优势。比如，政府办某些学校可以成为并持续成为名校，因为有资金和资源的保证。另外就是师范院校附属学校，在办学条件基本保障的情况下，这类学校拥有大量的优秀师资，并采用最新的教育研究成果，因此通常办学质量好，成名的学校多。

余强，原四川大学附属实验小学教育集团校长。

扫一扫，
观看现场演讲

但是这些名校里也有些出了问题，导致"名"校逐渐消失。主要原因有两个。一个是政策资源的调整导致文化断裂，包括学校的身份被取消；集团化办学，名校的含金量被严重稀释，比如成都集团化办学后办了太多的学校，整体品位已经急速下降；私立学校的崛起，但是目前私立学校中的名校不多。二是校长的文化素养导致文化断裂，包括校长的功利主义思想泛滥，急功近利，对教育的本质没搞清楚；在选拔上任人唯亲，而不是选拔真正有能力的人。如果一个校长一天到晚讲究吃饭喝酒，无心研究教育、教学，对这个学校的影响肯定是巨大的；校长的历史文化素养低下，没有将学校的文化充分地理解和挖掘，没有在传承的基础上求发展、求创新。

继承是教育的起点，创新是文化因素的重新进化。整个社会在进化，一个学校的文化也在进化。

二、名校穿越时空的力量源泉在哪里

（一）教育、教师的地位必须由政策、法规来保障

我觉得当前这种情况，教育、教师的地位必须要达到与教育相适应的程度。当前，我觉得教师的地位是较低的，优秀的人才进不来、留不住、在岗的教师不安心的情

余强

况普遍存在。为此，我认为教师作为国家公职人员的认识必须全面进入社会的认知体系，绩效工资总量不低于当地公务员的实际收入水平，这些必须尽快落实。

（二）学校的文化属性应得到充分认识

首先，我们要从人的一生理解基础教育的内涵。

我们应该把人的一生分为童年、少年、青年、中年、晚年这几个时期并完整地来看。从这样的视角出发，我们就不会就童年看童年，我们看童年的时候亦看到了他的少年甚至青年、中年、晚年。学生在童年时期应该是幸福的，幸福的特点就是充满天性。我们要尊重他的天性。卢梭在自然主义教育当中有一句很经典的话，"童年时期是理性的沉睡时期"，即是蒙昧时期，我们必须尊重他，不该唤醒的时候就不唤醒，因为他的准备还没足够。

如果他童年时期幸福了，他少年时期就会充满自信。充满自信的少年就会好学上进，什么都愿意学习。而在少年时期，他有了自己的见解，才有才华横溢的青年时期，到了中年时期就会充满创造力，能够创造出大量的物质和精神成果。青年时期充满了理想和追求，中年时期充满了创造，到了晚年的时候，他既有精神财富，又有物质财富，他会不幸福吗？

其次，我们要用"三大哲学命题"对学校本质进行追问。

我是谁？我从哪里来？我到哪里去？这是哲学的三大命题。那么，我们可以追问，学校是什么？从哪里来？到哪里去？《圣经》中有一句话："学校是充满奶和蜜的地方。"有许多关于学校的描述，但是没有一句像这句话一样让人感觉那么舒服。奶是不可替换的生命的原浆，包含了丰富的营养。蜜是什么？是甜的味道。学校要是有营养的，是甜的，只有这样才能吸引学生。

最后，学校是人精神和物质和谐成长的处所。人的身体是有形的，即是物质的人。人的思想是无形的，即是精神的人。学校教育的目的就是要"野蛮其体魄，文明其精神"。针对学生的体能与健康，我们应该用科学的方式来消耗他的体能，让他养成健康的体魄。此外，对学校文化属性进行充分的认识是急不来的，我们必须对文化进行探索。那么，文化的基本样态是什么？我想梁晓声的四句话非常重要：植根于内心的修养；无须提醒的自觉；以约束为前提的自由；为别人着想的善良。我想在此基础上补充一个：情趣持续成长的智慧。

所以学校是什么？我们从自然生态的角度去看，学校里充满了四季的特点，是草木茂盛的地方，这也是学生非常喜欢的地方。但是这还不够，它必须要提供探索未知的实验室，从实验室延伸到我们的校园，学生如果在探索过程中成长起来，他的创造力、智力开发、可持续发展将会非常平衡和谐。此外，学校还应该是充满人文和故事的文化场。

（三）用规划让"思想落地，文化生根"

我们有了对学校的基本认识，就应该按规划来建设学校。这是一个十分漫长的过程。1997年，我到小学去当校长的时候，我不知道怎么下手，因为一开始我是做中学教育的。成都实验小学的老校长找我聊天，他跟我第一次谈话时就说"我们要做好规划"。

1999年，教育部进行了一次规模宏大的课程改革。那时候华东师范大学的专家和教育部的领导到德国去考察，来到德国的一所高中文法学校。专家走进这所学校，在校长办公室发现墙上挂着大片A4纸的小方盒，他问校长这是什么，校长告诉他一个方盒就是学校发展的一个五年规划，总共89个小方盒，一共就是445年了。445年的办学历史完全记录在案。

我们很震惊，这样的规划能起到什么作用？德国在一战结束后迅速变强，发动了第二次世界大战，第二次世界大战战败后沉默了一段时间，但现在在欧洲整体经济下滑的情况下，它一枝独秀。而且你再仔细去查，德国的哲学家、科学家也享誉世界。

所以我在四川大学附属实验小学时就做了几个规划：第一个规划是建立现代学校机制；第二个规划是以"生活教育"主张作为核心价值观创建示范学校；第三个规划是提升学校师生生活质量；第四个规划是构建公民素质教育课程体系；第五个规划是打造研究型、生态型学校。我完成了第五个规划之后就退下来了，前面四个规划就耗费了我18年的时间，也使得四川大学附属实验小学成为全国非常有名气的学校。

那这五个规划都是什么人制订的？第一个规划是我自己制订的，然后我发现光是我制订不行，需要大家一起规划才行，所以后来的规划就由70多个有代表性的教师共同参与，再加上教代会审议，一半以上的教职工参加，而现在的规划已经是全体教职工和社会参与了，变成了大家的规划和行为指南。

（四）群体研究让教师穿越时空

最后一点就是做研究。第一，是做自己的科研。第二，是做深度科研。第三，是做生态的研究。

没有研究就没有突破，只有研究才能拉动学习，才能对不同阶段的教育有更深入的理解。所以当我们对教育有了深刻的理解，再结合研究去纵深践行，这样持续不断地发展就会有源源不断的动力。虽然我们不能改变一个国家，但是我们能够改变我们自己，进而改变这个学校，最后改变社会。谢谢大家！

想象与实践——国际化教育背后的引领之志

上海青浦区世外·尚美中学校长　沈丽琳

我们每一个从事国际化教育的同行都会面临这样一个问题，如何理解国际化？对国际化教育的理解，我认为重点在于"化"字。我们把自身和其他学校的、其他国家的教育精华整合梳理，在自己的学校里生根发芽，这就是我对国际化教育的想象与实践，也是我觉得可以在任何一所学校推广的国际化教育。

教育常会被比喻为"光"，它照亮我们的人生。我想这不单是指教育对人类发展的重要的象征意义，也是指教育具有光的性质，教育和光的传播、直射、衍射一样有隐含的方向和规律，它需要我们去想象，去追寻。

如今国际化教育受到越来越多的关注，教育界的同行，无数的学子和家庭，众多的社会机构，很多教育研究者、学校经营者、教育实践者都在寻求一些新的视角，进行新的尝试，而这些尝试应该都是出于一种心声，一个念头，一种站在国际化背景下的对未来的想象：人如何获得幸福？

我们常常把教育和医疗类比，两者都有很多相似的问题，比如医患关系和师生关系，面

扫一扫，观看现场演讲

对这些相似的问题，我们总会有一些可以共同借鉴的方法。我看过一篇文章，说的是一位肝胆外科医生，十几年来对自己的手术技术信心满满。他发现自己的手术技术指标已经非常好了，比如手术时间缩短了，术后存活率提高了，但是主攻的胰腺癌的治愈率却并没有随着自己这些手术指标的提高而提高。这位医生对这个情况进行了反思，他比较了国内外医疗研究者的成果，提出了先多学科讨论再决定手术的方案，经过尝试，取得了很好的进步。

我们同样可以发现，在教育中，我们会用到很多的教育、教学、心理、技术等方法和手段，那么我们也应该思考和评价这些方法和手段是否都会指向学生的发展和人的未来，是否能真正帮助学生从容自信地获得生活的价值和愉悦。

在10年、20年、30年后，我们今天想象和实践的国际化教育到底能在我们的学生身上成就多少？他们在这个极其丰富的全球社会里是否能体会到自己的坚强和柔软，是否体会到事物变化的必然和偶然，是否体会到人际沟通的方法和智慧，他们是否会捍卫自己的权利，他们是否愿意在小的、美的地方花上时间和精力？

国际化的标志之一是在地理上跨越区域，同时也要学

沈丽琳

会跨区域的综合思考和行动。

在近两次PISA（国际学生评价项目）测试的数据中，我们可以发现在70多个国家和地区的教育改革中，出现了很多薄弱学校逆袭的案例。很多公认的优质教育体系都是近几年才发展起来的，这为我们提供了很多成功经验和视角，值得研究和学习。不论是今天的学校还是未来的学校，我们的国际化教育都面临着如何去回应快速的时代变化和满足对优质教育的需求；我们如何去搭建具体的教学内容和学习环境，如何去制定以学习者为中心的教育政策，如何调动教师为此投入积极性和创造力等问题。这些不是一个学校、一个校长能单枪匹马完成的挑战，而是需要我们一起对社会的未来和人类的发展充满想象，并在今天的学校、课堂和教师、学生一起去努力实践。

我觉得今天的国际化教育可以发生在任何一所学校。越来越多的家长在为孩子选择入学的时候会注重选择本土文化和国际文化融合较好的学校。作为校长，我们就面临着这种需求发展背后的焦虑和期待。我们如何来回应它？

我所在的教育集团世外教育是以上海世界外国语中、小学为代表的民办教育集团。2013年，美国华盛顿中国研究中心和常青藤名校联合发布了中国大陆500所小学的最佳排名榜单，上海世外小学排名第一；2016年，福布斯将上海世外中学评选为上海地区国际化学校第一名。学校在学制上已覆盖幼儿园至高中学段，在办学性质上包含托管公办和民办，办学所在区域已辐射上海、浙江、安徽、贵州等地区。虽然成绩和口碑已很优秀，但集团仍然充满着对国际化教育的变革之心，每年有大量的校长、教师培训以及学生交换、游学项目等等。

我今天要谈的是集团中的一所学校，我所在的上海市青浦区教育局委托世外管理的公办初中。托管充满着期待和重重的阻力。教育集团接手这所学校的两年半里，我觉得可能经历了期待类似改革的学校都会碰到的问题：学校本身的基础和特色如何与国际化教育结合？教师的观念和教学方式如何和适应国际化教育？办学的行为和成果如何体现出国际化教育？

看上去很宏大的题目，答案落脚点却往往实实在在地存在于学校课程之间和教师成长之中。我始终认为国际化教育的核心在于建立自己和世界更多的联系，校长本着"连接"这个关键词去开启孩子们的学术视野和生活视野，连接起学校与教师、教师与学生、学生与未来、本土和世界，自我和社会的过程就是国际化的路程，也是学校教育的路径。

在我们找到这个关键词后，我们想象的"连接"的场景是这样的：我们的孩子可以生活在不同环境中，和不同语言、文化和传统的人们一起有效工作，面对新的环境能拿出独立的解决方案；我们的教师不是孤立的学习者和教学者，他们能随时与各地的教育者交流观点，能及时回应孩子感兴趣的问题，能带领其他老师、学生、家长建立活动项目等等。

我们需要为了"连接"而不断地实践和改变，把教育中的偶然与学生成长中的必然连接：我们带着孩子们走进当地文化特色，我们学校也被评为上海市非遗传承特色学校；我们带着孩子们开展英语书目推荐交流，建立了分级阅读的英语绘本馆；我们在校内开展了读书节、艺术节、科技节、体育节和英语节五大节日，并在不同的节日确定不同的讨论主题并进行活动设计；我们强调通过通识阅读让学生学会优雅地度过休闲时光……

我们请文科教师在课程中寻找具有国家和国际特色的素材，语文组寻找到了唐诗和莎士比亚片段解读，作为今年阅读节的主题：今天我们如何阅读经典；艺术组利用寻找到的非遗素材，绘制了3门非遗文化介绍的校本拓展课程。语文、政治和历史老师找到主题"战争与和平""英雄与霸权"，三科共同执教，把中外历史盛世的崛起和没落，通过诗词文章来对比，对发动战争目的的正义与战争的破坏进行辨析，对战争与和平环境中的儿童生活状况作对比，我们看到了师生对战争这个国际议题的关注和探讨。

未来并不确定，学校的重任在于发现那些可能性，更要为这些可能性设计尽可能科学、确定的路径，所以国际化教育更需要我们看重那些不变的毅力、同理心、换位思考、专注力、道德品质、勇气和领导力等等。

2016年起我们和德国海德堡的一家教育机构在学校推行了跨文化国际理解课程，我们的目标是对比中西方文化差异的所在，了解差异产生的原因，培养学生对中国传统文化的认识和理解，学习不同文化之间沟通合作的方法与技巧。每个学期，我们都开展六个模块的主题学习，讨论自然与资源、不同职业、奇特的旅行、与故人相关的节日、各地新年、饮食禁忌、人的肢体语言、世界无车日、世界孤儿日等。

我们在一所公办初中里尝试的国际化想象，其实都隐含着国际化教育实践中的种种冲突和纠结：凸显国际化教育，会不会影响本土化基础教育的质量，花了很多的时间做项目会不会影响孩子们核心课程的补习，家长们不支持或不置可否的时候教师又如何说服他们参与到孩子的活动中去，跨学科教学中我们的知识储备不足，如何动员其他学科成员一起参加等等。对这些纠结我们不需要刻意回避，也没有一个绝对的解决方案，只有从冲突到互相理解，从不适到互相接纳，反复推演，我们都在尝试国际化理念驱动下大人和孩子们如何才能一起更好地在思考中成长。

大人们有多少想象和实践，国际化教育就能谈多远的未来。祝所有同行和我们的孩子都拥有一所丰富、好玩、耐看、国际范儿的学校。

面向世界，教育应有怎样的追求

江苏省锡山高级中学校长　唐江澎

对世界的足够了解是中国教育走向世界、面向未来的前提。当前整个世界发起了一场有关高品质高中教育的行动，努力提升高中教育的发展内涵，着力培养具有未来竞争力的核心人才。这也可以视为全球范围内一流大学建设的高中版。

《中国教育现代化2035》提出，要把各级各类学校办成具有中国特色和世界先进水平的优质教育。那么，当今世界上那些真正有国际影响力的高中究竟能给我们什么样的启发呢？对此，我和我的团队曾做了一些研究，下面我从四个维度上对国际优质高中的教育做一番梳理。

一、愿景和使命

培养什么人是各国高中发展优先考虑的基本目标，它体现在各校明确的愿景和使命中。

美国波托马斯杰弗逊高中的使命是：为学生提供一个具有挑战性的数学、科学和技术学习环境，激发学生发现与探索的乐趣，基于道德行为和人类社会的共同利益，培养创新的文化。

扫一扫，
观看现场演讲

英国沙田官立中学的使命是：为学生提供充分发挥潜能、获取知识，对工作、生活和社区采取积极态度的最佳机会；按照学校的座右铭——爱、智慧、精力、活力培养学生。

美国勒荷拉国民日校的使命是：培养具有终身心智探究精神、人格持续发展和高度社会责任意识的人才。

美国伊利诺伊理工高中的使命：能点燃并形塑高尚道德的灵魂，培养具有创新能力、科学能力的学生，为改善人类生活条件而努力。

这些品质高中共同注重这几个方面的培养目标：第一是培养服务人类的精神和意识；第二是培养灵魂高尚的人；第三是培养具有创新和创造力的人；第四是培养有未来胜任力的人。

如果我们再从另一个维度思考，可能会带来更为强烈的震撼。那就是国外的同行在他们引用或者确定教育目标和概念时都会建立与之相应的课程载体、教学方式和评价体系，而不是仅仅贴在墙上或是印在纸上。

而我们高中的教育目标、课程内容和评价形式往往并没有很好地实现一体化。很多学校都提出要培养创新人

唐江澎

才，但学生的学习方式就是在刷题。如果刷题就能刷出创新人才来，那中国的好多问题大概都可以迎刃而解。但事实并非如此。

例如，我们倡导团队合作的精神，但却天天用排名的方式引导学生，让学生觉得他人的存在可能就是我进步的障碍。我们要把关心人类社会的发展、承担、公民责任作为培养目标，但学生甚少走出校园，甚少参加公益活动。目标与教育的落实中间其实还有一定的距离，也就是言说的主张与实施的主张之间并不一定是一致的。

日本的学校非常强调培养吃苦耐劳的精神，他们的小孩在幼儿园时就会在冰天雪地里历练，培养顽强的意志力，这是日本学校教育的基本形式。

二、课程与学习

英美优质高中在课程学习方面重点培养和发展学生的批判性思维、创新与创业能力，每个学校都会专设创新与创业课程中心，他们会把图书馆的资源利用到极致，规定学生必须有充分的独立学习的时间。

我们的优质高中都有非常漂亮的图书馆，教育部门对每个图书馆里面的藏书量都有定量、定性的要求，但我们有没有真正地考察过学生每年借书量究竟有多少呢？

英美的品质高中还重视学生在课堂之外的学习时间；通过学分制规定学生需要发展其数学和科学的课程能力，在这两门课程上至少达到5学分。他们不约而同地强调STEM教育，与大学教授联手培养学生的探究、批判和创新能力。

我认为中国的创新创造教育必须解决以下几个关键性的问题。

第一，课位问题。目前，国内的创新创造教育课没有写入课表，都是课外兴趣小组点缀式的活动，没有纳入学校整体的课程体系。所谓课程，在我看来无外乎就是"课"和"程"，"课"是内容的选择，"程"是机会的安排。没有机会的安排，内容的选择必将落空，势必被考试学科所挤压；没有机会的安排，就不可能在评价体制上与学分相对应给出必要的份额。连课位的问题都没有解决，连课都没有排上，还谈什么创新教育？

第二，课程问题。我们有没有寻找并设置能够培养学生创新创造能力的课程？多年前全国实施研究性学习，就是让学生对高三系列题目的体系化进行整理与探究。其实，说这是错题本整理、专题复习梳理更合适，而不应是堂而皇之地命名为研究性学习。所以，课表上的探究课、创新课是否有与之对应的课程内容？我认为这是值得我们思考的问题。

第三，师资问题。师资从哪里来？我们学校的师资是从四个层面上来：一是学校原有的师资，二是在社会上聘请专业人士，三是从家长志愿者中来，四是与高校联手建立课程开发机制引来了大学教师。

第四，环境问题。要营造创新与创造的学习化场景，创新创造的创客空间不可能发生在原有的秧田式的教室里面，我们的课堂应该是专业化、精致化的学习场景。如果没有这样的场景，学生在何处创造？我曾经到芬兰的学校参观，看到令人震撼的场景：在偌大的车间里，学生在那里修着直升机！而这，他们普通高中的课程。

芬兰一个普通高中的校长非常自豪而且非常确定地告诉我，他们学校的所有课桌都是学生自己做的。我们以为他们是让学生当"木匠"，但他们说是用这种教育方式在培养工程师的品质。这就是芬兰基础教育所强调的创新与创造。

日韩重视学生基本学力的培育。学力是学习能力，是一种力量，而学历仅仅代表着一种经历，经历并不表明他具备某种能力，我们现在太重视一纸文凭，而忽视我们是否拥有真正的力量。

而日本的优质高中很多都设有初中部，这些学校在初中阶段就开始加强学生的基础学力培养，他们认为这是学生发展综合实践能力以及未来升学和就业的基础。

日韩的高品质高中在培养学生升学能力的同时，非常重视未来职业所需能力的培养。他们认为，学生不管是升入大学还是研究所，未来都需要与实际从事的职业相结合，高中阶段重视职业规划教育，对学生未来的发展将有很大的助益。

我多次强调，当下的中国暂时没有办法改变以分数来选拔人才的基本方式，至少在未来10年里是不可能发生颠覆性改变的，我们能够做的就是让分数带着学生生命的体温。

我们必须把学生今天所学习的课业同他们大学选择的专业贯通起来，把专业同他们在社会安身立命的职业贯通起来，把职业同他们一辈子建功立业的事业贯通起来，把事业同这辈子能够安顿灵魂、造福人类、心怀天下的志业贯通起来。"五业贯通"变"为分而学"为"因爱而学"，这样，我们的学习就会与未来志业相关联，就会以学科最典型的学习方式来发生，就会带着学生生命的体温。

日韩品质高中非常重视国际交流。他们通过交换生，参加国际会议以及与其他国家建立兄弟学校和姊妹学校的方式加深学生对其他国家文化的理解。

我们学校也常常接待来自新加坡和其他国家的学生领袖交流团，在这些学生领袖身上我们看到了他们有一种卓越的服务天下的意识和人际交流的能力，他们对中国江南一带的研究比我们身在江南的学生要深入得多。

种瓜得瓜，种豆得豆，用交流的方式能培养出与人合作的能力，用行走天下的方式能培养出学生的胸怀和眼界，而用刷题的方式永远只能培养学生的解题能力。没有学习方式和学习经历的变化，不可能培养出具有核心竞争力的人才。

三、师资与队伍

我们考察了英美高品质高中的师资情况，惊讶地发现他们的硕士比例高达100%，博士比例超过了一半，并且注重教师专业学习社群的建设。最近我们广东深圳也引进了大量的高学历人才，我认为大湾区未来一定会是博士涌入的热点地区。

有的高中校长甚至认为博士就是一种点缀，他们认为让博士来学校干什么，博士教的学生说不定还考不过一般教师教出来的学生。其实这是一种误解，博士的专业素养、研究规范和学术视野正是我们开发培养有创造力学生的优质课程所需要的资源。如果他们能够把这样的知识背景应用于学校的课程开发中，一定会使学生走出最简单、最低级的刷题学习方式，帮助学生以探究的方式来研究世界，来解释世界，来赢得未来。

我们要知道，高品质的教师都会创造卓越的教育，卓越的教育才能让学生走向卓越。卓越的教师必须是高品质的学科专家，在具体学科领域有学术追求。我们应该进行"一个身体式"的团队建设，让教师群体成为相互信赖、相互支持的共同体。

四、保障与评价

英国品质高中在保障与评价体制上做得很好。英国罗素高中的校长前几天到我们锡山高中访问，我们之间进行了深度的交流。他说英国对中国的基础教育方法非常欣赏，引进了中国的数学教辅，但他自己对中国这种大量做题的模式持反对意见，不过家长非常拥护和期待有中国的教师来教他们的孩子。

我们感慨当英国的孩子在博物馆流连忘返的时候，中国最优秀的孩子都在做题。我们不可能想象若干年之后当中国的孩子都在探究，都在博物馆流连忘返的时候，英国的孩子都在做题！英国罗素高中校长以英国式的大笑和夸张的词语告诉我："天啊，不可想象，这是一种灾难！"我跟他说，不要认为这是一种灾难，罗素中学的创始人罗素先生说过这样一句话："任何教育改革都是对立的力量相互妥协与达到某种平衡的结果。"今天英国的孩子是要做点题，但我们绝不可以认为"英国的孩子都做题了，难道我们还不要再多做点题吗？"那一定是错的，我们也应该去去博物馆，是这样的一种平衡。

我们江苏省锡山高级中学提出要建设现代品性的学校的愿景和目标。现代品性高中可以概括成两句话：一是建立学习共同体，二是建立民主型组织。

学习共同体是一个使学习真正发生的地方。学习共同体内每一个成员都在成长。在这里，学生因爱而学，体验探究，生活丰富，将成长为胜任未来生活的终身学习者。教师在社群中进行专业阅读、交流探讨、合作研究，成为有坚定信念、博学多才的学者。家长和其他社会关系人坚持教育阅读，为国育才，与学校师生构成紧密的学习共同体。

民主型组织是一个平等参与、民主对话的组织。课堂师生平等，在对话探究中让真理敞现，在思维碰撞和互助合作中完成真实情境下的学习任务或项目研究。课程丰富而有品位，为个性的成长提供多样选择，师生在课程群中择己所爱、展己所长。校园是一座城市，大家的事大家协商，大家的事大家治理，在师生民主协商和共同治理中成就和谐、圆融、乐群之校园。让我们在共同参与中共建文明、美丽、向善、向上的精神家园。

何谓高素质、专业化、创新型的教师

华东师范大学课程与教学研究所教授 刘良华

《关于全面深化新时代教师队伍建设改革的意见》文件提出了"高素质、专业化、创新型"的概念。教师的高素质包括专业化和创新精神。但是,将高素质三个字赫然矗立在专业化和创新型的前面,意味着除了专业化和创新型,教师还需要具备别的更高级的素质。

接受过专业训练的人可以做外行做不到的事情,这叫专业化。例如,受过四、五年医学训练的医生开出来的处方,病人是不会挑剔的。但是,在我们教育界却存在这样一种情况,有时候教师教育学生,没有接受过师范教育的家长会挑剔教师。这意味着什么?这是一个问题。

什么样的教师是专业化的教师?其实比较简单,就是我们教育孩子,能做到不让校外的人能够挑剔我们,这就是专业化。

在我看来,幼儿园及小学教师需要接受外语体艺教育的专业训练。幼儿师范学校和中等师范学校两种类型的学校到今天不断地被人回望、被人回想,因为这两种体制的学校招收的学生是初中毕业的,仍有很多潜能还来得及去

扫一扫,
观看现场演讲

挖掘和发挥。这些学生在初中毕业之后就接受音乐、美术、舞蹈等相关的专业训练。现在有一些大学的师范院校，尤其是学前教育专业，变成本科，甚至要研究生化，我认为学生如果不是在初中前或最迟初中毕业就开始接受音乐、美术、舞蹈、外语训练，而是等到高中毕业之后再去训练这些专业技能就非常难。

所以我们能够看得到的是，幼儿园的研究生、博士生的水平可能远远不如一个幼师毕业的老师，这就是专业训练。现在很多中师、幼师都撤掉了，我非常希望将来我们的这种幼师、中师学校能够以某种形式恢复过来，让我们的学生至少从初中阶段开始接受专业训练，不要让自己"廉颇老矣"再去训练成为一个幼儿园或小学老师。

那么，难道师范专业本科化就有问题吗？也没什么问题，相比于幼儿园、小学教师，中学、大学教师就需要有知识和思想训练。不同阶段需要有不同课程、不同的培养方案和不同的培养目标，就像一个儿科医生，他的训练和一般的临床医生不一样，所以这就需要有对应的培训让教师们变得专业。

另外，中学与大学应建立教师流动机制。这一点现在已经变成现实了，越来越多的中学教师、校长跟大学教师

刘良华

是流动的。中学阶段是学生一辈子最渴望有偶像的阶段，这个偶像不是指明星，而是他更希望被思想所征服，所以中学、大学的教师，更多的是需要有知识和思想这样一个大方向上的专业感。

以上就是我对专业化的解读。至于创新型这个概念，有很多的谈论和议论，我只推荐一个概念，那就是能够把教学做成学术。"把教学做成学术"有多种说法，以前称之为行动研究，也有人称为校本教学研究，我的导师叶澜先生称之为研究性实践。可是现在人们突然又蹦出一个新的说法：把备课变成教学设计，我认为这就是创新的第一步；把课堂变成教学实验，这是创新的第二步；把教学本身变成教学学术，这就是最后的创造状态。

如果把教学变成学术，到底有些什么样的新变化？如果说专业化是我们的方向，那么创新型就是我们的方法，只有用这样的方法才能实现这个方向。可是当我们把"专业化"和"创新型"实现出来之后还是觉得不够，于是我们又提出了"高素质"。具备什么样的素质才称得上是"高素质"呢？我们对教师的素质有很多的解释，但是这些解释有依据吗？我推荐一个依据就是：新时代与新教师，"三世说"与新六艺，我们把几个概念摆放在一起，就会发现高素质背后的期望。

这个依据很多人愿意接受，为什么？因为不同的时代对教师、学生和所有的人才有不同的期望。中国有一个传统叫"春秋传统"，它提出一个概念叫"三世说"，"三世说"是指"据乱世、升平世、太平世"。每一个时代，每一个不同的社会，都需要不同的人才。例如在比较贫困、战乱的年代，需要的是军事力量，在战乱年代读书人就是比较可耻的，为什么？因为会读书不会打仗是会误国的，而且光会打仗还不行，要有粮草先行，所以要能劳动。会打仗，也有粮草了，还是不行，要有法度，这就是要有法治，甚至不能有太多自由。这是"据乱世"社会对人才的三个期望，就是"体育+劳动+德育（法治）"。

到了太平盛世，时代需求变了。在摆脱了谋生状态之后，需要做三种游戏。第一种游戏叫智力游戏，也就是"智育"，是一种博雅的状态、自由教育的状态，这是智力原本出发的地方。第二种游戏是审美游戏，也就是"美育"，要会"玩"。我看到网上有一篇文章，标题是"不会玩的孩子可能是真正的差生"，这句话大致上是对的。但是它前面少了一个限定，这个限定就是，如果一个家庭摆脱了谋生状态，你不会玩，你就是差生。另外，劳动很重要，但劳动也不是我们的终极目标。习近平总书记为什么要强调劳动？因为中国人现在要有忧患意识。这两种游戏之外，还有第三种游戏，叫情感游戏，也就是"情育"。

当发展中国家已经离开了贫穷的状态，于是在我们这样的一个时代——"小康社会"，它既要有前面的三个教育——体育+劳动+德育（法治），也要有后面的三个方向——智育+美育+情感。小康社会上升的时代，叫"升平世"，在这样的一个社会里以上的六个方向的教育都需要有。如果仅仅只有谋生状态的三个方向的教育，那么这个社会会很贫困；如果仅仅只有后面三个方向的教育，没有前面的三个要素，这个社会会出现危机。我再把这六个要素的其中两个加起来，可以总括为：文武+劳逸+情理。

我们做一个总结，什么样的教师具备这个时代的高素质？他至少需要具备"文武+劳逸+情理"这三个词语所提示的五个方向或者六个方向，要"文武双全"，要有学术思想，有体育爱好。每一位教师都要问问自己，除了有文，会不会武，文人提笔，武不要提刀，至少要会打球，这就是武。有教师说我能劳动，我很有工作精神，这是值得钦佩的，但是在比较发达的城市一个人还需要有审美游戏感，要懂得劳逸结合，在有工作精神的同时要有艺术爱好。所以校长、教师要提醒自己，我们的专业应该往哪里走。往往一个不会玩游戏的教师，他看到学生玩他就会愤愤不平，一个自己过得不好的教师，他就没法容忍学生过得好，所以我提倡除了"劳"还要有"逸"。

再说到通情达理，这四个字最重要，也就是要有爱与意志，有"度"的智慧。通情达理又称为人格教育，这既是对教师的期望，也是对学生的期待。那什么样的人格才是好的人格，什么样的人品才是好的人品？我们只谈这两个词，第一个词叫情感，第二个词叫理性。情感的核心是爱，理性的核心是意志，所以我们也称之为爱与意志，一起构成我们接下来要谈的另外一个智慧——"度"的智慧。因为你只有爱和意志还不行，爱得太多会有问题，意志太强就会显得很固执，所以我们要懂得对度的把握。

有了这样的补充说明，就有了三个与智商并列的相关词语：第一个词语称为"爱商"，第二个词语称为"志商"，第三个词语称为"度商"。一个有爱心的人，他首先会爱自己，他会自信，所以什么样的教师是个好教师，是一个高素质的教师？就是这个教师一眼望去比较自信。一个校长是不是一个好校长，就看他能不能让学生和教师自信。第二个要爱他人，学校那么大，总会有一到两个教师做得不够好，跟同事关系比较紧张，跟家长关系也很紧张。各位去留意一下，只要是跟同事关系、跟家长关系很紧张的人，他跟父母亲的关系也是很紧张的，因为他缺乏生活的智慧。我们不仅要"专业"，要"创新"，还要有一个常态，一个真实的生活中的好人，只有做了生活中的好人，爱家人、爱友人，你才有可能会成为一个好老师。

我们提最后一个标准，叫"爱自然"，一个人只要能够融入自然，就不会太焦虑；一个人只要有游戏感，就不会太固执。

把丢掉的东西捡回来

武汉市武昌实验小学校长　张基广

各位朋友，大家下午好。

大家一定还记得猴子下山的故事。这个故事讲的是小猴子在山里采到了玉米后，走到山腰时，发现西瓜地的西瓜很漂亮，于是丢掉了玉米去捡西瓜，到了山脚，又发现桃子长得非常好，于是又丢下西瓜摘桃子，摘桃子的时候，发现树下有兔子，于是它就丢下桃子去追兔子，结果什么都没有得到。当下，很多学校、很多校长就像故事中的小猴子一样，不停地以改革、创新的名义在不停地追逐，也在不断地丢失，以致得了一种教育的现代病，就是走了很远，却不知道当初为什么出发，忘记了当初为什么出发。我个人觉得，在当下，我们丢掉的一些东西需要重新找回来。

一、把"老规矩"捡回来

这个学期，我在学校做了一件事情，请学生代表与校长一起共进午餐。第一次我请了8位学生跟我一起共进午餐。过程中我发现有6个孩子连筷子都不会拿，都是用拿勺子的姿势拿筷子，这是很大的问题，中国人不会拿筷子，确

扫一扫，
观看现场演讲

实值得我们共同来反思家庭教育和学校教育。我记得在小时候，我的家长教育过我怎么样拿筷子，怎么样端碗，吃饭时要先让老人上座等等，这是老祖宗留下的老规矩，这个规矩能丢吗？肯定要捡回来！所以当夜我写了一篇文章《教育从拿好筷子开始》。类似拿筷子的老规矩还有多少？我们学校特别强调学生写字的姿势。怎么样做到手离肩一寸，胸口离桌面一拳，而眼睛离桌面一尺，这样的规矩都是好东西，我们能丢吗？古人说行如风，站如松，坐如钟，这些好东西我们不能丢。我们的祖宗给我们留下来的一些老东西、老规矩都是我们的宝贝，我们曾经丢掉过，丢失过，现在要把它捡回来。

二、把"泥土"捡回来

现在很多学校、很多校长在规划学校时，一门心思硬化美化，学校到处都是水泥、沥青、塑胶，使我们的教育远离了泥土，也远离了地气，但我认为地气太重要了。现代心理学表明，学生长期进行手中的运动，最能促进大脑的发展。玩沙、玩泥土，还有像我们已经基本丢失的爬树等攀爬运动都可以促进孩子学习创造思维的发展，但是这些东西都被我们丢掉了。我还想到，我们这一代人童年时玩的一些亲近泥土的游戏也被现代的网络游戏替代了，比

张基广

如滚泥潭、打纸片、打弹珠等等。所以我在我们学校大量地设置了这样的场地，大量地倡导恢复传统的、经典的、亲近泥土的游戏。我们学校挖了五个大沙池，让学生在里面玩沙。我们学校还开辟了菜地，让学生种菜，亲近泥土。我们学校有很多攀爬的设施，学生可以爬树，可以爬墙，可以坐在树顶上的小小读书屋里读书，还可以从二楼很长的滑梯上滑下来。

三、把"野性"捡回来

现代校长在办学当中最担心的就是安全问题，因为担心安全问题，所以就把学生管束得很厉害，把很多东西都取消了，因噎废食。这种追逐过度的安全，看上去是对学生的保护，实际上把学生从真实的环境中剥离出来，对学生是一种伤害。这样一种绝对的安全和保护，带来两个最明显的问题。一是听话教育，我们的老师都喜欢听话的孩子，这种听话的教育，更多的是培养学生的"奴性"，而不是培养现代的公民，这种教育会使孩子丢掉应该有的血性、野性、灵性、童性，最后培养出来的可能是听话的小大人而已。

二是男孩危机。我对学校非常担忧，因为我们学校90%的老师是女老师，每一年招新教师的时候，新来的90%也都是女教师，让我担忧男孩危机。比如我听了一堂音乐课，音乐课唱的歌是金孔雀轻轻跳，老师编了舞蹈，跳舞时，女生跳金孔雀跳得非常漂亮，但男生跳金孔雀跳得特别别扭、特别难看，这不是男孩危机吗？我们学校组织的运动会有一个入场式，入场式上，学生举着彩球在跳，女生跳得特别欢快，但是男生跳得特别难看，为什么？因为男孩子是用女性的动作来跳。这样的男孩危机在我们的身边处处存在。我呼吁，在我们的教育中应该要有血性的东西，有野性的东西，有灵性的东西，我们需要把它们捡回来。

四、把"戒尺"捡回来

最近大家都在热议四川的夏老师体罚事件。在讨论夏老师体罚事件的同时，很多人把它跟不久前的另一个事件联系起来。我们的老师对现在的学生是管还是不管，管到什么程度？老师有没有一种教育应该有的惩戒的权力？其实教育绝对是两面的，一方面应该有表扬、有赏识，另外一方面还要有批评和惩戒，没有批评、没有惩戒的教育是不完整的教育。而现在，普遍进入我们视野的是表扬和赏识，而且是泛滥的表扬、廉价的赏识。在课堂上听到的都是"你真棒"等，遍地都是表扬。还有，在初中和小学班主任普遍采用小红花奖励，学生得一个小红花，又得一个小红花，十个小红花可以换一个什么东西。我认为这是粗浅的、泛滥的表扬和奖励。其实我有一个比喻，表扬和批评就像是打气入胎，车胎没气了，用表扬和鼓励给他打气，如果车胎破了洞，首先要做的不是打气，而是用批评和惩戒把胎补好，补胎过后，再接着打气。我们老师有没有惩戒权？我个人觉得应该把惩戒的"戒尺"捡回来。当然这个惩戒并不是一味地惩戒。比如我们学校有《湖北省武昌实验小学学生惩戒条例》，明确规定学生有哪些事不能做，哪些事做了，将会受到什么样的批评和惩戒，但这个条例不是我起草的，也不是政教处起草的，而是学生建议的。学生来提出哪些事不能做，做了就会受到什么样的惩戒，惩戒办法也是来自学生的。所以整个过程都是由学生提出来，然后由学生自己去执行。我觉得这样的惩戒可能更有生命力。

说到教育，我总想起小时候我和我的爷爷一起山上种树的经历。爷爷种树的时候，首先要选土壤肥沃的地方，这就好像是教学的阳光，教学的表扬。然后种树的时候，还需要不断地施肥。当然，树还需要经历大自然的风雨洗礼。最后，树还需要适当地剪枝、修理。十年树木，百年树人。我觉得种树和育人的道理是相通的，天理和人伦是相通的。《麦田里的守望者》在结尾有这么一段话，"我老是在想象，有那么一大片麦田，有那么一大群孩子在那里做游戏，我是说有几千、几万个孩子，旁边没有一个大人。而我呢？我就坐在那，悬崖的边上，如果有哪个孩子朝悬崖跑过来，我就把他拦住。我成天就做这样一件事情，我愿意做一个麦田的守望者"。我觉得今天的教育需要更多的麦田守望者，守望教育，然后回望教育，把我们丢失的，不该丢的一些"宝贝"——捡回来。谢谢大家。

后　记

自2017年6月至2019年11月，"山长讲坛"走过了3个年头，举办了3季共15场演讲，122位省内外教育名家、名校长、名师、跨界嘉宾等先后登上"山长讲坛"的演讲台分享教育智慧，超过50家的媒体进行了相关报道，累计约150万观众在线观看演讲直播及回放，约350万社会各界人士通过各种途径关注。

"3年""3季""15场""122位""50家""150万""350万"……对于大家来说这些只是简单的数字，但作为15场"山长讲坛"顶层策划者之一和主持人，这些数字对于我来说意义非凡。它们不仅见证了"山长讲坛"的发展历程和品牌效应，更反映了每一位登上"山长讲坛"的演讲嘉宾以及在幕后默默付出的众多领导、同事等人的辛勤付出，这是我们共同努力所取得的成果。

转眼三年，和"山长讲坛"一起走过的日子依旧历历在目。2017年对于我们来说是相对艰难的一年。万事开头难，第一季我们刚起步，在摸索中前行。第一年为了打响第一炮、擦亮品牌、积累经验，讲坛开展的频率相对较高，从6月到12月每月一场，半年就举办了6场。因为时间紧，工作量大，团队伙伴就像旋转的陀螺，刚刚忙完上一场，又要开始准备下一场。但这种紧张的工作节奏，加深了我与团队成员的感情，我们克服困难、共同奋斗，每一次都圆满地完成了任务，获得了社会各界的认同和赞誉。

通过第一季六场的积累，"山长讲坛"的品牌开始越来越闪亮，"山长"们智慧的传播也越来越广泛。2018年3月17日，广东广雅中学校长、广东省中小学校长联合会常务副会长叶丽琳受邀出席TED×Guangzhou并进行了"环境赋能，让世界更美好"的主题演讲。叶丽琳校长从"山长讲坛"走向TED×Guangzhou，意味着广东基础教育的代表向世界发出了响亮的声音。同年10月，"山长讲坛"首个子品牌"凤城山长讲坛"正式在顺德大良落户，广东省中小学校长联合会与大良街道教育局于2018年至2020年连续三年合作举办"凤城山长讲坛"，助力大良教育发展。

2019年，"山长讲坛"在表现形式上力求创新。在第三季第三场"教博会"专场，加入了"8分钟快闪"演讲环节，设定若干与教育相关的主题，现场邀请嘉宾上台发表8分钟的即兴演讲，这不仅考验嘉宾的逻辑思维能力和即兴演讲能力，还考验嘉宾对教育问题的思考深度和对教育发展的理解程度。这种创新并不是为了"为难"演讲嘉宾，而是为了激发他们对自身发展、教育变革、未来教育进行更深入的思考。

当然，我也常常有"为难"演讲嘉宾的时候，这个"为难"是指从演讲嘉宾的主题的选取到演讲PPT的设计，从演讲时间的控制到从现场服装的穿着等，每一个细节都反复"折腾"。我很感恩演讲嘉宾对于我的"苛刻"要求总是认真对待并精心准备。华南师范大学教师教育学部常务副部长王红教授在前言中也说到，她不仅字斟句酌地写了讲稿，而且还掐着计时器练了好几遍。正是因为演讲嘉宾的认真，我们的"山长讲坛"才办出了高标准和高质量。在这一过程中，教育界演讲嘉宾的办学思想及教育理念得到了进一步的提炼、升华、传播、推广，跨界嘉宾的精彩分享也让教育界的嘉宾受益匪浅。

还有一位校长朋友问我，会不会慢慢地没有人敢于登上这个要求那么高的演讲台？我说，您放心，广东的校长们都非常乐于接受挑战。另外，广东有不少于3万所学校，我们即便每年做10场演讲，每场邀请5位校长，那也要600年才能轮完一次，而且我们的校长队伍是不断更新壮大的。再者，我们要把"山长讲坛"打造成"教育智慧分享平台"的目标非常明确。我们不仅仅邀请已有成果的优秀"山长"登台演讲，还会培养、培训成长中的"山长"，让他们也有机会登上"山长讲坛"的演讲台。

2020年，我们精选前三季"山长讲坛"演讲嘉宾的演讲集结成《山长说——岭南教育名家讲演录》出版，由于版面限制等原因，本书只呈现了59位演讲嘉宾的教育智慧。作为本书的执行副主编，我特别感恩所有的演讲嘉宾和内容编写参与者，正是有你们的积极参与，才创造了这笔无价的"财富"。特别感谢广东省教育厅、华南师范大学教师教育学部、华南师范大学省级中小学教师发展中心等业务学术指导单位，羊城晚报教育发展研究院、中国国际教育论坛、广东省研学旅行协会、广州市华偲天科教育发展有限公司等合作单位及《羊城晚报》《中国教育报》《中国教师报》《中小学德育》等报刊一直以来对"山长讲坛"的大力支持，感谢佛山市顺德区大良街道教育局对我们的充分信任，感谢广东教育出版社让本书得以出版。

特别感谢本书的顾问吴颖民校长，主编王红教授以及副主编全汉炎会长、叶丽琳常务副会长对本书的悉心指导；感谢顾明远先生、黄永光校长、罗易老师为"山长讲坛"题字，感谢北京师范大学明远教育书院副院长滕珺教授提供的帮助；感谢北京师范大学中国教育创新研究院刘坚院长邀请我们在第五届中国教育创新成果公益博览会举办第三季第三场"山长讲坛"，同时感谢刘坚院长作为特邀嘉宾在第一季第六场"山长讲坛"做精彩分享；感谢所有"山长讲坛"微论坛的参与嘉宾，包括"山长讲坛"之教育部"校长国培计划"首期中小学名校长领航班、华南师范大学培养基地专场的陈菁、张基广、朱毛智、王力争、文国韬、周大战、张福宾、朱文龙等八位校长；"长江山长"微论坛专场的范国睿、冯建军、刘善槐、周洪宇、陆桂芳、Ellen Goldring、朱旭东等七位教授和学者；中国教育学会教师培训者联盟年会之"山长讲坛"专场的尹后庆、李天顺、朱丹、吴颖民等四位中国教育学会副会长以及TCL电子人力资源总经理顾进山；感谢第三季第三场"山长讲坛"教博会专场"8分钟快闪"演讲环节的参与嘉宾尹祖荣校长、陈淑玲校长、陈辉校长、刘静波校长、洪世林博士、梁子云老师、杨学东先生以及点评嘉宾北京师范大学中国教育创新研究院副院长、全国新学校研究会副会长嵇成中先生。还要衷心感谢和我一起并肩作战的团队成员们，感谢蔡倩颖、叶玉山耐心地与嘉宾沟通，感谢李朝霞为书的成稿做了大量的内容整理工作，感谢信萍、张婵等全程参与"山长讲坛"的筹备与执行工作，感谢关兆迎、廖俏根、梁颖鸾、汪冬梅、陈琛、阳文华、吴京懋、冯诗哲、黎宇蓓、谢沙沙、彭雯雯、朱文文、邝嘉俊、赵璐、陈郁芸、马俊杰等为"山长讲坛"所做出的贡献。

不忘初心、搭建平台，整合资源、促进发展，细水长流、坚持不懈。在广东省中小学校长联合会首任会长吴颖民、现任会长全汉炎和两位常务副会长王红教授、叶丽琳校长的引领下以及众多副会长、副秘书长、理事会成员的鼎力支持下，在联合会各位会员和关心教育的社会各界人士以及各大媒体对"山长讲坛"的关注下，我们将凝聚行业力量、发挥行业智慧、加强行业自律，秉承广东省中小学校长联合会的办会宗旨，"启迪教育智慧、分享教育之道"，把"山长讲坛"持续办下去。让我们共同期待《山长说——岭南教育名家讲演录》的正式出版。

姚轶懿
2020年7月7日

（姚轶懿，系华南师范大学教师教育学部、省级中小学教师发展中心副主任，广东省中小学教师培训中心主任助理，广东省中小学校长联合会会长助理兼秘书长）